金融领域企业标准
"领跑者"蓝皮书

2021 JINRONG LINGYU QIYE BIAOZHUN
"LINGPAOZHE" LANPISHU

中国互联网金融协会 ◎ 编

中国金融出版社

责任编辑：亓 霞
责任校对：潘 洁
责任印制：张也男

图书在版编目(CIP)数据

金融领域企业标准"领跑者"蓝皮书.2021／中国互联网金融协会编，
—北京：中国金融出版社，2021.9
ISBN 978-7-5220-1265-0

Ⅰ.①金… Ⅱ.①中… Ⅲ.①金融企业—标准化管理—研究报告—中国
—2021 Ⅳ.①F832.3

中国版本图书馆CIP数据核字(2021)第154795号

金融领域企业标准"领跑者"蓝皮书2021
JINRONG LINGYU QIYE BIAOZHUN "LINGPAOZHE" LANPISHU 2021
出版
发行   中国金融出版社
社址   北京市丰台区益泽路2号
市场开发部   (010) 66024766，63805472，63439533 (传真)
网 上 书 店 www.cfph.cn
              (010) 66024766，63372837 (传真)
读者服务部   (010) 66070833，62568380
邮编   100071
经销   新华书店
印刷   北京侨友印刷有限公司
尺寸   185毫米×260毫米
印张   21.75
字数   340千
版次   2021年10月第1版
印次   2021年10月第1次印刷
定价   88.00元
ISBN   978-7-5220-1265-0
如出现印装错误本社负责调换   联系电话 (010) 63263947

编　委　会

序 言

标准引领　质量领跑
助力高标准金融市场体系建设

党的十九届五中全会明确提出要实施高标准市场体系建设行动，对市场体系建设提出了新的更高要求，《中华人民共和国国民经济和社会发展第十四个五年规划和2035年远景目标纲要》也绘制了高标准市场体系建设蓝图。金融市场作为现代市场经济体系的重要"领跑者"组成部分，发挥着重要的基础作用，是建成高标准市场体系的必要条件。

一、笃行不怠，金融领域企业标准活动成效显著

中共中央办公厅、国务院办公厅印发的《建设高标准市场体系行动方案》明确提出，要"优化企业标准'领跑者'制度""引导更多企业声明公开更高质量的标准"。继2019年首次举办金融领域企业标准"领跑者"活动后，在市场监管总局的大力支持下，人民银行持续联合银保监会、证监会共同组织开展2020年度"领跑者"活动。本次活动力度更大、范围更广，在全社会引发广泛关注，取得显著成效。

1. 以活动开展新内涵开创标准建设新局面

在2019年活动基础上，2020年新增移动金融客户端应用、金融分布式账本

技术应用、商业银行应用程序接口、电子保单服务等类别，参与市场主体包括银行业、保险业、证券期货业金融机构，以及金融基础设施、金融科技公司、金融机具厂商等，基本实现各类型金融市场主体的全面覆盖。

本次活动吸引了全国2676家企业的积极参与，其中157家被评选为金融领域企业标准"领跑者"。活动期间，各领域头部企业充分发挥标杆引领和典型示范作用，引领其他企业积极跟跑、并跑，在全行业形成争当"领跑者"的良好氛围，金融标准供给数量、效率和质量显著提升。截至2020年底，企业标准信息公共服务平台上公开有效金融企业标准4307项，较2019年底增加1964项，同比增长83.8%，企业标准自我声明公开效果显著，市场主体创新活力和竞争力明显提升。

2. 以标准检测新要求打造标准实施新模式

"领跑者"活动依托现行有效的金融国家标准和行业标准展开，力促企业标准与国家标准、行业标准良好互动。同时，入围企业须就其产品或服务提供相关检测报告，助力企业加强对标达标及检测认证工作。截至2021年3月底，银行营业网点服务有效认证网点数超过29000家，移动金融客户端应用软件备案839款，100余项金融标准依托检测认证得到有效实施。

通过参加"领跑者"活动，金融机构实施标准的有效性和积极性有力提升，"金融标准+检测认证"协同模式进一步完善，标准、检测、认证三个环节衔接配套的运行模式进一步健全。

3. 以新冠肺炎疫情防控新担当展现服务群众新作为

通过持续激发金融领域企业潜力，积极引导金融机构及相关企业顺应新时代金融标准化发展要求，在活动中找差距、补短板，在抓落实中见成效，以标准优势巩固技术优势，以标准供给推动服务供给，以标准治理强化金融治理，在落实"六稳""六保"工作中发挥标准的基础支撑作用，持续提高金融服务品质和便利性，不断提升用户产品及服务体验，切实解决金融消费者最直接、最现实的问题。

"领跑者"称号不仅是一项荣誉，更是一份责任。面对突如其来的新冠肺炎疫情，金融领域"领跑者"迅速行动，履行社会责任，发挥"头雁效应"，通过"以标准指引实践，以实践反哺标准"，在银行营业网点服务、网上银行服务、现金机具等领域自主制定疫情期间业务办理指南、网点疫情防控、人民币现金消毒等企业标准，扎实做好各项金融服务保障工作，快速有力地支持社会活动开展，高效安全地满足人民群众金融服务需求，为广大企业树立了标杆和榜样。

二、深化改革，以高质量金融标准支持高标准金融市场体系建设

习近平总书记多次强调，要加快形成以国内大循环为主体、国内国际双循环相互促进的新发展格局，这为金融业标准化工作指明了发展方向。金融业标准化作为金融业健康发展的技术底座，是金融业治理体系和治理能力现代化的基础性制度，是支撑高标准金融市场体系建设的关键要素。"十三五"时期，我国金融业加强标准供给，强化标准实施，金融业"国家标准保底线、行业标准设门槛、团标企标促发展"的格局基本成型。"十四五"时期，金融标准化工作更要适应新发展格局，围绕金融市场基础制度、要素配置、市场环境、市场开放、市场监管等高标准金融市场体系建设关键领域，提供高质量金融标准支持。

1. 强化金融标准顶层设计，夯实金融市场体系基础制度

近年来，我国金融科技与金融业务深度融合，金融产品创新层出不穷，不断丰富金融市场供给，也对金融市场健康发展形成挑战。"没有规矩不成方圆"，建设高标准金融市场体系，需要强化金融标准顶层设计，提升金融标准战略定位，以标准引领金融科技融合发展。新时期，要坚持标准先行、制度保障的基本原则，通过标准化手段促进金融发展守正创新能力和综合治理水平提高，通过标准化途径引领金融服务质量和效能提升，通过标准化理念推动金融治理体系建设，助力构建实体经济、科技创新、现代金融、人力资源协同发展的现代产业体系。

2. 强化金融标准有效供给，推进金融市场要素资源高效配置

当前，标准供给不能充分满足金融领域新业务模式、新技术应用、新产品服务快速发展要求，不能有效适应金融业转型升级的新局面，需要加快先进金融标准制（修）订，助力深化金融供给侧结构性改革。一方面，要积极对接金融业发展需求，促进科技创新成果转化为标准，补齐金融数据安全、个人信息

保护等涉及人民财产安全的基础通用类国家标准，强化金融科技、监管科技等规范指南类行业标准建设，加快制定老年人等特殊群体运用金融业智能技术的应用标准。另一方面，规范发展金融团体标准，引导企业标准自我声明公开，创新直达实体经济的金融产品和服务，多层次助力金融市场要素资源高效配置。

3. 强化金融标准应用实施，提升金融市场环境和质量

要有效提升金融市场环境及质量，就需要提高金融产品和服务质量，强化金融消费者权益保护，加强金融市场基础设施建设。金融标准应用有助于金融市场活动达到更佳秩序和效益，提升金融业竞争能力、抗风险能力、质量改进能力和可持续发展能力。常态化开展金融领域企业标准"领跑者"活动，加大关系人民群众切身利益金融标准的应用推广，能够有效推动金融服务及产品质量提高，保障金融消费者合法权益。同时，强化市场基础设施标准的实施能够支持其更好建设，缩小数字应用鸿沟，进一步提升金融普惠服务水平。

4. 强化金融标准国际交流，助力金融市场双向开放

伴随我国金融业对外开放持续扩大，国际标准"引进来"步伐加快，我国标准"走出去"取得突破。建设高标准金融市场体系需要更加主动地深化对外合作，加强金融标准国内外联动。在新发展格局下，秉持绿色、开放理念，坚持市场化、法治化、国际化原则，"大力推进技术专利化、专利标准化、标准国际化"，推动国际金融数据标准应用实施，积极参与数据安全、数字货币等国际规则和数字技术标准制定，在"一带一路"沿线国家贡献中国金融标准化智慧，推动标准制度型开放，助力金融基础设施互联互通。

5. 强化金融标准监督效能，完善现代化金融市场监管机制

新金融业态在发展战略、业务模式、技术属性、风险种类等方面有其全新特点，对金融监管提出了新的要求。建设高标准金融市场体系，需要金融标准在支持监管科技运用和金融创新风险评估等方面发挥更大作用。要大力研制监管技术标准，强化标准实施的监督评估，畅通监管规则援引金融标准的渠道，完善金融标准、检测、认证等质量基础设施，增强金融标准权威性、约束力和规范引导作用，助力完善现代金融监管体系。

三、砥砺奋进，全面加强高质量金融标准体系建设

"十四五"时期是我国全面建成小康社会、实现第一个百年奋斗目标之后，乘势而上开启全面建设社会主义现代化国家新征程、向第二个百年奋斗目标进军的第一个五年。金融标准化工作要按照党中央、国务院有关金融工作的决策部署，贯彻落实金融委、金融管理部门要求，牢记初心使命，强化服务理念，完善工作机制，积极主动作为，全面加强高质量金融标准体系建设。

1. 加强金融标准规划体系建设

认真贯彻落实国家标准化发展战略，坚持"开门问策、集思广益"，精准把握国家战略、市场主体和人民群众在科技金融、供应链金融、信用体系、农村金融、绿色金融、数字货币、金融科技、数字化转型、监管科技、信息化核心技术安全可控等重点领域和薄弱环节对金融标准化工作的重大需求，制定发布金融业标准化"十四五"发展规划，有效发挥金融标准在现代金融体系建设中的基础性、战略性、引领性作用。

2. 加强金融标准管理体系建设

加快金融标准化制度建设进程，进一步完善金融标准化制度体系，实现金融标准化管理系统性提升。鼓励培育发展市场化、规范化、国际化的专业金融标准化服务机构，发挥市场化激励机制作用，更好地满足金融业对标准化服务的需求。组织落实金融标准归口管理机制，推动金融行业标准统一发布。

3. 加强金融标准供给体系建设

聚焦深化金融供给侧结构性改革、实施金融安全战略等"十四五"规划重点任务，加快创新成果向标准转化，加大金融标准尤其是产品服务标准制定，引导团体标准、企业标准自我声明公开。规范金融团体标准有序发展，扩大先进适用团体标准供给。鼓励企业建立完善企业标准体系，增强企业标准化发展新动能，推动建立"有产品必有标准"的治理体系。

4. 加强金融标准应用体系建设

加强标准、检测、认证等质量基础设施建设。打通金融标准全生命周期各环节，形成金融标准应用实施激励机制，创造"知标准、用标准、守标准"的

良好氛围。持续做好"金融标准 为民利企"主题宣传活动，深入总结推广成熟地区金融标准创新建设试点经验，进一步激发金融标准创新应用活力。

5. 加强金融标准领跑体系建设

"领跑者"制度是我国实施标准化改革和标准化战略的重要举措。要充分发挥企业标准"领跑者"机制作用，推动企业增强标准建设，发挥标准作用，提高服务水平。加大对"领跑者"的宣传和支持力度，探索金融企业标准培优机制，开展企业标准化良好行为评价。引导企业建立标准化组织架构和制度体系，在树标杆立典型的同时实现标准全方位、多元化建设。

6. 加强金融标准国际合作体系建设

深入参与国际金融标准治理，支持金融机构参与国际标准化活动，按需参与标准化国际组织、区域组织、非营利或商业组织，构建多维度、多领域、多渠道参与金融国际标准治理的格局，增强先进适用国际标准转化应用，加快我国优势、特色的产品及服务标准国际化进程，完善金融标准国际化工作推进机制，构建公平高效、开放透明的标准化生态，促进中外标准体系融合发展。

2021年是中国共产党建党一百周年，是实施"十四五"规划、开启全面建设社会主义现代化国家新征程的第一年。开局关系全局，起步影响深远。金融标准化工作要立足新发展阶段，贯彻新发展理念，构建新发展格局，确保我国金融业高质量发展进程蹄疾步稳、风正帆扬！

范一飞

目 录

第3部分 网上银行服务

第4部分 网上银行服务及移动金融客户端应用案例

第 5 部分　金融领域企业标准的编制与实施

附　录

第 **1** 部分

金融标准化工作

金融领域企业标准"领跑者"蓝皮书 **2021**

JINRONG LINGYU QIYE BIAOZHUN "LINGPAOZHE"
LANPISHU 2021

构建金融标准化双循环发展新格局[①]

一、我国金融标准化建设成绩斐然

"十三五"时期，我国金融标准体系日益完善、实施效能明显增强、国际联动成果丰硕，为开展"十四五"时期金融标准化工作奠定了良好基础。

优化供给结构。"十三五"时期，我国共发布金融国家标准5项、行业标准122项，公开现行有效团体标准37项、企业标准4069项，适应新时代金融发展需要的新型标准体系逐步健全。国家标准夯实基础，金融工具分类、保险术语等国家标准有效服务金融管理需要。行业标准引领发展，金融行业标准从过去技术标准单一供给，成功转型为目前的"技术标准+业务标准"联合供给。团体标准蓬勃兴起，有关金融团体加强标准研制，为团体发展提供有力支撑。企业标准开拓创新，在金融领域企业标准"领跑者"活动的带动下，企业标准自我声明公开效果显著，市场主体创新活力和竞争力明显提升。

坚持为民利企。2020年初新冠肺炎疫情发生以来，金融标准积极支持企业复工复产、保障消费者服务体验。网上银行系统、金融分布式账本、云计算技术金融应用等金融标准有效满足了特殊时期金融机构的线上服务创新需求。银行营业网点服务企业标准"领跑者"机构带头作为，建设银行、工商银行和中国银行等以国家标准为蓝本，迅速制定疫情期间业务办理指南、网点疫情防控等企业标准，高效安全地满足了人民群众的金融服务需求。招商银行、中信银行、农业银行和交通银行等大力实施国家标准，积极解决生僻字识别的难题，

[①] 该文来源于中国人民银行副行长、全国金融标准化技术委员会主任委员范一飞发表于《中国金融》2020年第24期的署名文章。

切实保障广大人民群众享有金融服务的基本权益。

强化应用实施。标准支撑金融风险防控的作用明显增强。移动金融客户端、个人金融信息保护、金融数据安全分级、金融科技创新等标准为金融APP风险整改、新技术金融应用风险专项摸排提供了技术依据，支持监管部门开展用户隐私和数据安全保护，有利于营造健康有序和包容审慎的金融科技创新环境。标准辅助金融治理的价值逐步激发。银行、非银行支付机构按照要求披露金融产品和服务所执行的标准，支持社会各界依据标准开展质量共治，切实保护金融消费者权益。标准实施保障机制不断完善。金融科技产品被纳入国家统一推行的认证体系，"标准+检测认证"实施模式进一步夯实，国家级金融科技测评认证中心顺利筹建，金融科技产业链整体竞争力显著提升。

扩大双向开放。"十三五"时期，我国在国际金融标准治理中的话语权和影响力明显增强。国际标准"引进来"步伐加快。金融业通用报文方案、唯一交易识别码等国际标准转化有序推进。全球法人识别编码（LEI）实施成效显著，路线图和多项应用规则相继发布，我国企业持码量大幅提升，更好地满足了跨境贸易和交易需求。我国标准"走出去"取得突破。2020年9月，首个由我国专家召集制定的ISO金融服务标准《银行产品服务描述规范》正式发布，目前正在积极牵头编制移动支付、区块链、绿色金融等多项国际标准。"一带一路"标准交流持续深入，围绕银行营业网点服务国家标准编制形成多语种外文版标准。上述工作得到了国家标准委、金融管理部门的大力支持，农业银行、外汇交易中心、网联清算公司、数字货币研究所、跨境清算公司、期货市场监控中心、中证报价公司、蚂蚁集团、清华大学和金融电子化公司等单位都作出了突出贡献。

在充分肯定金融标准化成绩的同时，也要正视问题和不足，如金融标准建设整体上不均衡不充分、金融数据标准供给明显不足、金融标准专业研究机构缺位、金融标准人才短缺等，需要我们在未来工作谋划和实践中加以重视，切实解决。

二、强化金融标准化使命担当

习近平总书记多次强调，要加快形成以国内大循环为主体、国内国际双循环相互促进的新发展格局。这是党中央就中华民族伟大复兴战略全局作出的重大决策部署，也为金融标准化工作指明了发展方向。

首先，金融标准化工作要服务国内大循环。要把满足国内需求作为工作出发点和落脚点，坚持"为民利企"的总体原则，构建适应新形势下金融发展需要的高质量标准体系。一是要满足金融治理现代化的需要。充分发挥标准的基础作用，研制既有利于金融科技创新发展，又能满足金融治理需要的标准规范，支持构建高效可靠的现代金融监管体系。充分发挥标准的桥梁作用，支持金融市场交易报告库等跨市场金融基础设施建设，提升金融治理的统一性和穿透性。充分发挥标准的支撑作用，以金融安全、消费者保护为重点，将法律法规、部门规章细化成金融标准，维护金融安全，守住不发生系统性金融风险的底线。二是要满足金融数字化转型的需要。自新冠肺炎疫情发生以来，非接触式金融服务需求旺盛，金融数字化转型势头强劲，对数据融合和科技创新应用的需求十分迫切。支持金融数字化转型，金融标准要靠前作为。一方面，加快研制资源产权、交易流通、跨境传输和安全保护等数据标准，推动金融数据资源开发利用。另一方面，强化标准在区块链、人工智能等新技术金融应用中的引领作用，支持金融数字基础设施建设，助力金融机构科技创新和数字化变革。三是要满足金融普惠服务的需要。在涉及消费者安全隐私和企业合法利益的领域，标准要筑牢底线，创造公平公正、安全放心的经营和消费环境。在创新金融产品供给、优化金融服务等涉及金融消费者体验的领域，标准要抬高标杆，提升人民群众对金融服务的获得感和满意度。在普惠金融、乡村振兴等促进社会公平的领域，标准要突出公益属性，支持数字技术与普惠金融深度融合，消除"数字鸿沟"，健全农村金融服务体系，打造全方位、多层次、智能化的数字金融服务。

其次，金融标准化工作要落实国内国际双循环。标准是国际金融治理的重要手段，是联通国际经贸活动、引领新兴产业发展的战略性资源。世界各国对标准广泛重视，竞争日趋激烈。我们要增强机遇意识和风险意识，积极用好两个市场、两种资源，实现国内循环与国际循环相互融合、相互促进。一是增加参与主体和渠道，推动市场主体按需参与标准化国际组织、区域组织、非营利或商业组织，多维度、多领域、多渠道参与金融国际标准治理。二是加强"引进来""走出去"，更大范围采用国际先进适用标准，更大力度提升在移动支付、数字货币、绿色金融等国际标准制定中的影响力，促进中外标准体系融合发展。三是推动标准制度型开放，完善金融标准国际化跟踪、参与、联动和共享机制，支持外资企业公平参与金融标准化活动，构建公平高效、开放透明的标准化生态。

三、构建金融标准化双循环发展新格局

未来一年是实施"十四五"规划的开局之年，金融标准化工作要按照党中央、国务院关于经济金融工作的决策部署，构建立足国内大循环和国内国际双循环相互促进的新发展格局。

强化顶层设计。贯彻落实国家标准化战略，制定发布金融业标准化"十四五"规划，坚持"开门问策、集思广益"，精准把握国家战略、市场主体和人民群众在金融风险防控、普惠金融、绿色金融、产业链金融、金融科技等领域对标准化的重大需求，突出金融标准化在金融治理体系和治理能力现代化建设中的基础性、战略性作用。

完善标准体系。厘清数字金融标准化需求，重点补齐金融数据安全、信息保护等涉及人民财产安全的基础通用类国家标准，更好地支持实体经济、防范金融风险。聚焦新技术、新业态和新模式，强化监管科技、合规科技等规范指南类行业标准，以开放和包容方式稳妥推进法定数字货币标准研制。强化金融团体标准监督管理，规范金融团体标准有序发展，扩大先进适用团体标准供给；充分发挥企业标准自我声明公开效应，增强企业标准创新活力。

加强应用实施。强化标准在法律法规等制度执行中的作用，畅通监管规则援引金融标准的渠道。打通标准全生命周期各环节，形成标准实施激励机制，创造有利于金融机构知标准、用标准、守标准的良好氛围。持续做好"金融标准为民利企"主题活动，总结重庆和浙江金融标准创新建设试点成果经验，向长三角地区和成渝双城经济圈推广，进一步激发标准实施创新活力。重点开展金融领域企业标准"领跑者"活动，各金融机构要高度重视，积极制定具有竞争力的企业标准，主要商业银行应充分发挥标杆引领和典型示范作用，"以大带小"促进全行业形成争当"领跑者"的良好氛围。

参与国际治理。坚持开放融合、互利共赢，积极参与数字领域国际标准制

定。增强先进适用国际标准的转化，探索双边、多边国际互认形式和境内外机构联合研究机制，提升我国标准的国际影响力。扩大"一带一路"金融标准交流"朋友圈"，加强政策、规则、标准联通。完善金融标准国际化工作推进机制，以智库专家为抓手，加快国际标准化人才储备。

优化体制机制。推动制定金融标准化管理办法、金融标准外文版管理办法等制度。筹建金融标准化研究院，更好地满足金融业对标准化服务的需求。推进所有金融行业标准统一发布工作。推动金融标准工作的数字化转型，持续开展金融标准化学科教育，促进产学研用协同联动，提升新时代金融标准化人才队伍水平。

积极推进金融风险管控行业标准建设①

　　金融是国家重要的核心竞争力，金融标准是金融治理体系和治理能力现代化的基础性制度。全国金融工作会议指出，"紧紧围绕服务实体经济、防控金融风险、深化金融改革三项任务"，金融标准在其中将发挥积极作用，促进经济和金融良性循环、健康发展。

　　中国经济发展进入新常态，步入增长换挡期、结构调整阵痛期、前期刺激政策消化期"三期叠加"的新阶段，为加快转变金融发展方式，传统金融行业转型与创新势在必行。

一、首设金融行业标准

　　过去几年中，随着金融创新和对金融监管的规避，银行、证券、保险、信托、基金等金融业务之间的界限被逐步打破，金融业进入以混业经营为主题的"大资管"时代。与此同时，资金空转、监管套利、链条过长、"脱实向虚"的新风险、新特征暴露出来。此外，"大资管"背景下各金融机构能够提供综合金融服务的复合型、顾问型人才的稀缺，一定程度上成为金融机构转型的阻碍。

　　2016年12月28日，中国金融教育发展基金会牵头发起设立的金融行业标准《公司金融顾问》（JRT/0139—2016）经全国金融标准化技术委员会审查通过，由中国人民银行正式发布实施。这是我国公司金融行业的首部行业标准，获得了包括银行、保险、证券、信托、独立金融咨询服务等多方机构的普遍认可，受到社会的广泛关注。

---

① 本文来源于中国人民银行总行原副行长吴晓灵发表于《中国经济信息》2017年第21期的署名文章。

　　金融标准建立的意义在于：第一，有助于监管部门跟踪评估金融业务的风险特征，从而完善制度短板和监管空白。第二，有助于金融机构业务和技术的规范，进行有序合作和竞争，提高金融产品透明度和服务的质量。第三，有助于金融消费者和投资者依照标准来保护其正当权益，对加强金融教育和实现金融普惠也有重大意义。

　　目前，防止发生系统性金融风险是金融工作的主题。金融标准的制定和实施将有助于金融活动在标准和规则下良性有序运行，提升金融业竞争能力、抗风险能力，有效防止系统性风险，服务实体经济，进而与国际接轨，促进金融业的改革开放。

　　随着国家把主动防范化解系统性金融风险放在更加重要的位置，中国人民银行科学防范，着力完善金融安全防线和风险应急处置机制，目前正积极推进"金融风险管控行业标准"建设。开展金融风险管控标准建设，规范金融业务开展，为金融机构提供风险管理指引，是新形势下金融行业规范、平稳发展的要求，符合党中央、国务院对金融工作的政策要求。2017年5月，人民银行联合银监会、证监会、保监会及国家标准委发布了《金融业标准化体系建设发展规划（2016—2020年）》（银发〔2017〕115号），形成了金融标准化顶层设计，提出了新型金融业标准体系。适合中国国情和特色的金融标准供给在逐年提升，基本覆盖了重点金融领域。

　　我国金融标准化建设起步晚，但随着中国经济和金融在国际上地位的提高，中国在金融标准制定方面也要提升竞争力和话语权。同时，为了更好地服务供给侧结构性改革，金融业要加快自身供给侧改革。这既是供给侧改革对金融业的必然要求，也是金融业转型升级的必由之路。这其中，培养符合金融标准的专业人才队伍至关重要。

二、专业人才培养和评价的标准缺失

　　金融业持续健康经营发展需要大量拥有专业知识和技能的人才。全国金融工作会议指出，"要大力培养、选拔、使用政治过硬、作风优良、业务精通的金融人才，特别是要注意培养金融高端人才"。但是，目前我国专业人才培养和评价的标准缺失，培养方法有效性不足，具备专业精神，善于进行专业分析、专业判断、专业管理和专业创新的人才难以培养出来。

金融标准建设还关系人民群众切身利益，应该更加深入地进行推广，引导消费者了解符合标准要求的标识，使用质量达标的服务，强化标准的社会公众监督手段。这符合金融普惠的精神，也是金融教育的必然要求。我国金融机构在机制、产品、服务和人才等方面逐步与国际接轨，但实体经济特别是小微企业在融资、投资等各方面知识都很欠缺。普惠金融服务范围实际包含了企业，按照《推进普惠金融发展规划（2016—2020年）》给出的范围，主要有两类，一是在市场上可获得金融服务相对弱势的小微企业，二是贫困地区企业，最终目标是以可负担的成本为其提供适当、有效的金融服务。

随着科学技术的进步，金融标准建设也要与时俱进，包括云计算技术金融应用体系标准框架、金融大数据标准体系框架、普惠金融标准体系框架、互联网金融标准体系等。展望未来，金融标准化工作将进一步为金融监管提供支持，为提升金融业服务发展水平创建标杆，推动政府与市场共治的标准化工作体系建设。

新时代金融标准化建设①

　　金融标准是金融的"通用语言"，是金融专家知识和金融最佳实践的融合成果，为金融治理能力和治理体系现代化提供支撑手段。面对人民日益增长的金融服务需要和不平衡不充分的金融发展之间的矛盾，新时代金融标准化工作必须按照党的十九大对我国未来发展的战略安排和全国金融工作会议精神，以新修订的《中华人民共和国标准化法》为依据，牢记自身历史使命，树立强烈的担当精神，坚持"创新、协调、绿色、开放、共享"的新发展理念，以新气象助力新时代金融新发展。

一、新时代金融标准化的历史使命

　　新时代，我国经济已由高速增长阶段转向高质量发展阶段，正处于转变发展方式、优化经济结构、转换增长动力的攻关期，金融标准化应紧紧围绕全国金融工作会议提出的"服务实体经济、防控金融风险、深化金融改革"三项任务主动作为，为决胜全面建成小康社会、夺取新时代中国特色社会主义伟大胜利、打好防范化解重大风险和精准脱贫的攻坚战作出贡献。

　　一是金融标准服务实体经济发展。标准决定质量，高质量的金融产品和服务标准可有力支持金融机构提供更高质量的产品与服务，引导金融业发展同经济社会发展相协调，为实体经济创造良好的金融生态，支持我国产业迈向全球价值链中高端，为建设科技强国、质量强国、网络强国、数字中国和智慧社会提供有力支撑。

　　二是金融标准助力防控金融风险。以强化金融监管为重点，以守住不发生

---

①　本文来源于中国人民银行科技司司长李伟发表于《中国金融》2017年第24期的署名文章。

系统性金融风险为底线，制定并实施金融科技、监管科技、互联网金融、金融基础设施、金融统计、金融信息安全等金融标准，将其作为金融制度的有效补充，不仅助力创新型国家建设，而且助力主动防范化解系统性金融风险，做到早识别、早预警、早发现、早处置。

三是金融标准助力深化金融改革。只有坚持全面深化改革，才能应对金融领域存在的严峻挑战，充分发挥金融标准的效能，建立以市场为主导、适应现代金融业发展的体制机制，完善金融市场、金融机构、金融产品体系，为健全货币政策和宏观审慎政策双支柱调控框架、深化利率和汇率市场化改革及建立现代金融服务体系提供标准支持。

四是金融标准助力共享发展。通过制定并实施农村普惠金融、精准扶贫等金融标准，充分应用大数据、人工智能、云计算等数字技术，进一步推动金融产品和服务创新，以标准化手段支持乡村振兴战略和区域协调发展战略，健全广覆盖、可持续、互助共享、线上线下同步发展的普惠金融体系，完善对小微企业、"三农"和偏远贫困地区的金融服务，健全农业社会化服务体系。

五是金融标准助力绿色发展。坚持绿色金融发展战略，制定并实施绿色金融标准，加快构建绿色金融服务体系，提高金融服务环保、节能、清洁能源、绿色交通、绿色建筑等领域的项目投融资、项目运营、风险管理的标准化程度和服务质量，助力构建市场导向的绿色技术创新体系、建立健全绿色低碳循环发展的经济体系。

六是金融标准助力开放发展。只有积极参与国际金融标准制定，推动我国先进金融标准"走出去"，才能提升我国在国际金融标准制定中的话语权，推进我国金融业双向开放，为我国经济社会发展营造良好金融生态。同时，金融标准"走出去"将促进"一带一路"国际合作，促进政策、规则、标准"三位一体"的联通，为设施联通、贸易畅通、资金融通、民心相通提供机制保障。

二、新时代金融标准化的工作基础

近年来，在国务院《深化标准化工作改革方案》的指导下，人民银行着力改革金融标准体系，优化金融标准化管理体制机制，加强金融标准的实施与监督，更好地发挥金融标准化在推进金融治理体系和治理能力现代化中的基础性、战略性作用，金融标准化工作开创新局面。

一是新型金融标准体系形成雏形。人民银行、银监会、证监会、保监会[①]联合国家标准委组织制定并发布金融业标准化体系发展"十三五"规划，把政府单一供给的原金融标准体系，转变为由政府主导制定的标准和市场自主制定的标准共同构成的新型金融标准体系。为便于跨行业、跨市场金融标准统筹，政府主导制定的金融国家标准和行业标准，从按机构划分的银行、证券期货、保险、印制标准体系架构，升级为按功能划分的金融产品与服务、金融基础设施、金融统计、金融监管与风险防控标准体系架构。市场自主制定金融团体标准蓬勃发展，2016年，中国保险行业协会发布首批金融团体标准《农业保险服务通则》《商业保险职业分类与代码》；2017年，中国保险行业协会发布《意外事故原因分类与编码》《意外类保险产品分类与编码》等金融团体标准，中国互联网金融协会发布《互联网金融信息披露个体网络借贷》《互联网金融信息披露互联网消费金融》等金融团体标准，北京移动金融产业联盟发布金融团体标准《移动终端安全金融盾规范》。

二是金融标准化统筹协调机制取得突破。人民银行、银监会、证监会、保监会联合国家标准委改革全国金融标准化技术委员会（以下简称金标委）领导层架构，提高金融标准统筹协调层次。新成立的第四届金标委，由金融管理和监管部门、系统重要性金融机构的单位领导担任主任委员和副主任委员，同时扩大委员单位队伍，覆盖行业更多领域，吸收部分主要非银行支付机构成为观察员，全面提升金标委的权威性、代表性和有效性。依托金标委委员单位、分委会和专项工作组，金融业标准化体系发展"十三五"规划顺利实施。人民银行分支行会同银监局、证监局、保监局、质监局（市场监管局）建立了"一行四局"标准化工作协调机制。大中型金融机构普遍建立了一个部门牵头、各个部门按条线管理的标准化工作机制。

三是金融标准供给数量与质量显著提升。经过金融系统长期努力，金融标准数量稳步提升，现行有效金融国家标准53项，金融行业标准147项，一定程度上满足了重点金融领域标准需求。党的十八大以来，为适应现代网络技术在金

---

① 2018年金融监管机构改革，将银监会和保监会的职责整合，组建银保监会。

融领域的广泛应用，人民银行组织开展监管科技、大数据、云计算、数字货币等金融科技相关研究，围绕普惠金融、金融科技、金融监管等重点领域加强金融标准供给，提交发布了银行营业网点服务基本要求、银行业产品说明书描述规范、金融业通用报文方案等金融国家标准，发布了中国金融移动支付系列标准、中国金融集成电路（IC）卡规范、银行卡受理终端安全规范、人民币现金机具鉴别能力技术规范、金融业信息系统机房动力系统规范等金融行业标准。但总体来看，金融标准的供给仍显不足，标准的缺失、老化现象依然明显，标准落实依然有待加强，标准化发展的不平衡，不充分问题依然是主要矛盾。

四是金融标准实施与监督成效明显。近年来，金融管理和监管部门、行业协会和有关组织、金融机构和非银行支付机构积极推进金融标准实施。人民银行编制了标准实施路线图，提出系统性的实施策略和措施，创新方式方法推动标准落地，建立非银行支付机构、移动金融、支付受理终端安全等标准检测认证体系。通过中国国际金融展等平台，积极宣传金融标准化相关政策。依托国家"质量月"和"世界标准日"活动安排，2017年9～10月，人民银行组织"普及金融标准，提升服务质量"活动，开展重点金融标准宣贯、实施情况调研和实施效果评估，营造了提升金融服务标准化程度和服务质量的良好氛围，推动了重点金融标准实施。

五是参与国际金融标准制定取得新进展。积极组织国内金融标准化专家参与国际标准化活动，目前共有65名专家参加国际标准化组织的金融服务技术委员会（ISO/TC68）的22个工作组，深度参与国际金融标准制定。我国首次主导编制的《银行业产品说明书描述规范》国际标准进展良好，由中国外汇交易中心开发的ISO 20022报文获得国际注册发布；在2017年ISO/TC68年会上，由我国专家提出的《第三方支付信息系统的安全目的》《资本市场交易结算系统核心技术指标》和《轻量级实时STEP消息传输协议》三项工作得到会议认可，将以此为基础制定国际标准。我国金融IC卡标准成为新加坡、泰国、韩国和马来西亚等国家发卡业务的技术标准，是金融标准"走出去"的重要成果。积极开展金融国际标准化宣传，2017年7月邀请ISO主席张晓刚为金标委作了"国际标准化的发展与'中国制造'"专题讲座，在行业内取得良好反响。

三、新时代金融标准化的重点工作

新时代的金融标准化工作必须坚决贯彻落实党的十九大精神，站在新的历史起点上，以落实党中央决策部署为前提，结合金融发展实际，加快推进金融业标准化体系发展"十三五"规划任务落实，解决标准化发展不平衡不充分的问题。

一是开展部分领域国家强制性标准制定与实施。新修订的《中华人民共和国标准化法》明确规定，对保障人身健康和生命财产安全、国家安全、生态环境安全及满足经济社会管理基本需要的技术要求，应当制定强制性国家标准。具体到金融行业，对于关系到人民财产安全的重点领域，要加快研制一批国家强制标准，强化依据强制性国家标准开展监督检查和行政执法，力争在人民币现金机具鉴别能力、银行卡终端安全等方面取得突破，以标准化手段为人民财产安全保驾护航。

二是加快制定金融科技与互联网金融标准。加快金融标准对新技术应用的响应速度，服务新动能、新经济健康成长，构建金融大数据标准体系，探索法定数字货币的技术标准和管理规范，探索和制定金融业云计算、大数据、区块链、人工智能应用技术规范。适应互联网金融发展的需要，制定互联网支付、网络小额贷款、互联网基金销售、互联网保险、互联网信托、互联网消费金融等互联网金融产品服务类标准，制定互联网金融领域网络安全、信息交换、身份认证等信息技术类标准，制定内部控制、风险管理、信用管理等互联网金融运营管理类标准。

三是加快制定金融监管与风险防控标准。按照党的十九大及全国金融工作会议精神，金融监管要实现所有金融产品和服务的全覆盖，标准化也要积极落实，做到所有金融产品和服务有标可依。同时，按照统筹监管系统重要性金融机构，统筹监管金融控股公司和重要金融基础设施，统筹负责金融业综合统计的要求，制定监管标准体系和具体监管标准，支撑金融基础设施互联互通和监管信息共享，服务"严监管""强监管"，支持综合监管、功能监管和行为监管。提高风险防控精准性，制定银行、证券、保险、金融科技、互联网金融等领域的风险监测、风险计量、信用评价、风险提示与公示、信息保护等风险管理标准，支撑风险监测预警和早期干预机制的建立和运转。

四是加快制定普惠金融标准。服务普惠金融体系建设，制定中国普惠金融指标体系和中国普惠金融发展指数标准，形成动态监测评估体系，建立金融消费者投诉分类标准和金融消费者素养调查标准，促进金融业可持续均衡发展。制定农村普惠金融服务规范，完善支持社保、医疗、教育、交通等行业领域的金融服务标准，建立健全无障碍银行网点、自助银行网点规范，提升金融服务的覆盖率、可得性、满意度，特别是要让农民、小微企业、城镇低收入人群、贫困人群和残疾人、老年人等及时获取价格合理、便捷安全的金融服务，推动大众创业、万众创新，助推经济发展方式转型升级，增进社会公平和社会和谐。

五是加快制定绿色金融标准。发展绿色金融，是实现绿色发展的重要措施，也是供给侧结构性改革的重要内容，加快建设与多层次绿色金融市场体系相适应、科学适用的绿色金融标准体系。制定绿色信贷、绿色债券、绿色股票指数和相关产品、绿色发展基金、绿色保险、碳金融等绿色金融标准，研制金融机构绿色信用评级标准，开展绿色信用评级试点，将金融机构在绿色环保方面的表现纳入绿色信用评级的考核因素之中。制定绿色信贷和绿色债券等信息披露标准，建立标准与监管政策的联动机制，推动完善上市公司和发债企业强制性环境信息披露制度。

六是推进金融标准"走出去"和"引进来"。完善我国金融标准化参与国际标准化的战略和策略，确定重点领域、重点方向和可行路径，在第三方支付、移动金融服务、互联网金融、数字货币等重点领域加强跟踪研究，争取主导更多国际标准研制。强化国际标准化组织国内对口单位建设，研究我国金融标准在"一带一路"沿线市场的应用及推广，推动我国更多优秀标准"走出去"。同时，引进国际标准化组织、金融稳定理事会、巴塞尔银行监管委员会、国际证监会组织、国际保险监督官协会等制定的先进金融标准，指导金融机构建立更加系统的风险管理框架。

七是建设"规划—制定—实施"相协调的"一条龙"金融标准化机制。加强分委会和金融标准专项工作组建设与管理，建立健全各领域金融标准清单，滚动修订金融标准体系。改进金融标准制定工作机制，充分运用信息化手段，提高标准制修订效率，及时开展标准复审和维护更新，公开金融标准，提高标准制定的广泛性、代表性、科学性、公正性。加强金融标准化研究，按年度组织开展金融标准化重点课题研究，调动全行业标准化研究积极性，为标准化发展奠定坚实的理论基础。创新金融标准实施的方式方法，对于标准实施要做到有检查、有监督、有评估，健全金融认证体系，做好标准质量评价，确保标准的效用落到实处，推进金融标准实施创新城市试点工作。

金融业积极准备实施标准化战略①

　　"标准决定质量，有什么样的标准就有什么样的质量，只有高标准才有高质量"。党的十八大以来，以习近平同志为核心的党中央高度重视标准化工作。提出"更好发挥标准化在推进国家治理体系和治理能力现代化中的基础性、战略性作用"，"积极实施标准化战略，以标准助力创新发展、协调发展、绿色发展、开放发展、共享发展"，强调"强化标准引领"，"加强标准软联通"，"推动标准制度型开放"。

　　我国金融业积极贯彻落实党中央决策部署，在《金融业标准化体系建设发展规划（2016—2020年）》指导下，加强标准供给，强化标准实施，助力金融服务实体经济、防范金融风险、深化金融改革开放。

　　一是适应新时代金融发展需要的新型标准体系基本形成。"国家标准保底线、行业标准设门槛、团标企标促发展"的格局基本成型，金融标准实现了从政府单一供给向"政府+市场"双向供给转变，形成监管部门、社会团体、企业制标贯标的良性互动，支撑金融行业高质量发展。

　　二是金融标准化提升金融风险防控能力。不断完善标准"规划—制定—宣贯—修订"的全生命周期管理，建立健全标准、检测、认证技术链条，充分发挥检测认证推进标准落地实施的作用，提升金融产品服务、金融信息、金融信息系统基础设施安全风险防控水平。

　　三是金融标准化推动金融服务提质增效。探索建立"金融标准+扶贫"工作模式，用标准提升贫困地区金融服务质量，助力扶贫攻坚和乡村振兴。组织重

---

① 本文来源于中国人民银行科技司二级巡视员、金标委秘书长杨富玉在"金融标准 为民利企"金融标准化工作交流论坛上的讲话。

庆市、浙江省金融标准创新建设试点，探索符合区域金融供给侧结构性改革需求的标准化工作路径。在普惠金融、货币金银、金融科技、网络安全等领域，积极探索金融标准为民利企，产生明显效果。

四是金融标准化支持金融业双向开放。参与金融标准国际化活动，实现从"跟踪研究"到"实质性参与"的转变。我国专家牵头金融科技、资本市场技术、条码支付、法定数字货币安全等领域多项金融国际标准研制。我国积极应用推广全球法人识别编码（Legal Entity Identifier，LEI），截至2020年9月，我国大陆持码机构数量约3万家，公开发布应用规则6条，便利于我国与世界的联系。

当前，新一轮科技革命和产业变革方兴未艾，数字经济蓬勃发展，催生了大量新产业、新业态、新模式。国际上普遍认为，谁掌握了标准的主动权和主导权，谁就能赢得未来，全球各主要国家都高度重视标准战略意义。进入21世纪，美国、英国、德国、法国和日本等各主要国家积极制定标准化战略，凝聚国内共识，推进标准建设，都将促进国际贸易、市场准入、引领面向未来议题、提升国家竞争力作为标准战略愿景。国际标准化组织（ISO）也正在编制2030战略，以应对全球经济和贸易的不确定性、不断变化的社会预期、可持续发展的紧迫性和数字化转型。

当前，我国也在抓紧编制国家标准化战略纲要。金融业应做好实施国家标准化战略的准备，坚持问题导向，努力解决标准配套不够、标准缺项较多、标准制定及时性及推广应用不足等问题，坚持需求导向、目标导向，充分发挥标准在现代金融体系建设中基础性、战略性作用。

一是发挥金融标准的基础性制度作用。建立健全与金融治理现代化相适配的金融标准体系，积极将金融国家标准、行业标准纳入金融法律和政策体系，大力发展金融团体标准、企业标准，增强金融业标准的权威性、约束力和规范引导作用。

二是发挥金融标准的协调作用。顺应开放、融合与共建生态大势，在新技术、新业态方面，发挥标准协调作用，推动金融业大融合大发展，促进新旧动能转换，形成"政府主导、企业为主、多方参与、社会监督"的多元共治工作格局，严格落实《中国人民银行金融消费者权益保护实施办法》关于披露产品服务标准编号和名称的有关要求，通过标准宣贯、培训、检测认证等多种手段推动标准落地实施，切实解决姓名生僻字银行业务办理难的问题，规范引导金融创新，有效应对金融风险、信息保护、网络和数据安全等问题。

三是发挥金融标准的引领作用。扬弃"先技术发展后标准化"传统模式，推进"先标准化后技术发展"的"前导型"标准建设，正确把握和识别新技术金融应用的标准化需求，并不失时机地作出响应，甚至适当超前响应。在企业和社会团体中"大力推进技术专利化、专利标准化、标准国际化。"积极促进国内标准与国际接轨，推动全球法人识别编码、唯一产品识别编码、唯一交易识别编码、关键数据要素等国际金融数据标准在中国全面应用实施，助力高标准市场体系建设和高水平对外开放。

四是发挥金融标准支撑高质量发展的作用。构建与乡村金融、绿色金融、数字金融等未来金融发展趋势相适应的标准体系，用标准手段驱动改善农村金融基础设施建设、优化农村金融机构网点服务质量、普及推广数字化支付活动，发挥金融标准对普惠金融提质增效作用，继续在服务小微金融、中小微企业贸易融资、供应链可追溯性、众筹融资、小额保险等领域加强标准建设。

"金融标准化发展，人才是关键。"杨富玉认为，标准化人才应该是掌握技术、通晓业务、熟悉管理、精通运作的复合型人才，而这样的人才只能在实践中培养。近年来，有多位中青年才俊崭露头角，在国内、国际金融标准化事业中作出了突出贡献。但无论是人才数量还是人才层次水平，还远远不够。下一步，金标委将在标准立项、编制、审查、服务、国际化活动等各个方面，为人才成长创造条件。同时，希望金融机构和金融科技企业以国际视野把握产业发展前沿趋势，加大资源投入，设置专门部门岗位，发挥标准对生产服务的基础、支撑、引领作用，积极培养一批主导国际标准制定、领军国际标准治理的标准化人才。

全面深化金融标准化发展　开创金融标准化新时代[①]

我国金融标准化工作于20世纪90年代起步，迄今已有20余年的历史，在20余年的发展历程中，取得了丰硕的成果，金融标准化工作体制机制完善，金融标准化制度体系健全，金融标准体系分领域完成建设，国际标准化、企业标准化和金融标准认证等多领域拓展和深入，为金融业的发展与改革起到了积极的支撑作用和促进作用。随着时代的发展和社会的进步，金融标准化的需求日益迫切，金融标准化的重要性日益凸显，一个蓬勃发展的金融标准化时代已经到来。首先，党和国家高度重视金融标准化工作。党的十八届三中全会强调，"政府要加强发展战略、规划、政策和标准的制定实施"，将标准与战略、规划、政策共同列为国家治理体系的重要组成部分和助推国家治理能力提升的有效工具。《国务院机构改革和职能转变方案》将标准明确作为国家基础性制度的范畴。其次，在新兴业务领域金融标准化需求迫切。如今，互联网金融、移动金融等新兴业态发展迅猛，而在这些新业务形态发展中，金融标准扮演着重要的角色，有的成为串联整个业务形态的主线，有的成为支撑业务发展的重要基础，有的成为保障产业安全的维护者。再次，社会大众的标准意识已被点燃。社会上针对不同产品和服务，基于标准的问责形态已经形成，有没有标准已成为消费者首先问到的问题。面对新形势，金融标准化应从以下几个方面全面做好工作。

[①] 本文来源于中国人民银行科技司原司长王永红发表于《金融电子化》2014年第6期的署名文章。

一、优先重视金融标准的制定与实施

　　金融标准是各项金融业务、管理和技术诉求的载体，脱离金融标准谈标准化工作，都是空中楼阁。在金融标准化快速发展的新时期，金融标准的制定与实施应该全面推进，并走向深入。金融标准化工作的组织管理协调者们，一方面要在金融标准化成熟领域，做好金融标准制定和实施的服务工作；另一方面也应在金融标准化意识相对薄弱、发展水平不高的领域，积极引入标准化的思想，制定一项标准，实施一项标准，经历一次标准化的过程，让标准的思维方式生根发芽。

　　在以往的工作中，我们对金融标准的制定强调得多，而对金融标准的实施强调得少，金融标准在实施中产生的社会经济效益评估开展得就更少。标准有没有用，有多大用，感性认识多，理性评价做得还不够。做实金融标准的实施将是今后标准化工作的重中之重，金融标准的实施效果将成为考核金融标准化工作成效的核心指标。

二、要勇于成为国际标准化的重要参与者

　　长期以来，我国在金融国际标准化中的存在感并不突出，我们主要以跟随者的方式存在，对外的贡献度和对内的支持度都有所欠缺，这与之前我国参与金融国际事务的程度还不够深有一定的关系。然而，我国金融机构参与国际金融市场活动日益激烈，在推动我国企业和品牌"走出去"的今天，我们对金融标准作为国际竞争制高点的作用应给予足够重视并着重强调，跟随者的定位已不符合发展要求，我们要有敢为引领者的决心和勇气。

　　截至2014年3月，由我国提出的国际标准提案已有310项，正式发布的有147项，我国专家成功当选了国际标准化组织（ISO）主席、国际电工委员会（IEC）副主席和国际电信联盟（ITU）副秘书长，整个国家的国际标准化工作取得重大突破，金融的国际标准化工作应把握这个不可多得的机遇，实现突破性发展，在金融国际标准化组织机构中承担重要的角色，在关键领域标准的制定中积极地融入我们的思想、体现我们的诉求，在基于标准的竞争中发挥我们的作用。

　　企业标准化发展要成为主方向。参天之木，必有其根；怀山之水，必有其

源。企业标准化无疑是金融标准化的根与源。只有企业标准化的优先发展和率先发展，才能为金融标准化的整体发展带来源源不断的活力，才能最大限度地激发标准的内生动力，才能充分提升金融标准化的战斗力，才能为金融标准化整体的进一步发展打下基础，形成支撑。

推动企业标准化发展，要注重点和面的结合。一方面，在宏观层面上要进行政策指导，让金融企业形成广泛意义上的认知，开展普遍意义上的标准化工作；另一方面，要认识到不同的金融企业在标准化需求和执行能力上的差异性。要支持有优先发展和率先发展需求的金融企业先发展起来，给任务，压担子，创机会，积极引入国际和国家标准化工作体系中，通过具体工作磨炼，逐步成长为相关领域工作的引领者和带动者。对于标准化需求不旺盛、积极性不高的金融企业，要做好宣传和引导工作，把标准化的作用和效益说清楚，讲明白，让企业充分认识到标准化的作用和好处，主动开展标准化工作。

三、金融标准认证工作要树起来

标准与认证在我国标准化体系中是共生关系，在《中华人民共和国标准化法》中，二者一并提出，相辅相成。一段时间以来，基于标准的金融认证工作处于空白状态，金融标准所承载的技术和业务内容缺少一种有效的准入评价机制，对标准的实施强度上产生了一定的影响。大力发展金融标准认证工作，符合国家简政放权的要求，有助于强力推进金融标准的实施与改进，对相关业务发展能起到积极的保障作用。

我国金融标准认证已有五年的发展历程，金融标准认证体系已初步形成，并在非金融机构支付业务设施技术领域取得实效，现在正在移动金融领域中着力推进。从战略上而言，未来金融认证将成为常态，重要标准和关键标准的认证机制将更加健全。从战术上讲，金融认证工作将稳步逐步推进，保证开展一个，成功一个，要见到效果。

金融标准化各项工作的较好开展，需要各方面保障措施的有力实施：一是做好顶层设计，从全局的角度对金融标准化工作形成整体的安排与把控，打通各个领域之间的通道，形成协调、统一、联动的发展模式；二是注重金融标准化研究，把研究作为开路先锋，要主动接受新领域、新思想、新观念，并进行全面的分析研究，有益的要积极地应用到金融标准化工作中；三是加强组织建设，金标委是金融标准化工作平稳较快发展的重要保障，围绕金标委体制机制的改革创新要进一步深入，充分发挥金标委的技术组织和运行枢纽的作用；四是做实人才队伍建设，采取多种形式协同推进人才队伍建设，满足金融标准化发展的人力资源需求。

　　金融标准化时代的来临既是机遇，也是挑战，金融标准化从业者不可避免地要融入这个时代中，我们不仅要做好迎接这个时代和经历这个时代的准备，更要以积极的态度和饱满的热情拥抱和引领这个时代，为这个时代更好地发展作出贡献！

第 **2** 部分

金融企业标准
"领跑者"活动

金融领域企业标准"领跑者"蓝皮书

JINRONG LINGYU QIYE BIAOZHUN "LINGPAOZHE"
LANPISHU 2021

企业标准"领跑者"助力金融业高质量发展[①]

一、企业标准"领跑者"制度是支撑高质量发展的重要鼓励性政策

党的十九大作出我国经济已由高速增长阶段转向高质量发展阶段的重大判断。习近平总书记指出，推动高质量发展是当前和今后一个时期确定发展思路、制定经济政策、实施宏观调控的根本要求，并多次强调要瞄准国际标准提高水平，加快形成推动高质量发展的标准体系。李克强总理要求，要发挥标准引领作用，鼓励企业在生产经营中向更高标准努力。

为发挥市场在标准化资源配置中的决定性作用，增加先进引领标准的供给，发挥标准引领作用，急需建立实施企业标准"领跑者"制度。

一是深化标准化工作改革的重要内容。深化标准化工作改革，放开搞活企业标准，企业是主体，企业标准是关键，急需把工作重心转移到提升企业积极性和主动性上来。推动企业立足提高产品和服务质量，从标准的执行者向标准的制定者转变，将自主技术转化为高水平企业标准，将不断升级的标准与富于创新的企业家精神和精益求精的工匠精神更好结合，涌现一批企业标准"领跑者"，以标准全面提档推动企业核心竞争力的提升。

二是高质量发展的重要抓手。标准是质量提升的"牛鼻子"，推动高质量发展必须从抓标准入手。新型标准化体系中，政府主导制定的标准侧重于保基本，市场自主制定的标准侧重于提高竞争力。企业标准的作用在于强质量、促

[①] 本文来源于国家市场监管总局标准创新管理司司长崔钢在2019年度金融领域企业标准"领跑者"活动启动会上的讲话。

创新，树立一批企业标准"领跑者"，可以以点带面，以领带跑，有利于推动经济高质量发展。

三是推动新旧动能转换的重要支撑。随着经济发展由高速增长转向高质量发展，传统发展模式的弊端愈加凸显，新旧动能转换过程需要标准保驾护航，通过推动"领跑者"企业标准，引导产业政策向标准"领跑者"企业倾斜，通过竞争淘汰落后产能，为新动能发展"腾笼换鸟"，不断涌现以知识、技术、信息、数据等新生产要素为支撑的强大新动能。

二、加快形成合力推进企业标准领跑者制度实施的工作机制

在广泛征集和充分调研的基础上，2019年6月，市场监管总局发布了2019年度实施企业标准"领跑者"重点领域，这些重点领域包括金融机具、金融服务在内的100个产品和服务类别。2019年的企业标准"领跑者"工作，在深度上要与部门、地方、行业和市场深入结合，在广度上已把金融服务、装备制造、先进材料等领域的企业标准纳入评估范围，将不断提升这项制度的认知度和影响力。

要实施好企业标准"领跑者"制度，需要分析清楚这项制度的利益机制，进而寻求各相关方的支持。企业标准"领跑者"制度第一受益者是企业，有什么样的标准就有什么样的质量，因此标准"领跑者"企业同样也是质量和行业的"领跑者"。第二受益者是行业，每一个企业都需要清楚自己在市场中的地位，明确自己同标杆企业在产品质量和服务水平上的差距；"领跑者"制度使企业可以持续跟进目前最先进的标准，为行业提质增效提供明确的方向和路线。第三受益者是消费者，标准是质量的硬约束，"领跑者"标准就代表了"领跑者"质量，企业争做标准"领跑者"，就要不断提高产品质量和服务水平，消费者也就享受到更优质的商品和服务。第四受益者是政府，企业标准"领跑者"制度为涉及安全、环保的标准和产业政策的制定提供了参考指标。有了"领跑者"标准，政府部门制定强制性标准或产业政策时，就有了可靠的依据。企业标准"领跑者"制度在实施过程中，我们要坚持公平公开、创新驱动、需求导向、企业主体和规范引导的原则，遵循"公开—排行—领跑"的思路，建立企业、行业、消费者、政府合力推进企业标准"领跑者"制度的工作机制，重点

要把握四个关键点。

一是发挥好市场主导作用。政府主要是为企业标准"领跑者"提供制度环境，企业标准"领跑者"的确定应充分发挥市场主导作用，通过第三方评价机构开展企业标准水平评估，发布企业标准排行榜，确定企业标准"领跑者"，接受社会公众监督。

二是落实好企业主体责任。要让企业在企业标准"领跑者"工作中唱主角，调动企业的积极性和内生动力，发挥企业在标准制定、标准升级和质量提升的主体作用，明确企业在标准公开、标准实施、质量承诺的主体责任，促进标准、质量和效益持续提升。

三是协调好相关监管措施。推动企业标准声明公开与现有相关监督制度有效衔接，同时将企业标准"领跑者"制度与金融监管、信用监管等制度结合，激励企业不断提升标准水平，推动企业标准"领跑者"工作有序实施。

四是推动好质量全面提升。通过设计激励政策向标准"领跑者"企业倾斜，带动优势资源向"领跑者"企业聚集，并引导消费者更多选择"领跑者"产品，多方合力推动企业标准水平和质量水平全面提升。

三、金融领域企业标准"领跑者"工作是推动金融业高质量发展的有效途径

金融是现代经济的核心，金融发展的过程实际上就是不断改进和提升服务实体经济能力的过程。在过去的十几年中，金融创新为互联网、房地产、制造业的飞速发展提供了强劲动力。因此，发挥标准规范和引领的双重作用，在金融领域推动企业标准"领跑者"，对于金融产业的健康发展有着非常重要的意义。

一是有助于推动金融标准从政府单一供给向"政府+市场"多元供给转变。我国金融标准化"因改革开放而生"，"因改革开放而兴"。自金标委1991年成立以来，金融标准经过探索起步、快速发展、全面推进三个阶段，现已成为金融业健康发展的技术支撑。加快推进金融领域企业标准"领跑者"制度实施，激励金融企业声明公开企业标准，促进金融市场供给先进标准，改变政府单一供给标准的局面，既有利于推动金融标准的市场化供给，也有助于提高金融行

业的透明度，防范金融风险。

二是有助于提高消费者的获得感。2019年金融领域的企业标准"领跑者"评估工作所选取的"销售点终端（POS）"等4个金融机具，以及"银行营业网点服务"等两个金融服务，都是与百姓生活和企业经营密切相关的产品和服务类别。这体现了"金融要为实体经济服务，满足经济社会发展和人民群众需要"的精神，也是对"金融标准为民利企"原则的具体实践。本次的企业标准"领跑者"评估工作，在推动金融标准实施的同时，也将为消费者和企业选购金融产品与服务提供参考，对于普惠金融体系的快速建立有直接推动作用，可以提升人民群众的获得感与幸福感。

三是有助于为服务领域树立企业标准"领跑者"制度建设的标杆。金融领域标准多属于服务类标准，而"服务"具有无形性、非存储性等特点，服务领域的标准化不像有形产品那样直接和简单，需要间接地对提供服务的相关条件提出标准化要求。这也使服务类标准评价工作更加复杂。2019年我们将在"银行营业网点服务"和"网上银行服务"两个金融服务领域开展企业标准"领跑者"评估工作，所形成的服务领域"领跑者"经验，将为未来其他服务类标准的"领跑者"评估工作树立标杆。

金融领域企业标准"领跑者"活动成效显著①

一、金融领域企业标准"领跑者"活动取得很好成效

首先，企业标准标杆作用显现。国家标准是底线，行业标准是门槛，企业标准是标杆，我们积极倡导发展企业标准。活动中，1233家金融机构和金融机具企业主动公开了2293项企业标准，进一步强健了"政府＋市场"双向供给的新型金融标准体系的根基。各企业以国际领先、行业先进为锚点，不断提炼新技术、新产品、新应用、新服务，促进创新成果向企业标准转化。例如，部分银行机构在网上银行服务方面提出包括大数据风控与反欺诈、基于生物特征的身份识别、分布式系统架构等在内的多项创新指标，有力强化了网上银行风险防范能力。

其次，诞生了多样化的"领跑者"。经过评估机构的严格评估，最后产生107家具有国内领先水平和市场竞争力的金融领域"领跑者"。以网上银行服务为例，"领跑者"中既有大型商业银行、股份制银行，也有城商行、民营银行、农商行、农村信用社，还有一家隶属于其他金融机构（中信百信），具有很强的多样性，为各类型金融机构提供了对标主体。

最后，金融消费者权益得到有效维护。六个领域与消费者息息相关。活动促进企业落实创新管理责任，自我声明公开企业标准，主动接受社会监督、行业自律，金融产品和服务透明度不断提高，更好地保障消费者的知情权、参与权和监督权。同时，金融服务品质不断提升，条码支付、金融云、声纹

---

① 本文来源于中国人民银行科技司司长、全国金融标准化技术委员会副主任李伟在2019年度金融领域企业标准"领跑者"发布会上的讲话。

识别等新技术的金融应用标准较好实施，促进了金融服务的便捷化，便利了人民生活。

二、进一步发挥企业标准"领跑者"制度作用

党的十九届四中全会强调，要全面贯彻新发展理念，强化标准引领，推动规则、规制、管理、标准等制度型开放。2019年中央经济工作会议再次提出，要加快建设高标准市场体系。我国金融标准化事业已进入全面推进阶段，金融标准化支持金融治理能力现代化、服务金融业健康有序发展的基础性、战略性作用日益凸显。进入新时期，创新金融标准化工作势在必行，这既是深化金融供给侧结构性改革的必然要求，也是促进高标准市场体系建设的必要手段。当前，新一轮科技革命和产业变革正在重构全球创新版图、重塑全球经济金融结构。以人工智能、大数据、区块链等信息技术为代表的金融科技蓬勃发展、创新应用，为金融产品和服务提质增效提供发展契机的同时，也提出了金融科技如何守正发展的必答题。

一年来的实践表明，企业标准"领跑者"活动是新形势下有效的制度安排。一是有助于构建标准引领、企业履责、政府监管为基础的管理体系，提升社会治理体系和治理能力现代化。二是有助于营造金融相关企业间比学赶超、竞争上游的氛围，构建高质量市场体系。三是有助于增强人民群众的获得感、幸福感、安全感，解决好金融消费者最直接、最现实的问题。四是有助于推进创新与规范协同发展，助力我国金融科技行稳致远。

三、金融领域企业标准"领跑者"活动将持续开展下去

一是大力实施金融领域企业标准"领跑者"制度。加大宣传力度，营造良好企业标准化氛围。探索活动新领域，完善活动评估机制，优化评估流程，发现更有竞争优势的企业标准"领跑者"。培育发展市场化的专业标准化服务机构，加快创新成果向技术标准转化，助力企业走高质量发展之路。

二是强化企业的市场、创新、标准制定与实施的主体意识。探索企业标准培优机制，鼓励金融企业聚焦新技术、新产业、新业态、新模式等创新发展需

求，制定先进企业标准。鼓励企业主动进行企业标准自我声明公开，秉持守正创新、安全可控、普惠民生、开放共赢的发展理念，营造良好生态。

三是完善"金融标准＋检测认证"金融监管模式。建设好标准、测评、认证三个环节衔接配套的运行模式，把好金融科技创新入口关，提升金融科技监管效能，确保创新产品在不突破法律法规和监管要求的基础上，推动金融服务提质增效。

践行网银服务企业标准"领跑者"活动的为民利企目标^①

一、从贯彻落实以人民为中心的发展思想和深化金融供给侧结构性改革的高度，充分认识开展网上银行服务企业标准"领跑者"活动的重要意义

习近平总书记在2019年2月中央政治局第十三次集体学习时强调，深化金融供给侧结构性改革必须贯彻落实新发展理念，强化金融服务功能，找准金融服务重点，以服务实体经济、服务人民生活为本。银行业是金融服务实体经济和人民生活的主力军，网上银行是银行业提供服务的主渠道。有关数据显示，截至2018年底，银行业平均离柜率达88.7%，网上银行用户规模为4.2亿户，网民使用率为50.7%。2018年全年，银行业通过网上银行处理支付业务570.1亿笔，金额为2126.3万亿元，交易笔数占银行业电子支付总笔数的比重为32.5%，金额占比为83.7%。可以说，网上银行服务质量直接影响广大人民群众和企业主体对银行服务的满意度和获得感评价。此次人民银行和市场监管总局共同启动包括网上银行服务在内的金融领域企业标准"领跑者"活动，就是从服务实体经济和人民生活的初心使命出发，以企业标准为切入点，从标准看服务，用标准评质量，比标准找差距，以标准促领跑，力求在各银行机构中形成"网上银行服务争领跑、学领跑"的良好氛围，在广大金融消费

---

① 本文来源于中国互联网金融协会秘书长陆书春在2019年网上银行服务企业标准"领跑者"活动培训总结会上的讲话。

者群体中形成"网银消费看领跑、选领跑"的浓厚氛围，进而带动其他银行业务服务数字化转型迈上新台阶。

二、从贯彻落实新《标准化法》和党中央、国务院有关企业标准决策部署的角度，全面把握网上银行服务企业标准"领跑者"活动的总体要求

2017年新修订的《标准化法》确立了企业标准的法律地位，并明确规定国家实行企业标准自我声明公开和监督制度。2017年9月，党中央、国务院印发《关于开展质量提升行动的指导意见》，强调全面实施企业标准自我声明公开和监督制度，实施企业标准"领跑者"制度。2019年6月，人民银行副行长范一飞在2019年度金融领域企业标准"领跑者"活动启动会上明确要求，企业标准"领跑者"活动是开展金融标准助力深化金融供给侧结构性改革、增强金融服务实体经济能力的重要探索，相关单位要积极参与活动，不断总结经验，扩大标准领域，使其作为一项经常性的活动持续开展下去。因此，我们可以看到，在法律支撑和政策推动下，企业标准将在规范生产行为、提升服务质量、保护消费者等方面发挥更加突出的作用。银行业作为与老百姓钱袋子直接打交道的服务行业，在落实企业标准相关政策方面，应该勇当排头兵、敢为先行者，要切实把网上银行服务企业标准"领跑者"评估作为一项重点工作和长期任务抓下去，持之以恒，久久为功，不搞运动式参评和面子工程。

三、按照人民银行和市场监管总局有关活动安排和协会拟订的评估方案，积极参与和推进网上银行服务企业标准"领跑者"评估有关工作

企业标准"领跑者"制度的主要目标是通过企业标准的自我声明公开，培养出一批产品质量高、用户服务好、标准落实严的标杆型、领跑型企业。因此，各银行机构应按照满足监管要求、贴近市场需求、适应人民需要的原则，对照企业标准编写要求和协会评估核心指标，编制或者修订网上银行服务企业标准，突出企业标准的规范性、针对性和适用性。应按照活动要求和时间安排

主动及时将网上银行服务企业标准在"全国企业标准信息公共服务平台"上自我声明公开，并切实贯彻执行，做到标行合一。协会将在人民银行和市场监管总局的支持下，申请作为此次网上银行服务企业标准"领跑者"评估机构，依据评估方案组织评估工作，形成网上银行服务企业标准排行榜和"领跑者"名单，向社会公示，这对参与"领跑者"活动的银行履行社会责任、树立优质服务企业形象、获得消费者认同意义重大。希望各家银行与协会保持密切沟通交流，积极参加协会围绕"领跑者"评估举办的一系列宣讲、培训、新闻宣传活动。协会也将为各参与机构提供评估方案及企业标准编写咨询服务，欢迎大家来电来访咨询。

积极有序推进网上银行企业标准"领跑者"活动[①]

标准是经济发展和社会进步的重要支撑，也是国家治理体系和治理能力现代化的重要基础性制度。企业标准作为标准体系的重要组成部分，其自我声明公开和监督制度在2017年新修订的《标准化法》中以国家法律的形式正式确立。在此基础上，市场监督管理总局等八部门联合印发《关于实施企业标准"领跑者"制度的意见》，旨在通过高水平标准引领，增加中高端产品和服务有效供给，支撑高质量发展。中国互联网金融协会认真贯彻落实新《标准化法》和企业标准"领跑者"制度有关要求，按照国标委、金标委有关决策部署安排，坚持金融服务实体经济和人民生活的初心使命，积极有序推进网上银行服务企业标准"领跑者"活动。

一、网上银行当前发展现状与特点

网上银行是指商业银行通过互联网、移动通信网络、其他开放性公众网络或专用网络基础设施向其客户提供的网上金融服务。近年来，随着网络基础设施的不断完善和金融科技的蓬勃兴起，网上银行服务快速发展、持续迭代，日益成为企业和个人在经济社会生活中不可或缺的重要工具，呈现出以下几个方面的特点：

一是客群覆盖广。互联网时代深入发展，深刻改变了各类社会群体和市场主体的生产消费行为习惯，银行业金融机构把握时代脉搏，主动适应客群变化，推动银行服务从物理网点向网络终端延伸，网上银行已成为重要的金融服

[①] 本文来源于中国互联网金融协会副秘书长、互联网金融标准研究院院长朱勇发表于《金融电子化》2019年第8期的署名文章。

务渠道和普惠金融的重要组成部分。中国互联网络信息中心（CNNIC）第43次《中国互联网络发展状况统计报告》数据显示，截至2018年底，我国网民规模达8.29亿人，普及率达59.6%，网上银行用户数为4.2亿人，占全国网民人数的比例为50.7%。人民银行数据显示，2018年，银行业通过网上银行处理支付业务570.1亿笔，金额为2126.3万亿元，交易笔数占银行业电子支付总笔数的比重为32.5%，金额占比为83.7%。

二是服务功能全。网上银行通过网络系统将银行业务同互联网等资源和技术进行融合，持续扩大服务半径。中国银行业协会数据显示，截至2018年底，银行业平均离柜率达88.7%。实践中，部分银行网上银行APP功能丰富，仅个人业务方面就包括个人账户管理、个人结算、个人存款、个人贷款、个人投资理财、信用卡、个人客户服务等多种服务，同时嵌入话费充值、生活缴费、网上商城等多种多样的生活场景。可以说，网上银行服务作为银行业务的综合入口，是零售金融部、公司银行部、信用卡中心、风险管理部、信息技术部等多个部门通力合作的结果，是展示银行整体服务实力的重要窗口。

三是安全要求高。银行业是与老百姓钱袋子直接打交道的服务行业，信息安全是银行业对外提供服务的基础。国家金融管理部门历来高度重视网上银行信息安全工作。《电子银行业务管理办法》等监管制度及《网上银行信息安全通用规范》等行业标准，均对网上银行信息安全提出了具体要求。近年来，我国银行业信息安全形势复杂严峻，根据《2018年第二季度中国银行业网络风险报告》，16%的参评银行机构遭受了总计1732次DDoS拒绝服务攻击。为此，银行业金融机构不断加大网上银行信息安全保障力度，确保网上银行服务安全、消费者资金安全、个人信息安全。

四是探索创新多。近年来，人工智能、云计算、大数据等新一代信息技术在网上银行领域得到广泛的探索应用。例如，人工智能应用于网上银行智能客服，支撑海量客户需求，极大地节约了人工成本。指纹识别等生物识别技术应用于网上银行身份认证，结合多因素认证等身份认证机制，有助于提升网上银行服务安全性。云计算应用在信息技术设施运维管理方面，有助于合理分配有效资源，提高运维效率，提高资源的利用率，降低成本。大数据应用于风险管理和反欺诈系统，有助于银行更加精准和及时地识别和防范风险。

二、网上银行服务企业标准"领跑者"活动的重要意义

开展网上银行服务企业标准"领跑者"活动是坚持银行业初心使命的有力举措。习近平总书记在2019年2月中央政治局第十三次集体学习时强调，深化金融供给侧结构性改革必须贯彻落实新发展理念，强化金融服务功能，找准金融服务重点，以服务实体经济、服务人民生活为本。银行业是金融服务实体经济和人民生活的主力军，网上银行是银行业提供服务的主渠道。网上银行服务质量直接影响广大人民群众和企业主体对银行服务的满意度和获得感评价。此次人民银行和市场监管总局共同启动包括网上银行服务在内的金融领域企业标准"领跑者"活动，就是从服务实体经济和人民生活的初心使命出发，以企业标准为切入点，从标准看服务，用标准评质量，比标准找差距，以标准促领跑，力求在各银行业金融机构中形成"网上银行服务争领跑、学领跑"的良好氛围，在广大金融消费者群体中形成"网银消费看领跑、选领跑"的浓厚氛围。

开展网上银行服务企业标准"领跑者"活动是贯彻落实新《标准化法》有关企业标准制度规定的重要内容。新《标准化法》规定，国家实行团体标准、企业标准自我声明公开和监督制度。企业应当公开其执行的强制性标准、推荐性标准、团体标准或者企业标准的编号和名称；企业执行自行制定的企业标准的，还应当公开产品、服务的功能指标和产品的性能指标。国家鼓励团体标准、企业标准通过标准信息公共服务平台向社会公开。企业应当按照标准组织生产经营活动，其生产的产品、提供的服务应当符合企业公开标准的技术要求。通过网上银行服务企业标准自我声明公开和标准评估，能够促进商业银行贯彻执行已发布企业标准，进一步树立标准化意识，增强以标准引领服务质量提升的主动性。在此基础上，还可进一步制定完善网上银行服务有关团体标准、行业标准及国家标准，丰富完善网上银行服务标准体系。

开展网上银行服务企业标准"领跑者"活动是促进银行业数字化转型、提升银行业综合竞争力的有益尝试。当今世界新一轮科技革命和产业变革深入发展，经济社会数字化进入快车道，现代金融体系呈现出"无科技、不金融"的重要特征，推进数字化转型已成为各国银行业提升服务水平和竞争能力的共同选择。银行业金融机构通过制定先进的企业标准并贯彻执行，能够促进网上银

行服务用户体验的改善、提高网上银行系统的安全性、提升银行整体服务的规范性。网上银行企业标准"领跑者"活动按照"好中选优、优中选强"的思路，通过排行榜和"领跑者"名单等方式遴选出一批先进银行业金融机构作为标杆榜样，为其他机构网上银行服务质量提升提供参考示范、指明改进方向，从而推动银行业数字化转型、促进行业整体服务质量和竞争力的提高。

三、积极有序推进网上银行服务企业标准"领跑者"活动

中国互联网金融协会（以下简称协会）作为互联网金融领域国家行业自律组织，自成立以来就按照"服务监管、服务行业、服务社会"的职责定位，以行业基础设施、统计监测、标准规则、教育培训为切入点，配合监管部门做好行业治理，并着眼长远构建行政监管与行业自律有机协调的工作机制，促进行业规范健康可持续发展。协会高度重视此次企业标准"领跑者"活动，积极申请作为网上银行服务企业标准"领跑者"评估机构，扎实推进评估方案制订、活动宣贯等各项工作。

一是落实要求，科学评估。按照"从行业中来，到行业中去"的工作思路，协会深入研究市场监督管理总局等八部门《关于实施企业标准"领跑者"制度的意见》等制度文件，吃准吃透人民银行2019年度金融机具及金融服务企业标准"领跑者"活动启动会会议精神，充分组织和调动行业力量完成网上银行服务企业标准"领跑者"评估方案编制。该评估方案严格遵守企业标准"领跑者"制度要求，充分结合网上银行服务特点，按照"标准规范为基础、定性定量相结合、服务安全和客户体验为关键、前瞻创新和实施保障为补充"的原则设置标准规范性、服务安全性、客户体验、创新及前瞻性和实施保障等5项一级指标及14项二级指标，确保评估指标科学合理。

二是多元参与，确保公正。协会将组织来自金融管理部门、代表性机构、高等院校、第三方咨询研究机构等方面的专家学者参与评审评估，严格执行利益相关者回避制度，严格按照有关部门审核通过的评估方案对企业标准信息公共服务平台上自我声明公开的网上银行服务企业标准开展评估。在确认"领跑者"名单环节，将通过严格审查附加材料等方式验证评估结果，使网上银行服务"领跑者"机构的企业标准指标符合实际情况，避免弄虚作假。

　　三是加强宣贯，注重实效。协会配合有关金融管理部门和政府部门，将网上银行服务企业标准"领跑者"结果纳入质量月、科技周、世界标准日等主题活动，通过协会官方网站、微信公众号、会员系统及各主流媒体开展网上银行服务企业标准"领跑者"主题宣传。通过多载体、多渠道、多形式的宣传推广活动，加大网上银行服务"领跑者"的优秀机构和典型经验推广力度，引导金融消费者更多选择行业"领跑者"的网上银行服务，营造"生产服务看领跑、使用消费选领跑"的氛围。

　　开展网上银行服务企业标准"领跑者"活动是一项意义重大的工作，中国互联网金融协会将与各方一起努力，扎实推进相关评估工作，并使其作为一项经常性的活动持续开展下去，不断提升网上银行服务能力和水平，增强行业标准化意识，践行金融服务实体经济和人民生活的初心使命。

依托标准巩固创新和服务优势
促进网银服务高质量发展①

  企业标准"领跑者"制度是通过高水平标准引领，增加中高端产品和服务有效供给，支撑高质量发展的鼓励性政策，对深化标准化工作改革、推动经济新旧动能转换、供给侧结构性改革和培育一批具有创新能力的排头兵企业具有重要作用。此次金融领域企业标准"领跑者"活动不仅充分激发了市场主体参与金融标准建设的活力，而且为我们搭建了交流和学习的平台，可以借鉴兄弟单位的经验做法、启发创新灵感并运用在业务实践中，从而进一步增强人民群众对金融服务的获得感、幸福感和安全感。同时，参加"领跑者"活动也是对工商银行标准化工作一次很好的宣传、动员和锻炼，更多的部门和同志参与到标准化建设工作中来，进一步提升了工商银行标准化工作的能力。

  一直以来，工商银行高度重视金融标准化工作。遵循"金融标准 为民利企"的发展理念，建立了包含通用基础类、经营管理类、产品服务类和信息技术类4大类、19个子类，涵盖297项标准的企业标准体系，促进了全行各业务领域的健康发展。此次金融领域企业标准"领跑者"活动，总行党委高度重视，行领导多次作出批示并召开专题会议予以推动，工商银行组建了跨部门联合工作组，群策群力、全面梳理、集中攻关，确保高质量完成网上银行服务企业标准编制和发布工作。此次工商银行发布的网上银行服务企业标准包括一个总括性标准和六个子标准：《网上银行服务总体规范》作为总括性标准，归纳提炼了工商银行网上银行服务的总体要求；《网上银行服务移动端产品设计规范》

---

① 本文来源于中国工商银行网络金融部副总经理徐晓群在2019年度金融领域企业标准"领跑者"发布会上的讲话。

和《网上银行服务桌面端产品设计规范》就客户体验方面对移动端和PC端网上银行的功能布局、业务流程、界面设计进行了规范；《网上银行服务信息及信息系统安全保护实施规范》《网上银行服务应用安全技术规范》和《网上银行服务应用系统可用性技术规范》在服务安全性、服务可用性方面分别对系统安全保护、应用安全技术、系统可用性技术等工作进行了规范；《网上银行服务客户服务运营规范》围绕客服运营方面的标准指标，对工商银行网银客户服务运营进行规范。

在网上银行服务企业标准编制过程中，工商银行注重系统总结网上银行业务20年的发展经验，将各项创新成果转化为企业标准，依托标准巩固创新和服务优势，促进工商银行网上银行业务的高质量发展，进一步提升工商银行服务水平和市场竞争力。一是深入贯彻e-ICBC3.0发展战略，围绕"开放、合作、共赢"的发展理念，着力打造互联网金融生态圈，推进线上线下、境内境外、业内业外融合发展。目前全行共发展场景应用合作方4600余家，建成有效场景2649个，覆盖政务、商业及服务业、交通、教育等各领域，面向交通出行场景正式发布"工银无感支付"产品，北京机场车牌付等场景应用取得良好社会效应。为境外41个国家和地区的客户提供中文、英文和客户所在地本地语言的网上银行服务。二是以"全量用户发展战略"为指引，全面提升面向小微企业、年轻客群、长尾客群和中高端客群的服务供给能力，更好地服务实体经济，满足人民日益增长的美好生活需要。全行以融e行、融e购、融e联三融平台为主体的互联网金融用户4.8亿户，覆盖全国56%的移动互联网用户；其中融e行手机银行活跃客户突破1.5亿户，保持客户规模、活跃、黏性三项同业第一；法人手机银行达到"百万级活跃"的新突破，实现活跃用户173万户。融e行推出了幸福生活版、军人版等创新，打造了"五人五面"个性化服务，其中幸福生活版面向老年客群创新性地推出亲情账户、代理开户等八大特色产品和功能，受到中老年客户的广泛好评。三是聚焦客户需求快速变化和金融科技新技术的快速发展，推动技术创新。全新推出ECOS智慧银行生态系统形成灵活组合、快速研发的组件化创新能力，打造了业内标准化服务数量最多、交易量最大的组件化研发体系，全面布局人工智能、区块链、云计算、大数据、物联网等前沿技术领域，研发一系列硬核科技平台，为客户服务、精准营销、风险控制、决策管理等提供"最强大脑",为银行转型创新带来强大动力。四是聚焦协作联动、快速反应,建立由基础设施安全、应用安全技术、网络安全、终端安全、交易安全构成的多层次、立体化安全防护体系,保障网上银行服务安全可靠。网上银行系统可用率超过99.99%,支持2万TPS(transaction per second,即每秒交易数)并发量,每天为3亿笔以上交易提供安全可靠的服务。网络金融风险监控系统智能化、自动化、灵活化水平显著提高,2019年1~9月,风险监控系统部署监控规则154条,成功拦截欺诈交易7550笔,避免客户资金损失5073万元。

深耕标准建设实施工作 助推金融服务提质增效①

在人民银行和金标委等有关单位的指导下，各金融企业、各金融行业团体组织共同推动金融标准化工作深入开展。工商银行高度重视标准化工作，携手社会各界共同开展金融标准制（修）订工作，持续做好行内企业标准及体系建设，扎实开展标准宣传贯彻实施等工作，并已取得丰硕成果，为全行业务创新、风险防控、经营转型提供了有力指导和强大助力。

一、标准化工作机制持续完善

"欲知平直，则必准绳；欲知方圆，则必规矩"。没有标准，无以知方圆，更无以证曲直。标准是规范市场经济客体的准绳，是经济与社会发展的重要支撑。在我国经济整体向高质量迈进的关键历史阶段，金融行业标准化工作取得了长足和全面发展，金融业标准正在成为金融业治理体系和治理能力现代化的基础性手段。在人民银行和金标委等指导下，各金融企业、各行业团体不断深化对标准化工作的认识，加大标准化工作投入和专业人才培养，建立起适应新形势需要的建标、对标、贯标工作机制，为金融业标准化工作提供了有力保障。

工商银行学习借鉴各方先进经验，持续优化配套工作机制安排。一是凝聚全行合力开展标准化工作。建立金融科技部牵头、相关部门共同参与的分工协作机制，围绕新形势下金融业转型发展需要和自身实际，专题研究标准化工作思路，形成重点工作任务清单，以工程化方式推动标准化工作持续深入开展。二是建章立制指导和规范标准化工作，工商银行先后制定了《工商银行标准体系》《标准化工作管理办法》等系列规章，为深化全行标准化工作夯实制度基础。

① 本文来源于中国工商银行首席技术官吕仲涛发表于《金融电子化》2021年第4期的署名文章。

二、标准化工作取得丰硕成果

（一）金融行标团标建设再上新台阶

党的十八大以来，金融行业标准实现数量和质量双提升，制定和发布了金融国家和行业标准150余项，相当于以往20多年的总和。金融团体标准蓬勃兴起，以中国互联网金融协会、中国银行业协会、北京金融科技产业联盟等为代表的社会团体制定发布了近百项金融团体标准，成为金融国家标准和行业标准的重要补充。政府主导制定金融国标行标和市场自主制定金融团标企标的新型金融标准体系已经形成。各金融企业踊跃参与行标团标建设，发挥自身优势和经验积累，为金融行业标准化建设积极贡献力量。

工商银行发挥大行担当，在金融行标团标建设中不断贡献自身力量。一是紧紧围绕促进金融行业整体发展需要，牵头制修订金融行业标准累计十余项，牵头制修订标准数量处于同业领先。二是作为主要起草单位，联合相关社会团体制定了《金融分布式账本技术应用技术参考架构》《人工智能金融应用性能测试规范》《分布式数据库技术金融应用规范技术架构》等多项团体标准，分享领先成果。

（二）企业标准化工作取得新突破

人民银行、金标委等一直鼓励和支持各金融企业加强企业标准建设，组织举办金融领域企业标准"领跑者"活动，不断强化企业标准的引领作用。各金融企业积极行动，不断提升企业标准的全面性、规范性、先进性和前瞻性，在指导和规范相关领域工作实践中发挥了积极作用。企业标准已经成为金融标准体系的重要组成部分。

经过长期积累和完善，工商银行已经建立了由基础通用、信息科技、产品服务和经营管理4个板块18个小类共200余项标准构成的完备企业标准体系，打造了标准化工作不断向纵深推进的坚实基础和重要抓手。同时按照"定期例行化制修订为主、按需快速制修订为补充"的策略，持续完善企业标准体系，坚持以年度为周期开展标准复审和修订，按需对部分标准予以快速制修订并及时发布执行。

（三）金融标准宣贯工作取得新成效

结合"金融标准为民利企"、金融领域企业标准"领跑者"等活动安排，各相关单位纷纷行动，通过多种形式开展宣传，不断深化社会各界对金融标准化工作的认识。聚焦金融机具等重点领域的重点标准，建立起第三方市场化检测认证机制，进一步促进和指导贯标。

工商银行充分发挥线上系统用户多、线下网点分布广的优势，通过网上银行、手机银行、网点大屏幕等形式灵活开展宣传，积极扩大金融标准化工作的社会影响力；通过小视频、漫画、屏保画面等方式加强员工培训，推动标准入脑入心。扎实开展对标贯标工作，建立条目化的标准知识库，开展配套技术工具建设和使用，通过信息化手段不断强化贯标工作成效。

经过持续不懈努力，工商银行标准化工作取得了显著成效。在2019年和2020年金融领域企业标准"领跑者"活动中，工商银行推荐的企业标准全部登上"领跑者"榜单并名列榜首。基于《基础设施云应用入云实施技术规范》《分布式服务技术规范》等标准，打造了同业领先、技术可控的云计算平台和分布式技术体系，分别荣获2018年和2019年银行科技发展奖一等奖；基于《金融分布式账本应用规范》积极创新，工银玺链平台成为首批通过工业和信息化部可信区块链检测的区块链平台，并入选福布斯2021年全球区块链50强榜单；基于《移动金融客户端应用规范》等研发的手机银行系统，荣获"2020年度最佳智能创新手机银行奖""2020年度杰出手机银行创新奖""2020年度卓越竞争力手机银行"等多个奖项；基于《应用程序接口服务规范》，打造了技术整体领先、合作伙伴广泛、服务品种全面、场景丰富多样的开放生态金融服务体系，荣获《亚洲银行家》颁发的"2020年度最佳API和开放银行奖"等。

三、标准化工作有关经验总结与思考

（一）标准化工作需要持之以恒，久久为功

标准建设需要厚积薄发，标准实施需要日积月累。当前工商银行在标准化工作方面取得的成果，得益于全行上下一直以来对标准化工作的重视和坚持，得益于一直以来对标准化工作的持续投入，得益于建立起了一套健全稳定的常

态化工作机制。在标准化工作推进中，工商银行既着眼长远，看清方向，确保标准化工作的领先性和引领性；又脚踏实地，抓铁有痕，持之以恒地抓细抓实各项具体工作。

（二）坚持吸收外部先进经验和总结自身实践相结合

在企业标准建设过程中，既要认真学习研究各类标准，充分借鉴先进经验；又要因地制宜，结合自身实际予以完善。工商银行积极学习借鉴金融国标行标，及时总结技术研究、业务创新、经营管理等各领域工作经验，不断充实完善企业标准。尤其是面对金融科技的快速发展，工商银行在积极开展技术研究和业务赋能的同时，聚焦云计算、分布式、大数据、人工智能、区块链等新兴热点，提炼形成了一系列标准规范，为相关技术在行内大规模广泛应用提供了有力指导。工商银行还坚持大行担当，主动回馈社会，依托金标委等平台，着力推动相关企业标准升级成为行业标准或团体标准，充分发挥标准的知识载体作用，积极分享工行经验。

（三）建立"制定—执行—总结—再提升"的良性循环

指导和规范工作实践是标准建设的出发点和落脚点。工商银行始终把"抓好执行"作为标准化工作的重中之重，行内各相关单位比照规章制度的执行要求，严格做好标准执行；对于具备技术硬控制条件的标准要求，原则上均进行硬控制管理。随着标准执行成效的逐步显现，广大员工和机构对标准化工作的认识和信心进一步增强，行内各专业条线的参与热情和积极性显著提升，进一步促进了标准化工作的开展。同时，工商银行坚持做好标准内容保鲜，如出现因业态创新、技术发展和形势变化等因素导致部分标准内容不再适用的情况，即刻组织专家及时予以修订调整，确保标准的先进性和适用性。

展望未来，工商银行将继续在人民银行和金标委等相关单位的指导下，持续深入做好标准化工作，不断强化行业标准、团体标准和企业标准的协同效应，为金融服务持续提质增效和满足人民对美好生活的追求提供更大助力。

以标准促高质量发展　引领服务竞争力提升①

《中华人民共和国国民经济和社会发展第十四个五年规划和2035年远景目标纲要》（以下简称纲要）中提出，"通过完善标准、质量和竞争规制等措施，增强企业创新动力"，将标准建设上升到质量基础设施的高度，彰显了标准建设工作的重要性。数字化时代，新技术、新场景、新应用层出不穷，企业通过对市场的积极探索和实践，优先形成企业标准，既贴近实际、易于应用，又能在实践中不断完善、指导实践，具有广泛的应用和推广价值。成熟的企业标准也是行业标准、国家标准的重要输入，对我国标准体系建设至关重要。

一、探索标准发展，赋能业务创新

建设银行十分重视标准体系建设，通过"新一代核心系统建设"工程，总结形成以"一套业务模型、一套IT架构、一套实施工艺、一套管理流程"为核心的企业级工程实施方法，建立起覆盖流程模型、数据模型、产品模型、用户体验模型的企业级业务标准框架体系。以此为支撑，在实际工作中对产品设计、服务创新及时提炼总结，不断完善企业标准体系，并用标准引领产品和服务质量提升，为业务发展保驾护航。

二、强化标准建设，争当企业标准"领跑者"

以构建企业标准、赋能业务发展为目标，建设银行认真贯彻落实金融领域企业标准"领跑者"制度要求，将标准作为培育自主创新能力的重要抓手，按

---

① 本文来源于中国建设银行首席信息官金磐石发表于《金融电子化》2021年第4期的署名文章。

照中国人民银行、中国银保监会、中国证监会有关决策部署，坚持金融服务实体经济和人民生活的初心使命，在银行营业网点服务、网上银行服务、移动金融客户端应用、金融分布式账本技术应用、商业银行应用程序接口五个领域形成企业标准，入围2020年企业标准"领跑者"榜单，有力推动建设银行标准化工作再上新台阶。

（一）践行网点服务标准，稳步夯实线下服务质量

以《银行营业网点服务基本要求》《银行营业网点服务评价准则》标准为依托，建设银行率先在全行业启动国标认证推广工作。截至2020年底，辖内37家分行、12800多个网点通过国标服务认证，占银行业网点认证总量的50%。

在推动国标认证的基础上，建设银行基于客户需求和服务管理经验，结合国标和行标，在服务规范、服务监督及特殊客户服务等方面形成一系列企业标准和规范，自觉用更高标准来规范服务、防范风险，持续提升客户体验。2020年，建设银行修订发布《中国建设银行营业网点服务基本要求》，入围网点服务领域企业标准"领跑者"。

随着网点服务标准化管理工作的深入推进，网点服务水平不断提升。一方面，基于标准化工作要求，持续提升渠道运营精细化水平，强化多主体、多层级、多频次服务监督管理，打造服务标杆；纵深推进集约化运营管理，构建端到端全流程运营支持能力，组建物理渠道客户体验管理中心，为客户创造更智能、更精准、更高效的服务体验。另一方面，推进网点资源向全社会开放，制定《中国建设银行"劳动者港湾"建设和服务规范》，在全行14000余个网点设立"劳动者港湾"，形成金融行业的标志性公益服务品牌，并成为首个被中华全国总工会授牌的户外劳动者服务站点共建品牌。

（二）优化网上银行服务标准，着力提升线上化竞争力

在网上银行服务领域，建设银行形成《互联网金融网上银行服务质量标准》，入围该领域"领跑者"，并以此规范各项服务工作。在服务安全方面，积极落实人民银行各项工作要求，在网上银行系统安全技术规范、安全管理规范和业务运营安全规范等领域采取多种措施，制定相应管理办法和实施细则，不

断提高安全保障水平，强化网络金融安全防护能力。在服务内容方面，结合行内业务发展实际情况，不断总结提炼，逐渐形成业内领先的网络金融渠道设计标准、工作流程标准等，有效规范设计研发工作，从源头上保证产品完整度和渠道功能设计质量。在服务保障方面，严格落实标准实施保障制度，研究制定产品上线沟通例会制度和产品上线运行监测反馈机制，协同联动产品上线后续优化工作，不断提升网络金融产品和服务的生命力和竞争力。

（三）规范移动客户端应用，打造统一客户体验

2020年7月，建设银行形成《移动金融客户端应用规范》，在用户体验、安全性、客户端性能等各个方面规范客户端研发标准。一是在用户体验方面，形成界面设计、信息展示、交易互动、图标设计等一系列标准和规范，保证客户在使用不同客户端时可以得到界面风格一致、操作便捷的统一体验。二是在安全性方面，全面遵守相关的国家安全标准，从技术、业务等方面保证客户信息安全、资金安全，并在业务流程上着重把控安全设计。三是在客户端性能方面，结合自身客户端开发测试和运维经验，定义了响应速度、服务稳定性等同业领先的高性能指标，形成开发测试规范。

通过对移动金融客户端标准的不断改进和落地实践，建设银行持续提升移动客户端质量。截至2020年底，建设银行手机银行客户数已达3.9亿户，全年交易量超过300亿笔，手机银行在应用市场的银行类软件综合排名位列第一。

（四）参与前沿标准制定，抢占技术应用先机

建设银行在落实《金融分布式账本技术安全规范》指引基础上，为从源头保证产品完整度，优化渠道功能设计质量，提高产品上线实施效率，通过对多个项目总结提炼，制定《金融分布式账本技术交易溯源应用指南》，入选2020年金融分布式账本技术应用领域"领跑者"，并在全国企业标准信息公共服务平台发布。

当前，建设银行在金融分布式账本技术应用领域能力不断提升。一方面，通过对密码算法、节点通信、账本数据、共识协议、智能合约、身份管理、隐私保护和治理机制等进行系统梳理，有效规范了需求设计和技术开发的一致

性、确保区块链新产品、新服务持续迭代优化，提升客户满意度。另一方面，在对同类项目进行归纳基础上总结提炼，力争制定国内领先的企业标准，助推分布式账本领域技术创新应用，比如在分布式账本跨境支付应用领域发力，为业务升级提供更便捷的技术支撑，逐渐发挥标准"领跑者"示范引领作用。

（五）提炼统一接口规范，构建标准化连接枢纽

2018年，建设银行正式推出开放银行管理平台，并积极对标《商业银行应用程序接口安全管理规范》要求，开展自检自查、优化升级，当前已完全满足规范要求。

随着应用程序接口安全管理标准化工作的深入推进，建设银行在贯彻推动行业标准认证基础上，基于业务管理、平台运营维护、合作机构对接、产品服务管理等方面的经验总结，制定《应用程序接口安全管理规范》企业标准，用更高标准规范平台运营，不断提升服务质量。一方面，基于标准化工作要求，持续提升平台安全能力，强化多层次、多维度安全控制能力；实现精细化管理，构建多维度、多场景、多渠道的参数化安全控制体系。另一方面，依托安全、高效的平台支撑，深入挖掘金融开放应用场景，构建更活跃的连接枢纽。截至2020年底，开放银行管理平台累计上线775个应用程序接口，场景覆盖政务工商、住房租赁、三农务工、物流供应链等多个领域，为开放金融服务、打造平台生态提供强有力支撑。

随着金融科技快速发展和金融业开放的不断深化，标准建设将是金融业深化供给侧结构性改革、增强服务实体经济能力的有力抓手。建设银行将与同业一道，不断探索创新，持续强化标准建设，使标准化成为服务大众的"硬标杆"、产品质量的"硬约束"，为广大消费者提供更优质的金融产品和服务，为满足人民对美好生活的向往贡献智慧和力量。

细化客群　创新产品　打造标准化金融服务[①]

金融科技浪潮推动银行业发展变革。随着金融互联网的深入应用发展，客户的转移成本越来越低，如何提升客户体验、增加客户黏性、发展高质量客户已经成为当下商业银行面临的重要课题。近年来，浙商银行以"两最"总目标为引领，大力实施平台化服务战略，持续深化"以客户为中心"的服务理念，以客户需求为导向，不断细化客群、创新产品应用和服务流程，积极运用标准化手段提高服务品质，以更具特色的优质服务为各类客群提供更好的用户体验。

一、"标准化"专营模式为小微企业"雨天撑伞"

浙商银行于2006年首创小微金融服务的专业化经营举措，经过十多年实践，已逐渐探索出一套商业可持续的内在自驱动发展模式。

2020年，浙商银行积极参与浙江省小微企业授信业务管理标准化试点，进一步明确相关流程和机制，有效指导经营单位开展小微业务，被评为"优秀"试点项目。截至2020年末，已累计服务小微企业超36万户，间接带动逾500万人创业就业。

特别是2020年以来，受新冠肺炎疫情影响，广大小微企业普遍面临客户流失、订单减少、周转困难等难题。为帮助他们渡过难关，浙商银行率先同业推出支持小微企业"六条"措施，包括实施临时性延期还本付息安排、主动提供续期服务、加强信贷供给、自动授信增额、实行特事特办、推广线上办理等。尤其对受疫情影响较大的住宿餐饮、文化旅游等行业的小微企业和个体工商户，提供临时性延期还本付息、无还本续贷等服务，做到"不抽贷、不断贷、

---

① 本文来源于浙商银行网络金融部总经理史一文发表于《金融电子化》2021年第4期的署名文章。

不压贷",为他们"雨天撑伞"。考虑到新冠肺炎疫情期间线下业务办理困难,浙商银行第一时间扩大线上化业务办理范围,推广"非接触式"视频面谈调查,通过"房抵点易贷"等线上化产品,向小微企业提供在线融资服务,实现贷款申请、审批、签约、提还款等线上全流程服务,帮助他们缓解资金周转压力。

例如,武汉的一家小型商务宾馆,在新冠肺炎疫情期间主动参与抗疫,被武汉市武昌区政府临时征用,作为酒店式方舱医院隔离轻症患者,因需要提前垫付酒店运行资金及人工工资,面临营业流动性资金短缺。浙商银行武汉分行第一时间主动联系该企业,了解其实际困难,对其原有贷款付息还款给予延期,缓解资金压力,并开通审批绿色通道,当天就为其完成50万元"信用通"贷款审批。类似地,温岭市某主营漆器工艺品生产销售的加工厂,因对外出口受限,订单大量减少,出现现金流紧张的情况。此时该工厂在浙商银行的贷款即将到期,资金压力骤然加大。浙商银行台州分行了解该情况后,及时与其取得联系,根据需求为其办理了无还本续贷手续,"秒"减企业资金周转压力。同时,全线上化操作为客户提供了"无接触"服务,在新冠肺炎疫情期间提升了客户体验,备受客户认可。

二、"区块链+供应链"提升产业链现代化水平

当前,区块链正在成为全球技术应用的前沿阵地,其应用已延伸至数字金融、物联网、智能制造、供应链管理等多个领域,不断策动全球技术创新和模式创新,推动信息互联网向价值互联网跃迁。供应链金融领域为区块链技术应用创造了巨大空间,高度契合多方参与的业务特性,可解决供应链金融中信息的"存""证"难题,高效融合了实物流、数据流、信息流和资金流。

浙商银行通过实地调研发现,许多企业采用赊销结算,上下游间的大量应收账款躺在账上难以流动。2017年,浙商银行基于区块链技术创设了"应收款链平台",利用区块链信息共享可信、不可篡改、不可抵赖、可追溯的特征,把企业的应收、应付账款转化为安全高效的电子金融工具,帮助中小企业盘活应收账款,化解企业融资难、融资贵的问题。

曾参建雷神山医院等多个公共卫生项目的建筑龙头企业亚厦股份就是"应收款链平台"的受益企业之一。原本受制于下游工程项目回款慢,企业无法与

上游中小供应商及时结款。浙商银行与企业多次沟通后，运用区块链技术搭建应收款链平台，将上下游间沉淀的应收账款上链，将其改造为"区块链应收款"。供应商收到亚厦股份在线签发的区块链应收款，当天就能向浙商银行转让变现。目前，公司上游累计已有数百家中小供应商通过这一平台融通了应收账款。

自2019年初《区块链信息服务管理规定》正式实施以来，浙商银行的应收款链平台、仓单通平台等5个区块链服务平台已获得国家网信办发布的首批境内区块链信息服务备案编号，成为备案最多的商业银行。此外，浙商银行还结合不同应用场景，陆续研发推出区块链订单通、仓单通、分销通、银租通等解决方案，在帮助实体企业盘活资产和资源、减少外部融资、降低财务成本等方面取得了显著成效。

2020年12月，为给后续业内区块链技术的应用与研究，以及在供应链金融领域的落地提供借鉴，浙商银行、易企银科技联合浙江大学、趣链科技、之江实验室共同发布银行业首份区块链供应链金融白皮书，梳理银行业利用区块链技术在供应链金融应用场景中的创新实践案例，进一步提出了业务标准及应用标准。

三、"适老化"改造，多举措关爱中老年客户

国务院办公厅印发的《关于切实解决老年人运用智能技术困难的实施方案》（国办发〔2020〕45号）要求，要坚持传统服务方式与智能化服务创新并行，做实做细为老年人服务的各项工作，让老年人在信息化发展中有更多获得感、幸福感、安全感。浙商银行积极响应，多举措为中老年客户提供便利化服务。

在线下营业网点，浙商银行坚持为客户提供标准化和人性化的服务。对于中老年客户熟悉的传统网点服务，依据《浙商银行特殊客户特殊场景服务实施细则》，要求员工体恤客户难处，遇特殊客户、特殊场景时，灵活应对，快速处置，特事特办，急事急办。例如，对因病或意外事件等无法亲临网点的老年客户提供上门延伸服务；有书写障碍的老年客户办理业务需要签名时，可采用按手印方式替代；有书写障碍的老年客户办理业务需要填单的，可由陪同人员或业务经办柜员之外的其他银行工作人员代为填写等方式灵活办理。

　　2020年11月20日下午4时，李女士匆匆跑进浙商银行网点："我妈把银行卡密码忘了，我能代她重置密码吗？"李女士母亲已82岁，患严重哮喘，常年依靠呼吸机卧床在家，且时常意识不清，很难亲临网点重置密码。营业主管和大堂经理了解情况后，与李女士约定在其母亲状态合适时，安排两名人员上门核实情况，由母亲授权委托女儿办理密码重置业务。虽是上门办理，但要求与在网点办理一样严谨规范，工作人员严格按照制度进行身份识别，客户授权其女儿李女士代办密码重置业务。次日，李女士即在网点办妥了相关业务。

　　在线上电子渠道，为了让中老年客户也能享受移动金融服务的便利，浙商银行打造了手机银行"简约版"，简化了注册和首登过程的身份校验、密码设置、信任设备绑定等流程，通过设置手势或指纹等生物登录替代方式，解决老年人记忆密码难的难题。同时，简约版手机银行还通过精选常用菜单、超大字体、极简页面、语音搜索等特色服务，方便中老年客户在日常操作中"一键"办理业务。其中，新增"可信任收款人"功能简化了中老年客户大额转账的认证手段，针对中老年客户设置的"可信任收款人"，转账在50万元人民币（含50万元）限额内仅需校验账户密码。

　　关注到中老年客户特别重视账户安全的需求，手机银行"简约版"还推出转账监管人功能，支持客户通过柜面指定一名亲友作为手机银行转账监管人，当客户办理一定金额以上转账业务时，系统会向监管人预留手机发送短信提醒，监管人确认回复后才能成功转账。

　　通过不断细分客群和创新产品，浙商银行的"标准化"金融服务逐渐实现了对公司、小微和零售客群的初步覆盖。未来，浙商银行将进一步深化平台化服务战略，挖掘细分客群的痛点和需求，强化标准化服务意识，严格执行服务标准，为广大客户提供更为优质的金融服务。

标准引领金融数字化转型之路①

实施金融标准化战略，是我国振兴金融业的长远大计。改革开放以来，党中央、国务院高度重视标准化工作，将其作为推动国民经济和社会发展、增强自主创新能力的战略举措。人民银行按照国家标准化战略的部署，不断适应金融改革发展的需要，把实施金融标准化战略作为提高金融行业整体竞争的一项重要举措。

江苏银行始终坚持以"融创美好生活"为使命，致力于建设"智慧化、特色化、国际化、综合化"的服务领先银行。将"智慧化"放在"四化"战略首位，大力推进智慧金融进化工程，高度重视金融标准化体系建设。标准化是促进金融服务实体经济的重要技术手段，我们持续以标准助力推动金融科技高质量发展，提高金融服务供给质量和效率。根据中国人民银行关于2020年金融领域企业标准"领跑者"活动要求，江苏银行积极参与企业标准化工作，相关四个企业标准成功入围领跑者榜单，将企业标准内容向行业公开。致力于贯彻落实各项金融标准、不断提升金融标准化实施水平，江苏银行推动技术与业务融合，深入推进敏捷转型，加快产品迭代速度，在标准制定和实施的过程中，产品交付质量和客户体验等取得显著提升。

一、促进标准实施，助推数字化转型

银行的数字化转型迫在眉睫，江苏银行成立了金融科技创新委员会，全面推动"智慧金融进化工程"。此举标志着在江苏银行，金融科技创新不再是科技部门的专利，而是以内外客户的体验为抓手，将金融科技基因融入前中后台

---

① 本文来源于江苏银行副行长葛仁余发表于《金融电子化》2021年第4期的署名文章。

的各个环节，不断加强标准化对创新的促进作用，我们称为金融科技的"群体性创新、涌现式进化"。以信息系统建设为突破口，通过系统建设实施前架构评审、实施中检查清单、实施后评价等长效机制，保证在建设过程中相关标准能落到实处。

金融标准化工作是数字化转型过程中的一个重要环节，对全面提高金融行业服务质量和管理水平、提高金融产业和产品竞争力、促进业务创新、促进数据和资源整合及互联互通具有重要意义。大数据始终是金融科技的核心发力点，大数据和人工智能对于体验、风控升级的作用首屈一指。具体做法如下。

重视数据驱动，将标准纳入数据治理的中长期发展规划和战略布局，加强数据标准制定及实施，完善覆盖数据全生命周期的治理体系。将数据分成基础类、管理分析类、风险类三大类，应用于业务数据描述、信息管理及应用系统开发等规范。打造支持信息整合、建模处理、算法分析的综合性数据平台，为业务联动、决策管理提供强有力的数据支撑。

此外，着力做好对外接口服务的标准化工作，构筑数字化生态平台，多向赋能，对内聚合产品与服务，对外联结合作机构和客户。通过搭建外部及内部开放银行服务平台，运用API、SDK技术对业务进行整合并输出，提供标准、体验一致的金融服务，提升金融服务触达能力，深耕金融应用场景，推动金融服务与生活场景深度融合，目前已与多个外部合作机构合作，渗透到教育、医疗、交通、社保等多个业务场景。

致力打造风控系统的标准化。安全和风险防控是金融行业必须守住的底线。深挖行内"冷"数据价值，加强数据内部逻辑研究，拓展和深化数据应用场景，进一步提升信贷全流程的风险防控能力，驱动互联网金融服务更加精准高效。

运用科技手段，多方协同，进行穿透式的风险评估，将风险归类分级并深入分析关联关系，建立联动机制。目前此项成果已应用于各类网点业务和传统授信业务贷前、贷中、贷后的全流程管理中，提高了银行的金融风险抵御能力。

标准的制定加快了运营机制的敏捷重塑。江苏银行建立了一套敏态化的工作机制，在科技领域逐步探索敏态模式，将部分科技人员的职能前置，有效促进了科技与业务的融合；聚焦业务模式的智慧再造，再造金融业务的流程和渠道；将业务流程进行标准化梳理，利用流程机器人技术，节约人力和时间成本。

二、建设架构体系，强化标准引领

　　江苏银行信息化系统建设是各个领域得以持续发展的基础，作为信息科技领域的基石，标准化工作尤为重要。金融标准化要与适应性、竞争性和普惠性的现代金融体系对接，将金融科技应用于客户体验、产品开发、营销管理等领域。各类前沿技术需在多个业务领域落地应用，持续增强金融服务实体经济能力。

　　江苏银行始终坚持以标准为手段，通过建立科学规范的标准，打造合理的信息科技架构体系。围绕架构体系，制定相应的制度及技术类标准，以架构标准为指引，不断完善信息系统建设。目前已形成多项信息科技制度及技术类标准，内容涵盖信息科技领域从需求到开发、测试、投产、运维的全生命周期。

　　依托成熟的标准体系，信息系统数量逐年增加、质量日趋完善。在扩大标准覆盖领域的同时，江苏银行将其作为一项经常性活动持续开展，以此激发内部创新活力，推动建立"有产品必有标准"的治理体系。

　　着力构建一批有竞争力的拳头产品，如标准化信贷产品"随e融"，科技赋能打造一站式、全线上智慧金融服务平台，切实增强小微企业的获得感，提升金融服务的有效性。让信贷业务更易触达、审批更快，服务极简并贴近客户需求。标准化的产品使能力输出更加便捷，有效推动了行业生态圈的建设。标准建设有效满足了金融机构的创新需求，积极投身标准规范建设过程，增强了自主创新能力，保障了关键核心技术的安全性、稳定性。

三、融入生态，合作共赢

　　江苏银行重视自身企业标准，也积极参与行业标准、国家标准的相关工作，并结合城商行自身特点对标准制定进行细化和明确，结合实际、突出重点，多措并举推动参与标准"领跑者"活动。明确专职标准化工作人员，制定标准化工作目标和实施计划，具体负责标准实施推进工作。

　　《江苏银行营业网点服务要求》规范了网点排队处理、业务办理、自助设备管理、客诉处理、应急管理等服务要求，定义了客户满意度的相关指标及措施，规定了业务差错的处理原则，明确了网点宣传、培训、监督检查等规范。该标准的制定及实施，有效规范了营业网点服务，促进线上和线下结合，提升了客户体验和满意度，推动了江苏银行网点业务系统的数字化转型进程。

《江苏银行应用程序接口安全管理规范》对开放银行相关服务进行标准化阐述，定义了接口类型及安全级别。从安全管理、服务终止与系统下线、创新及前瞻性、实施保障等维度，详细规范了开放银行领域的相关服务要求，对银行融入场景、构建数字生态具有非常重要的指导意义，也有助于降低信息化建设的安全风险。

《江苏银行网上银行服务标准》对网上银行服务的安全性、客户体验、创新功能、实施保障等均进行了较为详细的定义与描述。

《江苏银行移动金融客户端应用服务标准》则是针对移动互联网时代APP客户端所应遵循的安全要求、软件管理要求进行了标准定义，用于指导手机银行、直销银行等移动APP的功能升级。

以上四个企业标准均通过国家标准化平台进行发布，并成功入围当年领跑者榜单。

四、持续提高金融标准化水平

互联网时代，大数据、人工智能、区块链、5G等新兴技术在金融领域不断得到应用，对银行信息化建设带来了新挑战。在此背景下，企业应夯实自身金融标准的研制、发布和实施工作。

实践证明，金融标准的应用在金融系统互联互通、规范管理、提升效率中发挥了积极作用，促进了金融业技术与管理的进步，降低了交易成本，提升了规模经济效应，为金融科技的健康持续发展奠定了坚实基础。

江苏银行将把标准化工作作为一项基础工作，发挥标准引领作用，不断加强对标准化工作的学习，巩固标准化工作机制，提升企业标准化能力，积极参与各项标准化工作，努力推进标准落地实施和服务创新，致力于成为最具互联网大数据基因的金融领跑者。

金融标准引导农村金融机构服务水平提升①

"金融标准，为民利企"。在新发展阶段，农村金融机构必须主动作为，充分发挥金融标准在助力金融机构高质量发展、促进金融业健康有序发展中的作用，学习实践、总结提炼、完善推广标准化的金融产品和服务要素，并不断激发自身创新活力，才能抓住数字化转型的机遇，为持续改善农村地区金融服务水平和金融消费者体验作出贡献。

一、数字经济时代农村金融机构面临的机遇与挑战

2021年是我国"十四五"发展规划的开局之年，习近平总书记在中央农村工作会议上强调，"脱贫攻坚取得胜利后，要全面推进乡村振兴，这是'三农'工作重心的历史性转移"。面对新发展阶段，全面推进乡村振兴，加快农业农村现代化的进程，农村金融机构必将迎来转型发展的良机。

与此同时，农村金融机构如何适应数字经济的迅猛发展，补齐农村金融服务的短板弱项，也必然面临诸多挑战。一方面，后疫情时代"非接触型经济"迅速崛起，金融服务也快速向远程化、线上化、数字化、智能化的方式转变，农村金融机构亟须提升科技能力以适应新的竞争格局和客户诉求。另一方面，农村金融服务的特殊性更需要农村金融机构灵活运用数字化等先进手段，有针对性地缓释各项服务难点，如偏远地区网点覆盖率较低或布局结构不合理、农村客户知识水平偏低增大了客服难度，线上金融产品覆盖率和使用率不足，"三农"客户信息收集和整合不易，中小微企业融资难、融资贵等。

---

① 本文来源于成都农商银行科技信息总监黄庄庄发表于《金融电子化》2021年第4期的署名文章。

二、成都农商银行企业标准实践

成都农商银行作为西部首家副省级城市农商银行，扎根成都68载①，坚定深耕本土的发展方向，坚持支农支小的市场定位，积极支持乡村振兴，大力推进普惠金融。近年来，成都农商银行坚决贯彻落实金融业标准化体系建设相关要求，充分发挥企业标准"领跑者"引领示范作用，不断提升规范化金融服务水平。面对数字经济时代带来的各项变革，成都农商银行在金融标准的引导和约束下，结合自身特点，积极探索利用大数据、人工智能、云计算等金融科技创新，推动农村金融服务水平提升。通过一系列颇具特色的局部实践，为农村金融机构数字化转型提供了启示。

（一）金融标准引导网点延伸，提升客户体验

基于四川地区农村客户的服务需求，企业标准"领跑者"《成都农商银行营业网点服务基本要求》在制定了传统网点服务标准外，进一步对网点渠道延伸及相应的客户服务水平提出了新要求，并积极运用先进的技术手段推动标准落地，切实提升了客户体验。

为缓解农村地区服务网点匮乏的问题，延伸金融服务触角，成都农商银行大力部署"惠农微银行"，在乡镇、行政村与当地商户、村委会或社区合作，安装新型业务终端及其他配套设备，由当地居民担任金融服务员代管设备，指导、协助农村客户办理日常业务。"惠农微银行"拉近了银行和老百姓的距离，让广大农民朋友们在享受更便捷、贴心的金融服务的同时，还可以了解到最新的金融知识和防范诈骗的方法，成为金融机构解决农村金融服务"最后一公里"问题的重要示范。

为改进从实体网点向线上渠道延伸后的客户服务质量，尤其针对四川地区客户偏好使用方言的特点，成都农商银行建设了"全媒体智能客服系统"，利用智能语音导航功能，在客户拨打客服热线后，可使用普通话或四川话说出业务需求，智能语音导航将其带到业务办理节点，无须层层按键，突破了传统结构化菜单的按键容量限制，提高了服务效率。该系统应用了全新的智能质检技

---

① 成都农商银行的前身为成都农信社，成立于1952年。

术，借助普通话、四川话混合模型，对客服中心人工服务电话录音文件进行准确识别，并通过业务质检引擎进行全量质检，有效降低了操作风险，保障了客服质量。同时，团队也在进一步研发针对客户来电内容的智能分析模型，探寻客户热点问题与多发投诉问题，从而更有针对性地优化产品、流程和服务。

（二）金融标准引导产品创新，推动普惠金融

为响应互联网时代金融消费者对手机银行等线上渠道服务能力、使用体验和信息安全的愈发重视，夯实企业竞争力，企业标准"领跑者"《成都农商银行互联网金融网上银行服务规范》《成都农商银行移动金融客户端应用》在严格贯彻国家金融标准的基础上，基于成都农商银行服务"三农"、服务小微的定位，着重从金融产品移动化和金融服务差异化角度提出了更高要求，获得了良好的落地效果。

"天府随心贷"是成都农商银行推动普惠金融服务移动化的一个成功案例。该产品面向个体工商户、小微企业，以提升融资效率、降低融资成本为目标，运用金融科技手段进行产品优化创新，具有一次授信循环使用、随借随还、按日计息、授信额度最高可达1000万元、授信期限最长可达10年等特点。该产品移动化后，使用"活体检测+人脸识别"技术，通过手机银行APP调用手机摄像头，使用人脸关键点定位和人脸追踪等技术，验证用户是否为真实活体本人操作；同时采集人脸图像与人民银行联网核查照片基于深度学习算法进行比对，从而识别贷款申请人的真实身份。借据签订方面，系统使用"电子借据+电子签名"技术，贷款申请人在手机银行APP线上发起借款申请，系统自动运行反欺诈、征信、大数据、评级等一系列风控模型和规则检查，快速完成放款任务，有效缓解了个体经营户和小微企业主贷款成本高、申请流程烦琐、审批放款时效低等痛点。

"掌上农商"是成都农商银行推动服务差异化的一个典型案例。针对农村用户使用手机APP及线上化金融服务的经验和习惯，成都农商银行简化流程，基于微信平台和H5技术打造了一款简化版的手机银行。"掌上农商"无须下载APP、无须银行柜面开通，关注成都农商银行微信公众号即可使用；首次绑定账户后，后续登录无须重复输入密码；支持农村客户在"惠农微银行"及其他

自助设备进行无卡取款操作；支持快速接入"全媒体智能客服"，及时解决农村客户在使用中遇到的问题；逐步推出理财超市，积极响应农村客户的理财需求。入口便捷、简单实用的功能体验，成功吸引大量此前从未接触过线上金融的农村用户，其中的抽奖等功能，在农村地区推广过程中获得了远超城区用户的参与度。

（三）金融标准引导科技创新，助推数字化转型

我们深刻意识到强化金融科技创新是推动农村金融机构数字化转型、支持实现乡村振兴的关键抓手，重点探索利用创新手段，促进落实金融标准和成都农商银行企业标准中与增强农村金融服务工作目标紧密相关的要求，取得了一些可资借鉴的经验，也逐步看清了后续的发力方向。

在基础设施建设方面，成都农商银行结合企业标准"领跑者"与"一行两会"IPv6规模部署工作相关要求，经过不断探索和技术攻关，在四川省内率先全面完成所有面向公众互联网的IT系统IPv6改造，并作为西部首家金融机构通过权威认证，标志着成都农商银行对客互联网服务网络和安全保障水平在国内中小银行中名列前茅，客户体验随之进一步提升。更重要的是，也为5G时代在广袤农村地区推动更多的创新服务进行了必要的技术储备。

在"三农"服务能力建设方面，成都农商银行一是着重推动农村信用信息平台建设，为"三农"金融服务数字化转型夯实数据根基。该平台专注大成都县域及县域以下农户、农户家庭、家庭农场等新型农业经营主体，归集"三农"客群、村干部、镇村常住人口、产业发展情况等相关信息并构建360度视图；运用客户经理、农村金融服务联络员、机具金融服务员三位一体的分群机制，实现农村金融服务站客户转介线上化，增加乡村金融服务和产品供给渠道，进而构建农村地区乡镇村网格化服务。二是融合运用内外部农村信用信息，利用机器学习建模技术，探索涉农贷款预授信、整村授信、生态场景融资等多模式、多品种、多场景的农村金融服务产品创新。三是建设集"三农"业务数据统计分析、特定场景风险预警、市场行业分析于一体的"三农"金融业务数字化管理平台，多口径、多维度立体反映成都农商银行"三农"业务发展状况，全方位助力成都农商银行乡村振兴支撑能力提升。

三、总结与展望

　　面对数字经济浪潮，成都农商银行全面对标金融标准，发展提升企业标准，积极争做"领跑者"，践行出一条农村金融机构在新发展阶段全面提升金融服务水平的可行之路。展望未来，站在两个一百年的交汇点和"十四五"的起点，成都农商银行及广大农村金融机构应当继续在人民银行的指导下，牢固树立规范发展意识，坚定推动运用金融标准化成果提升金融服务水平，坚决完成"乡村振兴"战略赋予的历史使命。

腾讯金融科技标准化创新与实践①

标准化建设对于助力金融科技创新、推动金融业高质量发展具有重要意义。在标准体系中，企业标准最具创新活力，企业标准的水平很大程度上决定着企业的产品和服务质量。2020年，中国人民银行、中国银保监会、中国证监会共同组织开展了2020年度金融领域企业标准"领跑者"活动，持续创新推进金融标准化工作。

腾讯以互联网、金融科技为技术基础，为用户提供创新金融服务、助力金融机构数字化升级。腾讯高度重视金融标准化工作，积极参与"领跑者"活动，企业标准《Q/TX 011—2020移动支付客户端应用安全规范》成为金融领域企业标准"领跑者"。

一、开展标准研制，助力金融科技创新

在"互联网+"时代背景下，人工智能、区块链等新一代信息技术在金融行业的应用不断深入，科技对于金融的作用被不断强化，同时催生了大量的新金融、新业态，这也给金融标准化工作提出了新的需求和挑战。腾讯从"固化技术成果、规范技术应用、加强技术创新"角度出发，不断加强标准化布局，充分发挥标准的支撑和引领作用，助力金融科技创新。

在新技术应用领域，聚焦人工智能、区块链等关键技术标准，打造坚实的技术底座。人工智能方面，腾讯作为国家人工智能标准化总体组副组长单位，参与编制《人工智能标准化白皮书》。同时，在内部推动微信人脸识别支付企业标准体系建设，涵盖算法、性能、安全等内容。区块链方面，基于腾讯区块

---

① 本文来源于微信支付技术负责人周俊发表于《金融电子化》2021年第4期的署名文章。

链电子发票等项目实践，开展《区块链智能合约安全指南》国家标准研究。

在数据安全领域，关注数据治理与数据安全保障的平衡发展。腾讯积极参与GB/T 35273—2020《个人信息安全规范》、JR/T 0171—2020《个人金融信息保护技术规范》《金融大数据平台总体技术要求》等国家标准、金融行业标准制定，微信产品通过ISO/IEC 27001信息安全管理体系认证和TRUSTe隐私认证。同时，借助在即时通信服务领域的积累，腾讯联合多家单位提出《信息安全技术即时通信服务数据安全指南》国家标准立项。

二、推进标准实施，加强企业治理和生态建设

一直以来，腾讯对金融科技产品和服务的标准化及服务质量的提升高度重视，成立了专门的标准化团队作为组织保障，同时建立标准管理工作机制，推进完善"制标、贯标、达标、宣标"等长效反馈机制。围绕产品设计、开发、交付、运营等生命周期关键环节，建立产品和服务类、安全与合规类、合作与协同类标准体系，推进标准实施，支撑企业治理及生态建设。

以微信支付安全为例，在交易和资金安全、客户信息安全、风险防控、应急响应、灾难恢复等方面，持续加强规范管理，推进标准实施。例如，制定应急响应和服务保障机制，根据故障紧急度、故障影响面划分出P0~P3优先级，给出标准化处置策略。参考GB/T 20988—2007《信息系统灾难恢复规范》的容灾建设要求，严格设计系统架构，保障微信支付系统的业务连续性和服务水平。

为强化标准实施，腾讯进一步借助金融标准检测认证、金融标准培训宣贯、标准创新与试点应用、企业标准"领跑者"等手段，推动产品和服务达标，在实际应用过程中检验标准的实效性、长效性。金融标准实施路径如图2.1所示。

在金融标准检测认证方面。2019年，市场监管总局、人民银行发布《金融科技产品认证目录（第一批）》公告，将金融科技产品纳入国家统一推行的认证体系（以下简称国推认证）。腾讯积极推进金融科技产品"贯标、达标"，移动金融客户端软件通过金融科技产品国推认证。

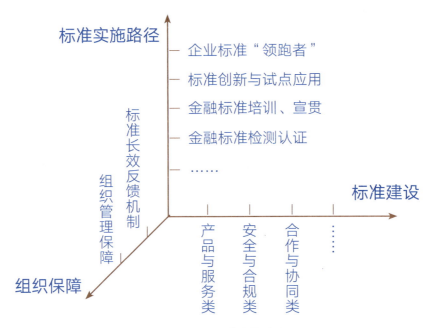

图2.1　金融标准实施路径

　　在金融标准培训宣贯方面。腾讯每年10月14日开展"世界标准日"主题宣传活动，连续举办"金融标准走进腾讯"活动，同时在企业内部发起"标准鹅讲堂"系列培训课程，宣贯解读重点金融标准，进一步提升企业标准化意识，推进标准实施。

　　另外，腾讯还依托开放平台生态，开展接口规范、安全规范、协同规范建设，并通过企业标准和标准符合性验证，推动生态合作和产业协同。

三、强化标准引领，争做企业标准化领跑者

　　国家标准是底线、行业标准是门槛、企业标准是标杆。《金融业标准化体系建设发展规划（2016—2020年）》中提到，鼓励企业制定严于国家标准、行业标准，具有竞争力的企业产品和服务标准，逐步形成政府主导制定的标准与市场自主制定的标准协同发展，协调配套的新型金融业标准体系。金融领域开展企业标准"领跑者"活动，是强化金融标准引领、推动金融产品和服务提质增效的重要举措。

　　相比2019年，此次金融领域企业标准"领跑者"活动新增了金融信息服务领域，涵盖移动金融客户端应用、金融分布式账本技术应用、商业银行应用程

序接口服务等内容。腾讯依托在金融信息服务领域的技术和产品积累，积极参与金融信息服务领域企业标准"领跑者"活动，并将企业标准《Q/TX 011—2020移动支付客户端应用安全规范》上传至企业标准信息公共服务平台，进行自我声明公开。

企业标准《Q/TX 011—2020移动支付客户端应用安全规范》中涵盖了付款码支付、Native支付、JSAPI支付、APP支付、H5支付、小程序支付等技术形态，结合微信支付安全实践，给出了用户身份鉴别、客户端软件安全、风险控制策略、兼容性、无障碍等核心指标要求。经过核心指标评估、验证等环节，最终成为企业标准"领跑者"。

近年来，腾讯不断加强企业标准化建设，发布了《腾讯企业标准编制指南》，推动创新成果向标准转化。同时，探索建立企业标准评价和反馈机制，从创新性、实用性、覆盖度、实施效果等维度开展企业标准评优活动，推动企业标准化程度不断提升。

四、展望

"有产品必有标准"，标准决定质量，高标准决定高质量。金融领域企业标准"领跑者"活动对于参与企业来说，是一次新的提升和发展机遇。企业标准的公开加强了企业之间的技术和信息共享，先进的企业标准也为行业树立了标杆，推动了行业机构之间找差距、补短板的良性互动。

腾讯将以此次金融领域企业标准"领跑者"活动为契机，持续聚焦新技术、新产品、新模式等创新发展需求，加大标准研制和供给、优化标准体系。同时，将标准化工作融入企业治理和生态建设，持续推进标准实施，不断提高金融产品和服务质量，提升用户服务体验，助力金融行业高质量发展。

第 3 部分

网上银行服务

金融领域企业标准 "领跑者" 蓝皮书

JINRONG LINGYU QIYE BIAOZHUN "LINGPAOZHE" LANPISHU 2021

2021

网上银行发展现状、问题及趋势[①]

现代商业银行经历数百年的发展，业务形态随着科技的进步不断更新，已逐步实现了从单一实体网点服务到线上线下多元化运营场所的转变。线下方面，从ATM的广泛使用、智慧柜机的应用到智慧网点概念的衍生，体现出营业网点正在向智能化、轻型化转变；线上方面，网银、手机银行、微信银行等服务多元化服务渠道为用户提供越来越便捷的服务，远程银行、智能网点等新型银行渠道也为商业银行的发展添加了重要色彩。

图3.1梳理了我国网上银行的发展历程。

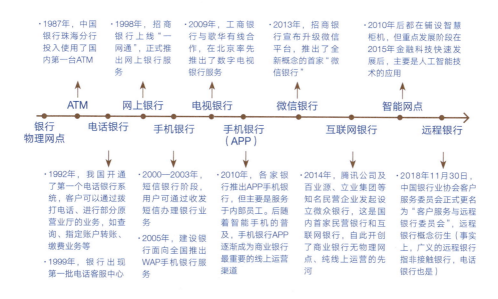

图3.1　网上银行发展历程

---

① 本文由中国电子银行网陈璐澈撰写。

一、发展现状

（一）网上银行渠道在线下分流、获客和构建零售生态方面发挥重要作用

在银行各类渠道中，基于PC端的银行与手机端APP更多依托于传统银行，网上银行和手机银行的主要功能是为营业网点分流，减轻营业网点压力，并留存银行客户。2010—2015年，银行的营业网点还存在大量排队现象，庞大的客户群体给营业网点带来较大的业务处理压力。为了应对营业网点的业务处理压力，银行积极建设ATM、电话银行、基于PC端的网上银行、手机端APP、网点智能设备等。

自以支付宝为代表的第三方支付机构、以余额宝等网络金融产品上线以来，银行面临着较大的数字化转型压力。一是网络金融公司可满足大量银行长尾客户群体的金融需求。二是网络支付公司分享了银行支付业务收入，并分流了部分银行现有客户的金融业务。因此，银行开始以网上银行和手机银行的形式开拓新的数字化渠道，以更便捷的方式来留存现有客户，发展新客户。

银行在面临数字化转型压力的同时，还面临着利率市场化和金融脱媒带来的挑战。近些年来，由于我国经济持续下行，企业生产经营受到较大影响，导致银行占比较高的对公业务收入下降较多，而零售业务由于不良贷款率相对低、长尾用户需求较大，成为银行重点拓展的业务领域。在此背景下，银行通过各类手机APP渠道建设零售业务生态圈，积累普惠客户，结合各类金融应用场景提供金融创新服务。

近年来，我国银行业数字化转型取得较大进展，网上银行业务发展较快。据中国银行业协会相关统计数据显示，2020年，我国银行业金融机构离柜交易笔数为3709亿笔，同比增长14.6%；离柜交易规模为2308万亿元，同比增长12.2%；行业平均渠道分流率为90.9%，较2012年上升36.5个百分点（见图3.2）。其中，手机银行交易规模自2012年以来迅猛增长，2020年交易笔数为1919亿笔，同比增长58.0%，交易规模为439.24万亿元，同比增长31%（见图3.3）；网上银行交易达1550亿笔，交易规模为1818万亿元，同比增长9.7%；电话银行人工处理来电8.62亿人次；人工电话平均接通率达93.0%。

图3.2　2012—2020年中国商业银行平均渠道分流率

图3.3　2012—2020年中国手机银行交易规模及增长情况

（二）个人手机银行逐渐成为主流

目前，PC端网上银行的渗透率已趋于饱和，手机移动端逐渐成为银行服务客户的主要渠道（见图3.4）。个人网上银行主要包括个人PC端网上银行、个人手机银行、个人微信银行、个人电话银行。手机银行的用户比率于2018年首次超过PC端网上银行的用户比率，并一直保持领先优势，其中，手机银行的用户比率为57%，高出PC端网上银行的比率4个百分点，2020年两者的差距扩大到12个百分点。

随着手机微信的逐渐普及，微信银行用户比率由2016年的28%上升到2020年的45%，提高了17个百分点。随着用户使用习惯的变化和手机移动端的安全防护水平提高，个人手机银行将进一步替代个人PC端网上银行。

图3.4　2016—2020年个人网上银行用户比率变动情况

　　调研显示，2019年9月至2020年8月银行类APP月度单机使用次数为15次，单机单日平均使用时长4.8分钟，单机单次平均使用时长1.7分钟。从趋势来看，银行类APP的总体使用次数及使用时长呈上升趋势，说明用户使用更加频繁，需求持续增长（见图3.5）。

图3.5　银行类APP月度单机使用次数

　　据调查显示，在零售银行方面，2017—2020年个人PC端网上银行的用户数逐年增加，但个人手机银行用户数增速明显高于PC端网上银行用户数增速。自2018年开始，个人手机银行用户数持续高于PC端网上银行用户数，2018年的个人手机用户数为7696万户，较个人PC端网上银行用户数多45万户，2020年的个人手机用户数较2017年累计增长81.6%，而同期个人PC端网上银行用户数累计增速为30.5%。地方银行的零售渠道更倾向于采取个人手机银行，个人手机银行用户增长速度明显高于个人PC端网上银行用户（见图3.6和图3.7）。

图3.6　2017—2020年全国性银行零售渠道平均用户数

图3.7　2017—2020年地方银行零售渠道平均用户数

（三）企业网上银行仍以PC端网上银行为主，手机银行和微信银行发展较快

目前，企业网上银行仍以PC端网上银行为主，但手机银行、电话银行和微信银行发展较快。自2017年开始，企业PC端网上银行渗透率的上升趋势放缓；随着移动端功能的完善和部分银行针对小微企业推出的鼓励政策，企业手机银行渗透率逐年提升，渗透率由2016年的14%上升到2020年的42%；随着微信的普及应用，企业微信银行的渗透率也由2016年的8%上升到2020年的45%（见图3.8）。

图3.8　2016—2020年企业网上银行的用户渗透率情况

据调查显示，2020年初新冠疫情暴发以来，企业网上银行用户明显增加，其中，2020年全国性银行的企业网银用户数达180万户，地方银行企业网银用户数达8.5万户。截至2020年9月，78%的全国性银行已开通企业手机银行；在76家参与调查的地方银行中，有48%的银行开通了企业手机银行。

二、存在的主要问题

（一）信息安全存在隐患

近年来，随着我国移动互联网技术迅速发展，手机银行APP得到较快普及。手机银行在促进经济社会发展、服务民生等方面发挥了较大作用，但仍存在一定的信息安全隐患。手机银行APP强制授权、过度索权、超范围收集个人信息的现象仍然存在，违法违规使用个人信息的问题比较突出。

在监管层面，相关部委加强了APP市场专项整治。为落实《网络安全法》《消费者权益保护法》的要求，以及保障个人信息安全、维护广大网民合法权益，中央网信办、工业和信息化部、公安部和市场监管总局等部委在全国范围内组织开展了APP违法违规收集使用个人信息专项治理，并成立APP违法违规收集使用个人信息专项治理工作组。其间，相关部委及地方政府部门，多次通报典型违法违规收集使用个人信息的APP，并责令限期整改。2020年"3·15"晚会也报道了APP和SDK超限违规收集个人信息、擅自获取客户隐私的情况。在立法层面，《个人信息保护法》《数据安全法》已起草完成，并向社会征求意见。APP收集用户个人信息的方式、方法和内容将有章可循、有法可依，APP

的安全认证工作也将大力推进。

目前，较多金融APP在接受检测过程中，仍发现存在以下主要问题：

一是存在免责等不合理条款。部分金融APP运营者在用户协议、服务协议、隐私政策等文件中出现免除自身责任、加重用户责任、排除用户主要权利条款。

二是未明示收集使用个人信息的目的、方式和范围。目前，较多金融APP仍未公布其涉及个人信息收集使用的SDK，或者语焉不详、信息披露不详尽。

三是未同步告知申请打开权限和要求提供个人敏感信息的目的。目前，对人脸、指纹等生物特征类信息的收集使用的同步弹窗实现情况较好，但仍有部分金融APP在申请个人信息相关系统权限时仍直接使用系统弹窗，未对申请的目的做同步的详细说明、拒绝授权后也无人性化的处理逻辑。

四是利用用户个人信息和算法定向推送信息时，未提供非定向推送信息的选项。随着人工智能和大数据等技术在智能营销领域的应用，金融机构采用了千人千面的定向推送机制，但部分金融APP未提供非定向推送的控制开关。

五是未征得用户同意向他人提供个人信息。部分金融APP启动机制复杂，在用户阅读并同意隐私政策前，SDK自动进行初始化、权限申请，此时可能会出现生硬的权限申请逻辑和未经用户同意进行信息收集。

六是未建立并公布个人信息安全投诉、举报渠道。部分金融APP运营者未建立并公布可受理个人信息安全问题相关的投诉、举报渠道，并在承诺时限内（承诺时限不得超过15个工作日）内受理。针对个人信息安全相关问题的申诉、受理、反馈等用户权利的保障，未作出详细说明。

（二）客户体验管理的战略机制滞后

近几年来，银行在网上银行用户体验方面的投入明显增加，部分银行开设专门的体验设计部门，在用户体验优化的设计上逐步向互联网企业看齐。在优化流程方面，银行需要根据用户反馈、第三方评测等各方面的评价判断用户使用流程上的痛点及断点，之后再根据内部流程进行产品迭代。

对56家银行的调研发现，各银行客户体验管理总体停留于具体工作层面，在发展战略、运营机制方面处于相对落后的状态。在客户体验方面，全国性银行的客户体验管理明显领先于地方银行，尤其是在工作内容、工作范围和资源投入方面，两类银行的表现相似，而在组织战略、组织架构、持续优化和培训等方面的差异性较大。

（三）尚未建立全面协调、联动的客户体验组织机构体系

调查结果显示，全国性银行的客户体验组织架构相对更成熟、完善，多数银行有行内专门的团队或引进行外团队，并有负责人进行统筹管理；而地方银行仅有较少的银行有行内专门团队及行外团队；在统筹管理团队方面，占比也低于全国性银行。据客户体验组织架构实现情况的调查显示，63%的全国性银行有行业专门团队和负责人统筹管理团队负责客户体验工作，较地方银行分别高23个和40个百分点。多数地方银行没有客户体验相关岗位，以项目制执行客户体验工作，地方银行在团队建设方面较为不足（见图3.9）。

图3.9　全国性银行和地方银行客户体验组织机构实现情况对比

（四）尚未建立科学完善的客户体验业务流程

目前，银行客户体验的管理制度、相关研究、体验设计、意见收集、跟踪考核等业务流程方面仍有较大的改进完善空间。

在管理制度方面，部分银行开始重视客户体验管理制度的建设，但总体水平不高。据调查显示，25%的全国性银行在全行中实行了客户体验管理制度，还有38%的建立了客户体验管理制度，并在试点渠道运用、优化。与全国性银行相比，地方银行的客户体验管理制度处于起步状态，近半数地方银行准备制定或正在制定系统的客户体验管理制度，只有不到10%的地方银行在全行中实

施客户体验管理制度（见图3.10）。

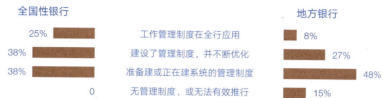

图3.10　全国性银行和地方银行的客户体验管理制度实现情况对比

　　在用户研究方面，全国性银行的用户研究较充分，地方银行仍有较大改进空间。目前，银行对用户体验的研究既包括传统的研究方法，如问卷调查、竞品分析、专家评估、客户访谈等，也包括客户行为数据分析、客户旅程分析等新兴的研究方法。

　　全国性银行应用较多的研究方法是竞品分析和问卷调查，这两种方式能较快地了解行业趋势、用户需求等信息；开展对客户行为数据分析、客户画像、客户旅程分析等新兴的研究方法也逐渐增加。地方银行应用较多的研究方法为竞品分析、客户行为数据分析以及客户画像分析，其在研究方法的全面性上仍有较大的提升空间（见图3.11）。

图3.11　全国性银行和地方银行客户体验研究方法情况对比

　　在体验设计方面，地方银行在规范化、组件库建设和设计评审环节等方面需进一步完善。目前，全国性银行均已开展交互设计、视觉设计，并已建立设计规范。绝大部分银行在交互设计开始前会进行概念设计，探寻设计风格，使用更直观的原型设计进行沟通；在设计过程中，建立组件库，为后期的设计工作提供指导。地方银行在视觉设计和交互设计方面较为出色，但仍有近半数的银行在规范化、组件库建设方面没有取得进展，其设计工作更多地关注功能补充和完备，地方银行在用户参与的设计评审环节上应用较少，仍有较大的提升空间（见图3.12）。

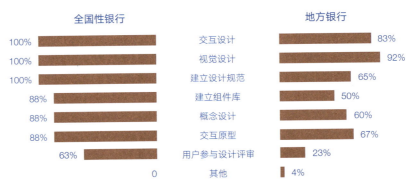

图3.12　全国性银行和地方银行客户体验设计情况对比

在意见收集方面，通过组建真实用户团队反馈意见的银行较少。客户反馈意见收集是研究产品上线后使用体验的有效手段。收集客户意见的方式多样，包含线上、线下多种渠道，线上方式包括线上系统的反馈入口、客服电话等，线下方式包括客户经理面对面地收集客户意见。

全国性银行使用方式最多的收集方式是通过客户经理和线上反馈意见入口收集。客户经理直接接触客户，他们反映的问题往往是客户遇到最多的、最迫切需要解决的问题；随着线上渠道的发展与完善，用户越来越多使用线上更加便捷的反馈方式。与全国性银行类似，地方银行使用最多的方式是通过客户经理收集，其次是使用客服电话收集，这些都是了解客户第一手反馈的有效方式。目前，通过组建真实用户团队反馈意见的银行较少，仅有25%的全国性银行和13%的地方银行已开展此项工作（见图3.13）。

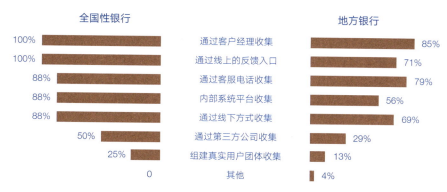

图3.13　全国性银行和地方银行客户体验的意见收集情况对比

在问题跟踪与考核方面，银行总体情况不太理想。通过跟踪机制与考核机制，保障前期研究发现的问题能及时跟进和解决，是客户体验管理中非常重要的环节。调查发现，25%的全国性银行建立了长效跟进机制并纳入KPI考核。地方银行的跟踪机制更加灵活，虽然大部分银行在一段时间内能有效完成跟进和解决，但仅有10%的地方银行建立长效跟踪机制并纳入KPI考核（见图3.14）。

图3.14　全国性银行和地方银行客户体验问题跟踪与考核情况对比

（五）客户体验方面的培训推广有待提升

调查显示，88%的全国性银行开展了客户体验方面的培训推广工作，其中，50%的灵活开展培训推广，25%的形成系统培训机制，13%的定期开展培训推广。在地方银行中，近三成的银行未开展客户体验的培训推广，仅有8%的银行形成了系统的培训机制（见图3.15）。

图3.15 全国性银行和地方银行客户体验的培训与推广情况对比

三、发展趋势

（一）网上银行向智能化服务升级

调查显示，人工智能在一些行业已经能替代人力胜任简单的工作，大幅缩减企业成本。银行业也将面临同样的机遇和挑战。另外，2020年新冠肺炎疫情暴发催生了远程服务的业态需求，在认知计算技术的支持下，自动化、自助化服务是未来网上银行的发展趋势之一（见图3.16）。

图3.16 银行智能化服务进程

调查显示，自中国银行业协会发布《远程银行客户服务与经营规范》后，以前需要用户到银行面签办理的开户等业务，已可通过人脸识别与电子签名等方式实现远程办理，网上银行用户体验有望更加顺畅。与传统客服形式相比，远程银行以RTC、AI、RPA等技术为依托，实现24小时线上业务办理，为用户提供更快捷、更优质的金融服务，较大程度地降低了银行客户的留存运营成本，同时深入挖掘线上交互信息等客户行为偏好，优化金融产品和服务的能力，有效地提升了银行竞争力。

在5G时代，远程银行将深度嵌入用户生活场景中，形成"全空域""全流程"的移动物联网金融服务，打破银行服务的时空限制，同时贯穿于用户生活生产的全流程。据调查显示，逾五成的用户期待实现远程开户，逾六成的企业用户愿意通过远程视频进行企业法人授权。未来，一方面银行需进一步完善远程开户功能，使用户可以通过网上银行渠道开通账户；另一方面，银行需要加强远程开户的宣传，加深用户对于远程开户的认知，简化开户流程。

目前，智能客服在网银、手机银行及微信银行等各个渠道均发展较为成熟，随着语音语义识别技术的升级与应用，智能客服的服务范围和技术也在不断提高。多数用户期望智能客服可以做到精确识别问题（61%）、智能语音对话（56%）和远程视频对话（46%）。目前，头部银行已经实现语音搜索、AI数字人等智能客服功能，辅助用户进行远程服务。

随着直播、短视频等成为新的互联网流量入口，多家银行近年来不断尝试将这些新的营销形式与银行业务相结合，增加包含短视频和直播的娱乐板块，部分银行已经在直播、短视频等方面获得了不错的成效，用户的使用黏性有望进一步增加。多数银行通过短视频或直播的形式为客户提供金融类相关知识的科普和讲座，也会通过这些形式对银行营销活动进行宣传。

（二）嵌入式开放银行服务渐成趋势

经过多年的布局发展，商业银行的数字化程度已大幅提升。但过去的银行数字化转型仅仅是银行业务的线上化、信息化改造，不能成为真正意义上的数字化转型。数字化重塑之路随着大数据、人工智能、区块链等前沿技术的成熟在商业银行面前铺开，银行4.0时代拉开帷幕。面对科技带来的机遇和挑战，开放银行、平台生态体系成为现阶段必然选择。商业银行以客户体验为导向，以API/SDK等为技术手段，通过平台生态与合作伙伴共享数据、算法、流程等业务功能，从而帮助商业银行聚合生态场景，为用户提供无界金融体验。未来，BaaS（银行即服务）是开放银行主流商业模式，形成产品升级、场景升级、安全升级和营销升级的"一站式"金融服务（见图3.17和图3.18）。

图3.17　开放银行主流业务模型（BaaS）

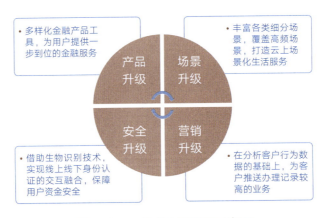

图3.18　一站式金融服务示意图

　　在开展金融创新、发展引入新技术、采用新方法、开辟新市场和构建新组织的同时，商业银行还需考虑到金融创新与风险管理之间的平衡，加强数字金融监管，及时识别、计量、监测、控制金融创新风险，如数据泄露风险、网络攻击风险等。

网上银行服务企业标准"领跑者"评估情况及建议[①]

　　网上银行服务企业标准"领跑者"（以下简称网银"领跑者"）活动于2019年开始申报，由中国互联网金融协会作为第三方评估机构进行评估，截至目前已开展两次网银"领跑者"活动。网银"领跑者"活动的开展有效促进了金融机构引标贯标，较大程度地提升了金融服务质量。

一、网银"领跑者"评估的总体情况

（一）网银"领跑者"活动的参与度上升，评估要求提高

　　2020年，网银"领跑者"活动参评机构921家，较上年增加149家。2019年和2020年均选取网银"领跑者"活动综合评分前60位的金融机构作为榜单机构，分别占全部参评机构家数的7.8%和6.5%。从榜单机构按一定比例评选出网银"领跑者"机构，其中，2020年网银"领跑者"活动机构家数32家，占全部参评机构家数的3.5%；2019年网银"领跑者"活动机构家数35家，占全部参评机构家数的4.5%。

　　2020年网银"领跑者"活动机构家数和占比均减少的主要原因：一是评估方案增加了新要求。2020年的评估方案在2019年的基础上增加了对新发布标准《个人金融信息保护技术规范》的具体引用和转化要求；具体量化指标的评估要求提高，如"APP闪退率""线上客服响应时间"等量化指标均提高了评估标准。二是一致性核验的要求提高。与2019年相比，2020年的一致性核验工作综合参

---

① 本文由中国互联网金融协会互联网金融标准研究院王新华撰写。

考了移动金融APP备案进展、网银是否存在侵害用户权益行为，以及是否开展检测认证等相关情况。三是对参评机构行政处罚记录的审核更加严格。根据相关监管部门的要求，若参评机构存在以下情况，将影响其能否进入网银"领跑者"活动榜单：（1）行政处罚记录与评估领域直接相关的；（2）行政处罚记录与评估领域间接相关，但国有大型银行和股份制银行的罚款金额超过5000万元人民币的，以及小型银行罚款金额超过500万元人民币的；（3）发生服务质量重大投诉的，或被新闻媒体曝光，造成严重负面影响的。

（二）农商行和农信社等小型金融机构参评较多，但进入网银"领跑者"活动的家数占比较少

2020年，国有大型银行、股份制银行和城商行的参评家数及占比分别为6家（0.7%）、10家（1.1%）和90家（9.8%），与上年相比，国有大型银行增加2家，股份制银行持平，城商行增加4家；农商行及农信社、村镇银行和民营银行的参评家数及占比分别为398家（43.2%）、407家（44.2%）和10家（1.1%），与上年相比，农商行及农信社和村镇银行的参评家数分别增加60家和83家，民营银行的参评家数持平（见图3.19）。

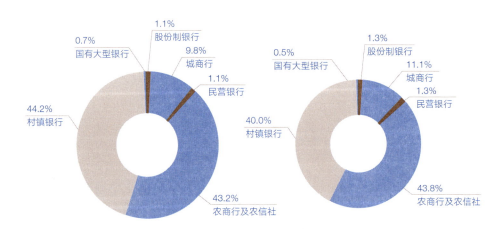

图3.19　各种类型金融机构参与网银"领跑者"活动的分布情况

（三）城商行新进入榜单的家数较多，农商行退出榜单的家数较多

2020年，新进入网上银行服务榜单（综合评分前60位的机构）的19家，其中，

城商行14家，国有大型银行和股份制银行各2家，农商行1家；退出榜单的机构以农商行居多，共退出13家，城商行和民营银行分别为4家和2家。农商行退出榜单的较多，而进入榜单的较少，主要原因：一是部分人民银行分支行积极发动中小金融机构参与网银"领跑者"活动，参评家数增加较多，相应退出榜单的家数也较多。2020年参评的农商行为310家，较上年增加75家。二是农商行及农信社等小型金融机构的业务规模不大，科技力量、信息化水平和标准化人才等方面相对薄弱，导致网上银行服务企业标准的总体评分较低。三是部分地区农商行由农信社改制而来，上传的网上银行服务企业标准存在几家机构共用一套标准的现象。

2020年，新进入网银"领跑者"活动的机构共8家，其中，城商行和农商行分别为3家和2家，国有大型银行、股份制银行和民营银行各1家；退出机构共10家，其中，民营银行和城商行分别为5家和3家，国有大型银行、股份制银行和农商行各1家。

（四）逾七成的参评机构集中在河北、河南和山西等六个地区

2020年，河北、湖南、山西、江苏、辽宁和河南六个地区的网银"领跑者"参评家数及占比分别为216家（23.5%）、175家（19.0%）、93家（10.1%）、79家（8.6%）、53家（5.8%）和41家（4.5%），6个地区的家数及占比合计为657家（71.3%），全国各地区的参评机构分布情况见图3.20。与上年相比，山西、福建、吉林、江苏、湖南和浙江地区参评家数增加较多，分别增加65家、28家、14家、12家、11家和6家。

图3.20　2019年和2020年全国各地区网银"领跑者"活动参评机构的分布情况

（五）逾六成的榜单机构集中在广东、北京、湖南等6个地区

2020年，广东、北京、湖南、江苏、重庆和河北6个地区进入榜单的机构家数及占比分别为10家（16.7%）、9家（15.0%）、7家（11.7%）、5家（8.3%）、4家（6.7%）和3家（5.0%），6个地区的机构家数合计为38家，占比为63.3%。全国各地区榜单机构家数的分布情况见图3.21。

2020年，网银"领跑者"家数共32家，其中，广东、北京、江苏、上海、重庆和辽宁6个地区的机构家数分别为7家、6家、4家、3家、3家和2家，以上6个地区的网银"领跑者"家数合计为25家，占比为78.1%；浙江的网银"领跑者"家数为2家，广西、河北、湖南、四川和天津的网银"领跑者"家数各1家。全国各地区的网银"领跑者"家数的分布情况见图3.22。

图3.21　全国各地区网银榜单机构家数的分布情况

图3.22　全国各地区网银"领跑者"家数的分布情况

（六）各类参评机构的总体评分下降，但"领跑者"与榜单机构的评分差距缩小

由于受2020年网银"领跑者"活动的参评机构增加、评估要求提高，加上一致性审核更严格等因素的影响，各类参评机构的总体评分下降。2020年的网银"领跑者"、榜单机构和全部参评机构的网上银行服务企业标准评分分别为69.7分、64.8分和40.3分，较上年分别下降2.4分、0.7分和2.2分（见图3.23）。

2020年的网银"领跑者"与榜单机构的评分差值为4.9分，较上年的评分差值缩小1.7分，这表明通过开展网银"领跑者"活动，榜单机构的网上银行服务质量在提升，网银"领跑者"活动有效促进了金融机构引标贯标，提升了金融服务质量。

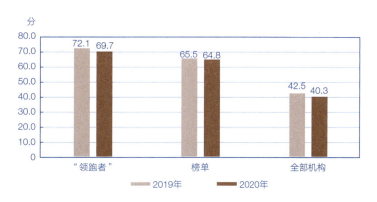

图3.23 各种类型机构的网上银行服务企业标准评分情况

（七）国有大型银行和股份制银行的综合评分相对较高

国有大型银行和股份制银行作为我国的大中型银行，信息化水平较高、标准化人才较多，网络银行、电子银行、手机银行等网上银行业务起步早、发展快，金融服务水平较高，因而综合评分相对较高，进入网银"领跑者"榜单的家数占比较高。2020年，国有大型银行和股份制银行的综合评分分别为80.2分和70.4分，分别高出网银"领跑者"机构10.5分和0.7分；国有大型银行和股份制银行参评家数的合计占比为1.7%，但进入网银"领跑者"榜单的家数占比为37.5%，网银"领跑者"的家数占比高出参评家数占比35.8个百分点。民营银

行、城商行、农商行及农信社的综合评分分别为60.4分、44.4分、33.1分，分别低于网银"领跑者"机构的综合评分9.3分、25.3分和36.6分（见图3.24）。

图3.24　各类型金融机构的网上银行服务企业标准评分情况

二、网银"领跑者"评估的结构特点

（一）全部参评机构的综合评分不高，但在标准宣传实施、实施保障、服务功能和客户体验等领域有所提升

网银"领跑者"的评估主要从标准的规范性、转换引用、实施保障和宣传及实施机制，服务安全性、服务功能、服务性能和服务创新性，客户体验和技术创新性等多个维度进行量化评估。评估涉及的国家标准为《信息安全技术　个人信息安全规范》（GB/T 35273—2020）、《银行业客户服务中心基本要求》（GB/T 32315—2015），行业标准为《网上银行系统信息安全通用规范》（JR/T 0068—2020）、《金融行业网络安全等级保护实施指引第2部分：基本要求》（JR/T 0071.2—2020）、《个人金融信息保护技术规范》（JR/T 0171—2020）。

2020年，全部参评机构的综合评分为40.3分，较上年降低2.2分。在综合评分以上的领域及分数为服务安全性（47.6分）、标准规范性（45.7分）、实施保障（44.9分）、客户体验（42.5分）和标准转换引用（41.6分），在综合评分以下的领域及分数为标准宣传实施（36.8分）、技术创新性（32分）、服务功能（31.4分）、服务性能（25.5分）和服务创新性（14.8分）。与2019年相比，标准宣传实施、实施保障、服务功能及客户体验领域的分数分别提高3.8分、1.7分、2.2分和0.9分，表明企业标准网银"领跑者"活动提升了金融机构对标准化工作的重视程度，并提升了网上银行的服务功能和客户体验（见图3.25）。

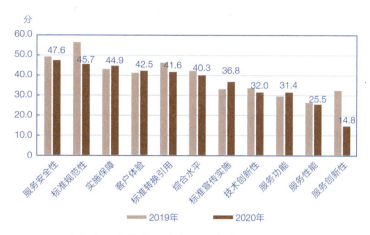

图3.25　全部参评机构的网上银行服务各评估领域的评分情况

（二）榜单机构在服务安全性、标准转换引用、客户体验、技术创新性和实施保障等领域表现较好

2020年，榜单机构的综合评分为64.8分，较全部参评机构高24.5分。在综合评分以上的领域及分数为服务安全性（71.4分）、标准转换引用（69.1分）、客户体验（67.4分）、技术创新性（65.7分）和实施保障（65.7分），在综合评分以下的领域及分数为服务性能（63.7分）、标准规范性（61.8分）、标准宣传实施（58.8分）、服务功能（58分）和服务创新性（29.3分）。与2019年相比，榜单机构的服务功能、服务安全性、实施保障、标准转换引用和标准宣传实施等领域的分数分别提高4分、3.2分、3.3分、2.3分和1.3分，服务安全性和服务功能是网银"领跑者"评估的重要方面，两个领域的评分提高，拉高了榜单机构的综合评分（见图3.26）。

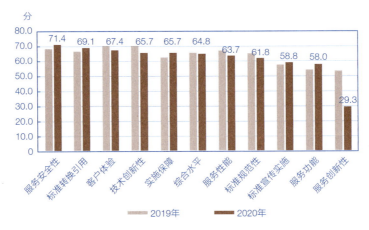

图3.26　榜单机构的网上银行服务各评估领域的评分情况

（三）网银"领跑者"机构在服务安全性、技术创新性、标准转换引用和客户体验等领域具有优势

2020年，网银"领跑者"机构的综合评分为69.7分，较全部参评机构和榜单机构分别高29.4分和4.9分。网银"领跑者"机构的综合评分远高于全部参评机构，也高于榜单机构，显示了网银"领跑者"机构在网上银行服务领域的先进性和标杆作用。在综合评分以上的领域及分数为服务安全性（76.7分）、技术创新性（74.4分）、标准转换引用（74.1分）和客户体验（72.7分），在综合评分以下的领域及分数为实施保障（69.4分）、服务性能（68.1分）、标准规范性（67.2分）、标准宣传实施（60.9分）、服务功能（57.8分）和服务创新性（38.8分）。与2019年相比，网银"领跑者"机构的服务安全性和标准转换引用的分数分别提高2.4分和1.2分（见图3.27）。

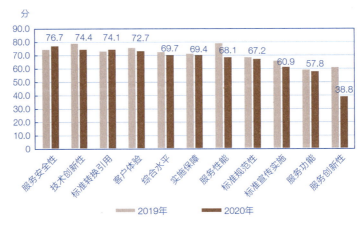

图3.27　网银"领跑者"机构网上银行服务各评估领域的评分情况

（四）国有大型银行的标准转换引用、服务安全性、服务功能、服务性能和客户体验较好

2020年，国有大型银行的综合评分为93.3分，较全部参评机构和网银"领跑者"机构分别高39.9分和10.5分。国有大型银行信息化水平较高、标准化人才较多，加上对标准化工作较重视，因而在网银"领跑者"机构中总体处于领先地位。在综合评分以上的领域及分数为标准转换引用（93.3分）、服务安全性（88.1分）、服务功能（83.3分）、服务性能（81.5分）和客户体验（81.3分），在综合评分以下的领域及分数为技术创新性（80分）、标准规范性（78.3分）、实施保障（60分）、标准宣传实施（58.3分）和服务创新性（56.7分）。与2019年相比，国有大型银行的标准规范性、标准转换引用、服务安全性和服务功能分别提高12.1分、13.3分、6分和3.3分（见图3.28）。

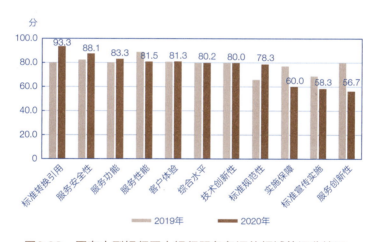

图3.28　国有大型银行网上银行服务各评估领域的评分情况

2020年国有大型银行的服务创新性、实施保障和标准宣传实施领域的评分较上年分别下降23.3分、17.5分和10.4分。以上领域评分下降较多的主要原因：一方面，2020年的评估较上年更加严格；另一方面，以上领域为定性描述的内容，部分国有大型银行对相关内容的描述较简单，导致评分不高，拉低整体分值。

（五）股份制银行的标准转换引用、服务安全性、客户体验和标准规范性较好

2020年，股份制银行的综合评分为70.4分，较全部参评机构和网银"领跑者"机构分别高30分和0.7分。在网银"领跑者"评估更加严格的条件下，股份制银行2020年的综合评分较上年提高7分，表明其对网银"领跑者"活动的重视程度增加，网上银行服务质量提升。在综合评分以上的领域及分数为标准转换引用（79分）、服务安全性（77.1分）、客户体验（75分）、标准规范性（72.5分），在综合评分以下的领域及分数为技术创新性（70分）、实施保障（70分）、服务性能（68.9分）、标准宣传实施（65分）、服务创新性（50分）和服务功能（49分）。与2019年相比，股份制银行的标准规范性、标准转换引用和实施保障分别提高9.5分、7分和2分，服务安全性、客户体验和技术创新性分别提高12分、5分和4分（见图3.29）。

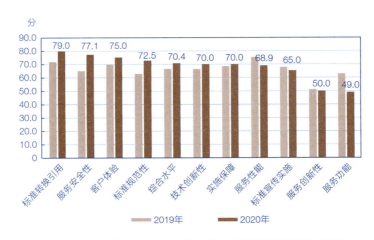

图3.29　股份制银行网上银行服务各评估领域的评分情况

2020年股份制银行的服务功能和服务性能领域的评分较上年分别下降14分和6.7分。服务功能评分下降的主要原因为，2020年对服务功能的评估更加严格，导致股份制银行总体评分下降。服务性能评分下降的主要原因为，2020年评估方案对服务性能指标进行了修改，部分股份制银行未进行相应修改，导致得分较低。

（六）城商行的实施保障、客户体验、标准规范性、服务安全性和标准转换引用较好

2020年，城商行的综合评分为44.4分，较全部参评机构高4.1分，较网银"领跑者"机构低25.3分。在综合评分以上的领域及分数为实施保障（55.3分）、客户体验（49.2分）、标准规范性（49.1分）、服务安全性（49.0分）和标准转换引用（46.2分），在综合评分以下的领域及分数为标准宣传实施（44.0分）、技术创新性（40.3分）、服务功能（36.2分）、服务性能（33.1分）和服务创新性（6.1分）。与2019年相比，城商行的综合评分提高1.2分，实施保障、标准宣传实施和客户体验等领域的分数分别提高9.3分、8.8分和4.7分，服务性能、服务功能和服务安全性等领域的分数分别提高4.7分、2.6分和2.1分（见图3.30）。标准规范性较上年下降8.9分，主要原因是部分城商行未按照企业标准相关的规范要求编制标准文本；服务创新性较上年下降20.2分，主要原因是多数城商行推出的创新性服务较少，得分整体偏低。

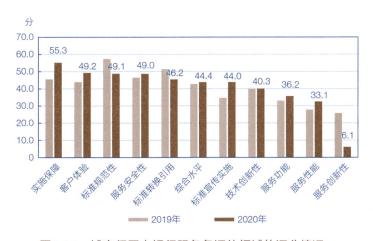

图3.30　城商行网上银行服务各评估领域的评分情况

（七）民营银行的服务性能、客户体验、服务功能和服务安全性较好

2020年，民营银行的综合评分为60.4分，较全部参评机构高18.8分，较网银"领跑者"机构高9.3分。在综合评分以上的领域及分数为服务性能（66.7分）、客户体验（65.6分）、服务功能（63.3分）和服务安全性（63.1分），在综合评分以下的领域及分数为技术创新性（60.0分）、实施保障（58.3分）、标准规范性（53.3分）、标准转换引用（50.8分）、标准宣传实施（37.5分）和服务创新性（26.7分）。与2019年相比，民营银行综合评分下降6.8分，服务功能评分提高10.8分，其他领域的评分均下降（见图3.31）。2020年民营银行的综合评分和大部分领域的评分均出现下降的主要原因为，民营银行对网银"领跑者"活动的重视程度不够，其提交的企业标准未根据新修订的评估方案做相应调整和修改，导致网上银行服务各领域的评分均有所下降。

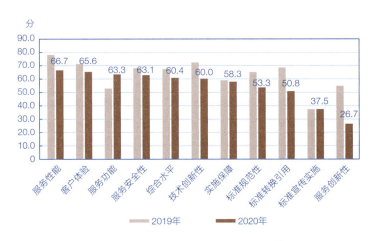

图3.31　民营银行网上银行服务各评估领域的评分情况

（八）农商行及农信社的服务安全性、标准规范性、实施保障、标准转换引用和客户体验较好

2020年，农商行及农信社的综合评分为33.1分，较全部参评机构低7.2分，较网银"领跑者"机构评分低36.5分。在综合评分以上的领域及分数为服务安全性（42.3分）、标准规范性（40.1分）、实施保障（35.8分）、标准转换引用（33.6分）和客户体验（33.5分），在综合平均分以下的领域及分数为标准宣传实施（29.6分）、服务功能（23.7分）、技术创新性（21.2分）、服务创新性（14.9分）和服务性能（13.8分）。与2019年相比，农商行及农信社的综合评分下降4.4分，标准宣传实施和服务功能的评分分别提高1.9分和2.6分（见图3.32）。农商行及农信社的综合评分偏低，各领域的评分偏低且多数领域较上年评分出现下降，其主要原因为：一是农商行及农信社等小型金融机构的信息化水平总体偏低，

98

标准化人才缺乏；二是2020年在人民银行分支行的发动下，参加网银"领跑者"活动的农商行和农信社增加较多，进一步拉低了综合评分；三是部分农商行和农信社未根据评估方案的调整修改更新上年的企业标准文本，导致评分下降较多。

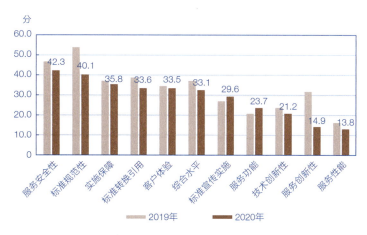

图3.32　农商行及农信社网上银行服务各评估领域的评分情况

三、网上银行服务各细分领域的评估情况

（一）国有大型银行和股份制银行在标准规范性和标准转换引用领域具有明显优势

2020年，在标准规范性领域，国有大型银行和股份制银行的评分分别为78.3分和72.5分，较上年分别提高12.1分和9.5分；民营银行、城商行、农商行及农信社的评分分别为53.3分、49.1分和40.1分，较上年分别下降11.7分、8.9分和13.6分（见图3.33）。在标准转换引用领域，国有大型银行和股份制银行的评分分别为93.3分和79分，较上年分别提高13.3分和7.0分；民营银行、城商行、农商行和农信社的评分分别为50.8分、46.2分和33.6分，较上年分别下降17.8分、5.6分和5.4分（见图3.34）。

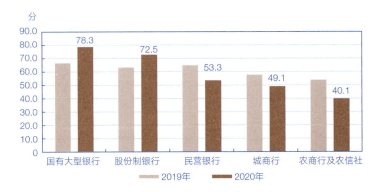

图3.33 各种类型机构在标准规范性领域的评分情况

图3.34 各种类型机构在标准转换引用领域的评分情况

（二）股份制银行在实施保障和标准宣传实施领域较为突出，城商行提升较快

2020年，股份制银行在实施保障领域的评分为70分，较国有大型银行高10分，较民营银行、城商行、农商行及农信社分别高11.7分、14.7分和34.2分。与2019年相比，股份制银行和城商行在实施保障领域的评分分别提高2分和9.3分（见图3.35）。股份制银行在标准宣传实施领域的评分为65分，较国有大型银行高6.7分，较民营银行、城商行、农商行及农信社分别高21分、27.5分和35.4分。与2019年相比，城商行、农商行及农信社在标准宣传实施领域的评分分别提高8.8分和1.9分（见图3.36）。这表明网银"领跑者"活动提高了城商行、农商行和农信社等小型金融机构的标准化意识和对标准化工作的重视程度。

图3.35　各种类型机构在实施保障领域的评分情况

图3.36　各种类型机构在标准宣传实施领域的评分情况

（三）国有大型银行和股份制银行在服务安全性、服务性能和服务创新领域较好，股份制银行和城商行的客户体验有所提升

2020年，国有大型银行和股份制银行在服务安全性领域的评分分别为88.1分和77.1分，较上年分别提高6分和12分，民营银行、城商行、农商行及农信社的评分分别为63.1分、49分和42.3分（见图3.37）。在服务性能领域，国有大型银行和股份制银行的评分分别为81.5分和68.9分，而民营银行、城商行、农商行及农信社的评分分别为66.7分、33.1分和13.8分（见图3.38）；在服务创新领域，国有大型银行和股份制银行的评分分别为56.7分和50.0分，而民营银行、城商行、农商行及农信社的评分分别为26.7分、14.9分和6.1分（见图3.39）。

图3.37　各种类型机构在服务安全性领域的评分情况

图3.38　各种类型机构在服务性能领域的评分情况

图3.39　各种类型机构在服务创新领域的评分情况

在客户体验领域，国有大型银行和股份制银行的评分分别为81.3分和75分，民营银行、城商行、农商行及农信社的评分分别为65.6分、49.2分和33.5

分；与上年相比，股份制银行和城商行分别提高5分和4.7分（见图3.40）。

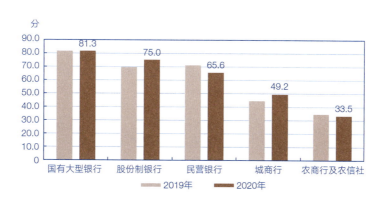

图3.40　各种类型机构在客户体验领域的评分情况

（四）国有大型银行和民营银行在服务功能领域较强，股份制银行在技术创新性领域有所提升

2020年，国有大型银行和民营银行在服务功能领域的评分分别为83.3分和63.3分，较上年分别提高3.3分和10.8分，股份制银行、城商行、农商行及农信社的评分分别为49分、36.2分和23.7分（见图3.41）。在技术创新性领域，2020年国有大型银行和股份制银行的评分分别为80分和70分，股份制银行较上年提高4分；民营银行、城商行及农商行的评分分别为60分、40.3分和21.2分（见图3.42）。

图3.41　各种类型机构在服务功能领域的评分情况

图3.42　各种类型机构在技术创新性领域的评分情况

（五）各种类型机构之间的评分差异总体不大，但标准规范性、转换引用和服务创新领域的评分差异扩大

2020年，各种类型机构的平均分仅比上年低1.2分，变异系数之差仅0.03，表明不同类型机构之间的评分差异不大，两年各机构之间的评分总体平稳。在标准规范性方面，各机构的平均分较上年下降2.5分，变异系数扩大0.17；在标准转换引用方面，各机构的平均分较上年下降1.7分，变异系数扩大0.14；在服务创新方面，各机构的平均分较上年下降18.2分，变异系数扩大0.28（见表3.1）。各机构在以上三个方面的平均分下降较多，各机构间的评分差异扩大的主要原因在于，2020年新增的参评机构以农商行、农信社等小型金融机构居多，这些机构的标准化水平总体较低，服务创新能力也相对较弱，拉低了全部参评机构的平均分，扩大了各机构之间的评分差异。

表3.1　各种类型机构在各领域评分的差异情况分析表

领域名称	标准差		平均分		变异系数	
	2019年	2020年	2019年	2020年	2019年	2020年
总体情况	17.8	19.1	58.9	57.7	0.30	0.33
标准规范性	5.2	16.2	61.2	58.7	0.09	0.28
标准转换引用	16.6	24.7	62.3	60.6	0.27	0.41
标准宣传实施	19.3	14.6	47.3	46.9	0.41	0.31
服务安全性	15.0	19.1	61.9	63.9	0.24	0.30

续表

领域名称	标准差		平均分		变异系数	
	2019年	2020年	2019年	2020年	2019年	2020年
服务功能	23.3	23.3	50.0	51.1	0.47	0.46
服务性能	32.6	28.2	57.5	52.8	0.57	0.53
服务创新性	21.2	21.9	49.1	30.9	0.43	0.71
技术创新性	23.4	23.6	56.7	54.3	0.41	0.44
客户体验	19.7	19.5	60.3	60.9	0.33	0.32
实施保障	16.2	12.5	57.8	55.9	0.28	0.22

注：变异系数=标准差/平均分，反映各机构之间评分的差异性。

四、政策建议

近年来，服务标准化得到快速发展，但与以零部件通用互换为特点的工业标准化相比，人们对受社会制度、价值取向、伦理道德、文化传统、行为习惯等多种因素影响而更为复杂的服务标准化的特点和规律的把握还不够深透，对服务标准化实践发展还缺乏全面系统的综合总结和理论概括。在此背景下，实施金融服务企业标准"领跑者"制度，仍需金融界与标准界共同探索，推动理论和实践创新，从金融业发展的特点与规律、现实需求和潜在趋势出发，探索建立科学合理的金融服务企业标准"领跑者"模型。

网银"领跑者"活动已开展两年，今后在评估方案、组织方式、激励政策等方面仍有较大的改进空间。

（一）进一步优化评估指标，建立更加科学合理的金融服务企业标准"领跑者"模型

金融服务应充分考虑用户是金融服务的中心，应将用户体验作为"领跑者"评估的核心指标。应注重金融服务是一种活动和过程，进一步完善服务程序、流程便捷性和经济性方面的评估指标，评估方案的修改完善应坚持用户至上、安全第一、质量为本，坚持社会效益、经济效益、环保效益的有机统一，形成权威公正的金融服务企业标准排行榜，通过榜单的动态管理，营造百舸争流的

生动局面,推动企业标准"领跑者"引领我国金融服务业向着现代化目标迈进。

(二)开展地区层级的网银"领跑者"活动,调动小型金融机构参与金融服务"领跑者"活动的积极性

网银"领跑者"评估涉及金融机构线上业务的各个方面,在评估过程中需要网络金融、金融科技等相关部门的支持配合,按照一致性核验要求需提供较多的证明材料,对于一些定量评估指标还需要采购第三方检测认证机构的检测认证服务,而能进入全国"领跑者"榜单的主要是国有大型银行和股份制银行,城商行、农商行和农信社等小型金融机构进入"领跑者"榜单的较少,长此以往将会影响小型金融机构参与"领跑者"活动的积极性。建议借鉴参考全国金融服务领域"领跑者"活动的经验,开展地区层级的网银"领跑者"活动,并根据小型金融机构的业务特点,量身定制科学合理的评估方案,评估产生地区"领跑者"榜单,部分优秀的金融机构可推荐参与全国层面的网银"领跑者"活动。这样既能发挥大中型金融机构的标杆引领和典型示范作用,"以大带小"促进金融业形成争当网银"领跑者"的良好氛围,也能提高小型金融机构参与网银"领跑者"活动的积极性,促使其重视标准化工作,提升管理水平,防范化解金融风险。

(三)落实网银"领跑者"活动的激励政策,保证活动开展的可持续性

企业标准"领跑者"是行业高标准高质量的标杆,要营造"生产看领跑、消费选领跑"的良好氛围,落实标准"领跑者"相关的激励政策:一是在政府质量奖、标准创新贡献奖等工作中积极采信企业标准"领跑者"的评估结果,并向企业标准"领跑者"适当倾斜;二是在各级金融监管部门的监督检查工作中,可考虑基于企业标准"领跑者"的评估结果,降低金融服务"领跑者"机构的检查频次或次年免予检查;三是鼓励各级政府部门在同等条件下优先采购网银"领跑者"金融机构的产品和服务;四是建立金融服务企业标准"领跑者"基金,用于支持第三方评估机构采购金融产品和服务的检测认证服务和弥补评审相关费用,也可用于奖励金融服务"领跑者"的机构和先进个人。

（四）探索实施网银"领跑者"的服务认证

研制网上银行服务质量的行业标准及服务认证方案，探索实施网上银行服务"领跑者"的服务认证，并推广实施网上银行全行业的服务认证。参考能效"领跑者"标志设计和使用企业标准"领跑者"标志，为推广"领跑者"金融机构高质量的产品和服务提供便利条件。

第 **4** 部分

网上银行服务及移动
金融客户端应用案例

金融领域企业标准"领跑者"蓝皮书

JINRONG LINGYU QIYE BIAOZHUN "LINGPAOZHE"
LANPISHU 2021

2021

中国工商银行网上银行服务

中国工商银行秉承以客户为中心的服务理念，以"e-ICBC互联网金融发展战略"为指引，构建与数字经济相适应的数字化经营体系，打造开放、合作、共赢的互联网场景生态布局，持续为客户提供便捷安全、高效优质、极致体验的线上金融服务，将工商银行网上银行打造成为服务客户的核心平台、随时随地的身边银行，全力服务数字中国和实体经济发展。

一、网上银行业务发展情况

工商银行积极发挥网络金融渠道优势，以科技赋能线上金融服务创新，助推产业数字化转型发展。工商银行已建成以手机银行为主阵地，以融e购、融e联、e生活平台为延展的互联网金融业务布局，线上业务量占工商银行业务量的98.7%，相当于替代6万个实体网点、67万柜员，每年节约经营成本近2000亿元。2020年，工商银行网络金融交易额640.38万亿元，比上年增长1.2%。个人手机银行全面领跑移动金融市场，客户数达4.16亿户，月活破亿达1.1亿户，客户规模和活跃程度持续保持同业前列。法人手机银行、PC端网上银行实现"双第一"，法人手机银行年动户同比增长49%。法人网上银行客户规模、年动户全面实现大幅提升。线上客户覆盖面、渗透率再创新高，互联网金融用户覆盖全国58.3%的移动互联网用户，手机银行个人客户覆盖61.1%的全行个人客户，对公网络金融客户覆盖93.4%的全行法人客户。

二、服务创新情况

工商银行积极发挥金融科技优势，通过持续的产品创新迭代，提供极致线上金融服务。一是提供极致线上个人金融服务，创新推出个人手机银行6.0、法人手机银行3.0、融e购3.0、融e联5.0等版本，创新5G消息应用，实现行业率先发布，创新推出手机银行"美好家园版"，在34家分行1509家县域支行上线。二是GBC联动助力政府企业数字化转型。聚富通平台赋能十余家省市级公共服务平台建设，金融生态云、上线教育云、党建工会云、物业云等24款SaaS软件，实现了"行业+金融"云产品的"绿色部署、敏捷上线"，API平台合作方数量位居同业首位。三是助力打赢攻坚战，服务经济社会发展。融e购通过GB端供应链采购、创新跨境扶贫采购等方式，联合297家单位开展扶贫活动1400余场。移动便民支付积极参与武汉、北京消费券活动，直接带动消费额约4.7亿元，连续开展"云购买菜""安心出行"等30大主题百余项子活动。

三、制度建设情况

工商银行持续完善网上银行业务制度体系，坚持制度先行原则，形成"规定+办法+规程"的制度体系，突出规定类制度的顶层设计功能、办法类制度对具体业务和管理活动的统一规范功能、规程类制度对业务操作的指导功能，确保主要风险全覆盖，持续强化网上银行业务管理，推动网上银行业务持续稳健发展。网上银行服务标准纳入《中国工商银行标准体系》统一管理，按照行内企业标准宣贯要求开展宣贯工作，包括规划管理、修订管理、培训管理、例外管理和常态管理，加强对网上银行服务标准的重视和理解，持续提高标准落地执行力度。

四、经验分享

在战略管理方面，工商银行网上银行经营管理和客户服务围绕新时期工商银行建设世界一流现代化金融企业总体战略，实现金融与科技高度融合，满足广大客户生产经营和生活消费的金融服务需求，更好地服务实体经济发展。在组织保障方面，总行网络金融推进委员会负责重大项目决策，总行网络金融部门负责统筹工商银行网上银行业务发展与管理，各分行负责统筹管理辖内网上银行业务经营与发展；在研发机制方面，网上银行系统研发坚持业务创新、价值创造原则，为业务发展战略提供有效的科技及技术支撑，通过建立板块化、差异化的研发组织管理模式，提升项目研发灵活性，研发流程向短流程、轻型化转型。在人才队伍方面，通过组建网上银行专业人才队伍，搭建前瞻性、战略性、系统性人才培训体系，打造一支"懂政策、懂业务、通技术、善经营"的复合型人才队伍，承担网上银行产品研发、业务管理、市场拓展等工作。

五、网上银行数字化转型发展趋势

为迎接数字经济新时代，工商银行将以更加开放的视野和胸怀迎接数字化浪潮，探索与数字经济发展和需求相匹配的数字化经营模式，遵循互联网发展规律，积极推进数字化转型进程。一是在更高起点上推进数字化转型。以大数据、云计算、人工智能等金融科技为引擎驱动，从标准化普适服务向"标准化+定制化"服务转变，从单纯依赖自有平台向"自有平台+互联网平台"转变，从单一式金融服务向平台化"行业+金融"综合服务转变。二是坚持高质量服务实体经济。坚持立足实体经济的痛点难点，针对"放管服"改革关键环节，通过金融科技与有效数据资产，降低金融服务门槛，增强金融普惠能力、提升公共服务便利，使创新成果更具生命力。三是坚守服务小微普惠的初心。加快推进数字技术研发和应用，推动公共数据资源整合，实现小微企业数据可信，促进小微企业信用增值，进一步提高普惠小微客户服务效率。四是强基固本提升风险防控能力。深化人工智能、生物认证、区块链、图计算等在风险防控领域的应用，提升风险防控能力，做到"主动防、智能控、全面管"，为经济和金融安全提供有力的支撑保障。

（中国工商银行网络金融部供稿）

中国建设银行网上银行服务

中国建设银行网上银行服务围绕提升用户体验和价值创造两个目标，着力推进建生态、搭场景、扩用户三项工作，充分发挥网络服务泛在、平台流量聚集、渠道触达下沉、数据采集共享、客户连接广泛五大优势，努力培育场景创新建设、平台生态完善、线上获客活客、产品交叉销售、数据分析洞察、赋能服务客户六个能力，在网上银行服务方面做到行业领先。

一、网上银行业务高速发展

（一）移动金融

2020年末，个人手机银行用户3.88亿户，较上年增加3718万户，增幅10.6%；交易量474.95亿笔，交易额80.65万亿元；个人手机银行在用户规模、交易规模、应用市场下载量等评价指标中稳居同业前列。企业手机银行用户数217万户，较上年增加58万户，增幅36.5%；交易量1303万笔，交易额2.04万亿元。微信银行关注用户1.20亿户，较上年增加1782万户，增幅17.5%；绑卡客户9441.07万户，较上年增加1747.45万户，增幅22.7%；交易量1014.38万笔，交易额319.78亿元。短信金融服务用户4.94亿户，较上年增加0.30亿户，增幅6.4%。

（二）PC端网上银行

2020年末，个人网上银行用户数3.71亿户，较上年增加3044.46万户，增幅8.9%，其中，活跃用户1111.06万户；交易量53.91亿笔，交易额22.45万亿元。企业网上银行用户数1028.87万户，较上年增加120.21万户，增幅13.2%；活跃用户数434.92万户，较上年增加55.46万户，增幅14.6%；交易量18.61亿笔，交易额243.7万亿元；30家海外机构上线企业网上银行，其中22家开办企业网上银行服务。国际互联网网站日均页面浏览量1.12亿个，单日最高页面浏览量达到2.39亿个；网站注册会员累计达8932.51万户，日均独立访客148.88万人次。

二、网上银行服务推陈出新

中国建设银行创新推出个人手机银行5.0版，提供全新视觉操作体验，依托人工智能等技术，打造智能语音助手，实现菜单导航、推荐产品等信息动态调整和智能化关联；拓展手机银行信息无障碍服务，为视觉障碍者和老年客户使用手机银行提供便利。企业手机银行推出智能搜索、智能助理、智能客服，并支持客户通过复制、拍照、扫描二维码上传制单流程中转账收款人信息，提升客户体验。微信银行根据用户画像推出个性化菜单，提升精细化客户服务能力。个人网上银行运用新技术打造智慧网银，丰富金融服务供给，保持客户满意度同业领先。企业网上银行推出发票金融业务，上线发票业务签约、发票查验、综合查询等基础功能；创新"快企查"服务，帮助客户快速查询交易对手的五大类企业信息。依托国际互联网网站流量聚集优势，全新打造"企业信贷超市"对公服务入口和对公"代理保险"频道，丰富网站对公服务场景。

三、积极发挥标准引领和规范作用

企业金融标准制定是基础，贯彻和落实是关键。中国建设银行高度重视企业金融标准应用工作，以标准优势巩固技术优势，推动金融服务及产品质量水平不断提升。

在服务安全方面，积极落实人民银行各项要求，遵照2020年发布实施的《网上银行系统信息安全通用规范》对发布的网上银行服务标准进行更新。在网上银行系统安全技术规范、安全管理规范和业务运营安全规范等领域，积极采取各项措施，制定相应的管理办法及实施细则，不断提高安全保障水平，提升网络金融安全防护能力。

在服务内容方面，结合在业务发展中的实际情况，不断总结提炼，逐渐形成业内领先的网上银行服务设计标准、工作流程标准等，指引产品设计工作，有效规范需求研发与技术开发的一致性，从源头上保证产品完整度及渠道功能设计质量，提升产品上线效率，确保网上银行新产品、新服务的不断迭代推出。

在服务保障方面，严格落实标准实施保障制度，研究制定产品上线沟通例会制度和产品上线运行监测反馈机制，协同联动产品上线后持续优化工作，不断提升网上银行产品和服务的生命力、竞争力。

四、网上银行数字化发展趋势

新一轮科技革命和产业变革加速，居民消费升级，金融监管日趋加强，商业银行网上银行服务发展面临新变化。一是数字经济革新社会生产范式，全社会加速数字化转型，金融服务将在数字经济浪潮中突破现有效率瓶颈，转型升级实现更高质量的发展。二是新技术应用成为市场竞争焦点，加快推动金融科技创新，新技术将不断推动银行业适应客户需求变化，改善自身的服务模式、服务渠道和服务场景，提供高质量、个性化、精细化服务。三是审慎金融监管在未来将呈现常态化、综合化趋势，金融创新必然在审慎监管的前提下开展，将为网上银行服务发展带来新机遇。

（中国建设银行供稿）

交通银行网上银行服务

交通银行按照《金融业标准化体系建设发展规划（2016—2020年）》，秉持"金融标准　为民利企"宗旨，完善标准化工作机制，提升金融标准支持金融治理能力，助力业务高质量发展。2020年交通银行修订发布了《Q/BOCOM 00002—2020交通银行网上银行服务规范》企业标准，提升网上银行服务质量。

一、网上银行业务发展基本情况

2020年，交通银行积极推进手机业务发展，取得较好成效。个人手机银行月活跃客户数3103万户，同比增长39.9%。在中国电子银行网（CFCA）举办的评选活动中，荣获"2020年最佳手机用户体验奖"。在新浪财经2020年商业银行的手机银行APP评测中，在23家商业银行中排名第3位、大型银行中排名第1位。

二、网上银行服务特色

2020年，面对突如其来的新冠肺炎疫情，交通银行加快推进手机银行功能服务建设，不断提升个人移动金融服务水平。

一是以客为尊，精练个人手机银行版面，提升个性服务体验。优化高频交易流程，操作完成不超过3步；改版"我的""财富""贷款""生活"4个主页面；围绕不同客群，提供首页个性化展示产品和功能服务。

二是为普通金融消费者提供便捷、丰富的财富管理服务。个人手机银行按"投前—投中—投后"客户行为路径，建设投资资讯、热卖榜、指数、定投、固收等投资教育、策略和投顾服务，作为首家国有大型银行上线了基金投顾服务；引入各行理财子公司产品，完成现金管理类、净值类日开、净值类定开、净值类定期4类产品上线；上架57款保险产品，满足不同客群在意外、医疗、交通等方面的保障需求。

三是构建泛金融服务生态，满足客户多层次服务需求。形成车主、教育培训、休闲娱乐、旅游出行、生鲜购物、生活缴费6大类基础生活场景，为客户提供34项全国性与101项地方性服务。其中，为实现合作方轻量接入，交通银行创设个人手机银行"小程序"功能，便于合作方按照交通银行提供的标准化开发工具包和实施规范，轻量改造其自有服务平台，快速接入个人手机银行。

四是持续改善个人手机银行性能，减少使用等待。APP平均启动时长由2.5秒缩短至1秒以内，闪退率由1‰下降至0.33‰，启动时长与闪退率均达到同业先进水平。

三、网上银行数字化发展趋势

一是以金融科技为支撑，更加突出"以客户为中心"的用户体验。通过千人千面、智能营销、数据洞察等技术，从客户个体维度出发，提供金融服务，逐步形成线上为主的数字化经营平台。

二是更加重视个人手机银行数字化生态建设。拓展个人手机银行金融服务边界，围绕用户高频的"衣、食、住、行、医"等场景，建立开放融合的服务生态，提升数字化获客能力和流量经营能力。

三是统筹零售客户运营，实现统一经营的目标。打通个人手机银行与信用卡"买单吧"交通银行两大APP的用户体系，同一用户同一套账号密码可分别用于个人手机银行、个人网上银行和"买单吧"，打造统一用户服务体系，借助数字化运营手段提升用户服务体验。

四、网上银行健全制度管理

交通银行严格管理，完善制度体系，制定了个人网银业务、手机银行业务、反洗钱管理、电子银行风险监控、个人金融信息安全等相关业务管理办法，深入贯彻各项法律法规、监管要求和行业规范，认真落实网上银行的安全技术、安全管理、业务运作安全和个人信息保护等管理要求，做好事中及事后的风险防控，确保企业标准执行到位。

（交通银行供稿）

中国邮政储蓄银行网上银行服务

一、网上银行业务发展情况

中国邮政储蓄银行（以下简称邮储银行）积极强化手机银行、个人网上银行等电子银行渠道服务管理与保障，加快产品迭代创新，推进线上线下渠道融合，为客户提供更加优质、便捷的服务。电子银行客户规模和交易规模较快增长，客户活跃度显著提升。2020年，个人电子银行客户为3.55亿户，个人电子银行交易金额为27.75万亿元，同比增长22.3%；个人电子银行交易替代率为95.7%，较上年末提升3.25个百分点。手机银行以安全、开放、智能、运营、场景为建设目标，以"美好生活，智享随心"为主题，2020年11月推出了6.0版本。2020年，手机银行客户达2.99亿户，交易金额达11.16万亿元，同比增长57.4%，月活客户突破4000万户。对个人网上银行进行优化，首次登录可激活流程、增加扫码登录操作指引、简化转账流程等，服务能力持续提升。截至2020年末，个人网上银行客户达2.43亿户。

二、标准规范和管理制度建设落实情况

邮储银行持续建立健全电子银行制度体系，不断优化业务流程，严格规范业务操作。针对手机银行、个人网上银行等各类电子银行渠道制定了业务管理办法与操作规程，将各项监管要求纳入规定，并以《网上银行系统信息安全通用规范》《移动金融客户端应用软件安全管理规范》《网上银行服务规范》等为指导，确保风险可控，力求流程最优。不断加强系统建设，加大创新研发力度，最大限度地实现业务操作标准化、制度流程信息化。加强业务学习培训，

落实检查督导要求，抓好总部顶层设计的同时，有力支撑分支机构合规运营与健康发展。

三、大幅提升网上银行的服务功能、用户体验和服务安全性

为了提升网上银行的服务功能、用户体验和服务，邮储银行实施了四大举措。一是加强组织保障。成立行领导挂帅、各部门协同的手机银行联合工作组，负责指导、推进手机银行相关工作开展，统筹规范手机银行重点工作环节，从架构、性能、页面、功能、产品、研发方面提升手机银行客户体验。二是实现业技高效融合。顺应金融服务线上化迁移趋势，建立业务技术深度融合的团队，充分发挥敏捷开发优势，不断加快电子银行迭代升级。三是实施体验精细管理。以客户为中心，建立手机银行客户体验问题池闭环管理机制，通过对标先进同业、打造体验团队、强化数据赋能等举措，全力提升客户体验。四是实现风险智能防控。应用人工智能、关系网络等先进技术，持续优化风险防控系统功能，自主研发风险模型、客户标签画像，实现风险识别和处置信息化、智能化，大幅提升了电子银行业务风险管理水平。

四、服务和技术创新情况

邮储银行持续以创新造动力，以变革求发展，在数字化转型的道路上不断探索前行。

一是全新推出手机银行6.0。加大智能技术应用，新增语音转账、模糊搜索等功能；着重提升视觉体验，重构五大主页布局；持续丰富产品功能，新增微信快速登录等方式；推进渠道融合，将客户经理云工作室嵌入手机银行；优化交互体验，完善明细查询等基础功能体验。

二是创新推出客户经理云工作室，打造疫情期间线上活客、黏客的数字化服务窗口。客户经理云工作室紧密围绕"线上化+有温度"建设目标，着力打造"多条线产品+个性化配置""开放性+可拓展""轻入口+重功能"的平台特色，依托微信平台的线上轻量入口，为客户提供了一个产品功能强、服务体验佳的综合化线上服务工具。

三是强化电话银行在语音识别、语义理解等领域的技术应用，提升客户体验。新增智能语音导航功能、外呼机器人等功能，实现95580自助语音功能"一说即达"、标准化场景智能外呼客户触达，深化人机交互。持续提升智能客服核心能力，新增知识图谱、多轮对话功能。拓宽服务渠道，增加邮储生活、云工作室等渠道，全面提升智能客服服务能力，助力远程银行中心智能化转型。

五、网上银行数字化发展趋势

在当今数字化时代，邮储银行将构建具有邮储特色的数字化转型体系，全面提升邮储银行数字化经营水平，积极推进邮储银行数字化转型工作。一是加强数据驱动。通过深化数据治理、规范数据使用标准、统筹内外数据应用，强化线上客户标签体系建设，构建多维度标签画像，实现对客户全生命周期的精细化服务。二是优化客户运营。定制化、差异化客户营销活动，细分运营策略，协同跨部门跨渠道的数据资源，打造自有生态，连接银行与客户，实现业务的开放化和创新化。三是变革业务模式。应用科技变革传统作业模式，深化大数据、人工智能、区块链、生物识别等新兴技术的应用，推进线上线下协同，推动线上业务快速增长。四是加大生态建设力度。加快将金融服务嵌入"衣食住行、医教文体"等生活场景的速度，全面向集约化、智能化转型，做大规模，做优体验。五是提升风控能力。加快实现以线上大数据风控和线下人工评估相结合的方式来平衡客户服务和风险防控，加速线上接入工商、金融市场、司法类等政府机构和第三方外部数据，利用图计算、声纹认证、AR识别等新技术应用，创造风险方向的客户价值。

（中国邮政储蓄银行供稿）

招商银行网上银行服务

一、移动金融业务发展的基本情况

　　招商银行持续探索和构建数字化获客模型，打造新的获客增长点，同时不断提升新客户向高净值客户的链式输送效率。不断迭代优化数字化经营体系，提升服务水平。转变传统的卡片模式，以APP视角全新上线"用户成长体系"，引入各类满足客户实际需求的金融与泛金融权益。打通理财、信贷和信用卡系统，打通线上和线下渠道，融合形成力量，共同服务于客户，让客户在"网点+APP+场景生态"中享受更多本公司提供的综合化服务。截至2020年12月，招商银行APP累计用户数突破1.45亿户，月活跃用户数达6126万户。招商银行APP理财投资客户数1033万户，同比增长35.6%，占招商银行理财投资客户数的94.8%；招商银行APP的理财投资销售金额10.09万亿元，同比增长28.2%，占招商银行理财投资销售金额的79.2%。

二、标准规范和管理制度的建设和落实情况

　　招商银行根据CMMI、ITIL、TMMi、精益敏捷等研发管理模型构建研发管理体系。IT研发模式分为传统模式项目开发、精益项目模式和敏捷产品模式。开发测试阶段均遵循精益研发体系要求，通过评审、测试验收、上线后验证、过程等方面进行质量管控。

三、提升服务功能、服务安全性和用户体验的情况

　　招商银行APP是该行移动互联网渠道提供金融服务的第一道门户，用户体

验与运行性能对于保障服务质量有着至关重要的作用。招商银行为有效评估APP的运行稳健性,制定了一系列技术指标。其中,核心指标主要包括平均启动耗时、平均闪退率、平均扫码耗时。此外,还包括一些更具体的细分评估指标,如异常报错率、网络耗时、内存占用率、CPU使用率等。基于上述指标,能够帮助该行从各种错综复杂的业务逻辑中抽离出来,从宏观与微观视角对APP的运行稳健性进行全面评估。围绕这些指标,招商银行坚持加强支撑APP稳健运行的基础设施建设,形成了包括端侧工具链、智能监控、精准灰度的三环"护城河"。

招商银行通过全面洞察用户需求、精心设计交互体验,用心将生活美学融入招商银行APP,为用户提供流畅、愉悦的用户体验,同样能够影响用户心智和选择。打造极致的使用体验,也是独具招商银行特色的"用户体验方法论"。

四、服务创新和技术创新的特色及实施效果

招商银行的服务创新和技术创新的特色表现在以下三个方面:

一是AI智力再上台阶,天工"智能设计大脑"。"天工"是该行自主开发的智能设计平台,通过图像AI技术的研发,结合该行设计专家知识,以大量设计素材数据学习,打造出的"智能设计大脑",将设计由人工设计转为AI设计;系统支持多种场景图像定制设计,极速生成运营素材。同时还有海量设计素材以及丰富的图像处理工具,可极大解决设计痛点,赋能手机APP线上运营。

二是贯穿全客群经营,价值变现分级体系。招商银行以资产管理规模(AUM)为核心,以任务作为活跃因子,构建APP用户成长体系平台,以贯穿全客群经营能力为目标,实现一网通用户分层等级体系建设,提供等级、任务、成长值、权益服务,不同等级可享受不同的用户权益,极大促进招商银行APP的中外环引流获客、线上经营能力,提升用户黏性,促进用户转化。

三是陪伴式布局开启数字化理财新篇章。招商银行APP在搭建线上陪伴体系方面做了大量的探索和底层能力建设,通过打通各方数据节点,重点围绕KYC(know your customer)和KYP(know your product)进行数据资产建设;利用大数据和人工智能技术挖掘创造为客户服务机会;围绕内容、投教、陪伴三大场景为客户提供更有质量、更有感知的服务。目前,数字化陪伴平台服务着

招商银行约1000万户理财与潜在理财用户，理财投教策略覆盖约95%的线上用户，营销引擎日均处理客群营销管理策略100多万用户。

五、移动金融数字化发展趋势

数字化中台建设是招商银行APP的"新基建"，以中台的数字化、智能化、平台化和集约化，为用户打造极致体验，为招商银行经营赋能。

在获客和经营端，APP搭建了包括魔方活动运营平台、MGM平台和红包平台的全链路数字化中台。以魔方活动运营平台为例，总分行在5分钟内即可快速配置并上线一个活动，并通过招商银行APP触达目标客户。

在智能化方面，招商银行打造了智能运营、智能服务、智能风控等体系。以智能服务为例，约88%的用户在遇到问题时会使用招商银行APP智能客服模块寻求帮助。

随着获客、经营、数据、风控各中台一一建立，形成一个数字化经营的新生态。而这个新生态将反过来促进招商银行，为产品和业务创新带来更多创新的源泉，让整个APP在数字化转型的道路上不断自我进化。

（招商银行供稿）

上海浦东发展银行网上银行服务

当前，在金融科技赋能商业银行数字化转型的过程中，银行业产品和服务的标准化发挥着日益重要的作用。上海浦东发展银行（以下简称浦发银行）制定了网上银行服务规范与要求——《浦发银行个人网上银行服务规范》，以此指导和促进浦发银行服务的转型升级。通过该标准的落地实施，浦发银行个人网上银行产品无论从服务功能、服务安全性与客户体验均得到较大提升。

一、网上银行业务发展的基本情况

近年来，浦发银行个人网上银行和手机银行客户和交易规模快速增长。截至2020年底，个人网上银行和手机银行客户数分别达3691万户和4982万户，近三年年均增长率达16%和28%，其中，个人手机银行月活用户达1233万户，近三年年均增长38%。在交易规模方面，2020年个人网上银行和手机银行交易金额分别达7.08万亿元和11.41万亿元，交易笔数分别达33.06亿笔和14.87亿笔，浦发银行电子渠道替代率达99.4%。浦发银行个人网上银行和手机银行获得良好的市场认同：一方面，同业交换数据显示，浦发银行个人网上银行和手机银行用户规模位居中游，但交易规模稳居第二；另一方面，浦发银行连续获得CFCA"最佳手机银行"、第一财经"最具产品力"等多项殊荣，社会效应良好。

二、标准规范和管理制度的建设与落实情况

自2020年初起，浦发银行针对本行的管理制度与标准规范进行了全面更新升级，对于网上银行的业务管理制度与技术开发规范也根据相关要求与标准完成了修订，并组织全员进行培训与宣传。

一是在业务方面，浦发银行已制定《上海浦东发展银行个人手机银行业务管理办法》《上海浦东发展银行个人网上银行业务管理办法》等制度办法，加强业务管理，规范运营操作；根据浦发银行工作目标和任务，制定网上银行业务发展计划、考核指标及考核办法；根据谨慎性原则及监管部门的要求，针对不同客户、不同网上银行交易类型等情况，系统分别对客户单笔、每日累计支付限额等作出合理规定，以提高账户的安全性。

二是在技术方面，浦发银行已建立专业的互联网规划、研发、测试、运维团队，专职负责网上银行系统的需求分析、系统设计、编码实施、系统测试及投产运维等工作，并制定《上海浦东发展银行信息科技部信息系统开发安全管理规程》《上海浦东发展银行信息系统应急管理办法》等制度办法，加强信息系统的研发、安全、生产运维的管理和规范化操作；制定《上海浦东发展银行信息系统灾难恢复管理办法》《上海浦东发展银行总行信息系统灾难恢复演练管理规程》《上海浦东发展银行总行信息系统灾难恢复预案管理规程》等管理规程，定期组织业务部门、科技部门进行应急演练。

三、提升服务功能、服务安全性和用户体验的经验分享

根据标准要求，浦发银行正全面加强各类APP智能化建设，重构APP底层技术平台，打造APP用户体验监测平台，增强APP营销洞察和精准推荐力。浦发银行将其网上银行打造为实时可触达、可交互、可推送、可交易的闭环式客户线上经营工具，增强即时性、交互性和一致性服务能力。目前采取的措施：一是持续提升智能语音交互体验，探索行内多渠道语音训练和能力共享；二是统一底层技术平台，实现从平台、技术组件到用户体系的互联互通；三是建立APP用户体验监测平台，打造手机银行全埋点和大数据驱动的事前、事中、事后客户交易感知，同步设立信息中心平台，优化多通道触达效率，实现多渠道场景的智能分发。

四、服务创新和技术创新的特色及实施效果

目前，浦发银行以智能语音、生物认证识别、图像处理等为代表的新技术在零售业务中已获得充分应用，在部分领域的创新也处于较领先的位置。以智

能语音为例，该行取得了以下成果：

一是推出业内首个数字人员工在APP上岗服务；二是APP智能语音运用更趋成熟，手机银行智能语音银行已支持理财、转账、账户查询等多场景金融服务，基本覆盖主要财富类产品交易应用；三是远程银行中心全面引入智能语音服务，实现了全自然语言交互的智能语音服务模式；四是网点智能设备的智能化创新升级。上线试运行厅堂迎宾数字人，通过赋予数字人AR拟人视觉、自然语言对话等能力，使其可以给客户提供可视化主动关怀和到店即服务的体验。

五、网上银行数字化发展趋势

浦发银行以建设"全栈化"数字化服务模式为目标，以客户体验为核心，以数字科技为驱动，以场景为载体，打造互动、智能、便捷、安全、开放的全功能移动金融服务生态。

一是创新远程视频、人脸识别、NFC、电子签名等技术应用，在合规前提下逐步迭代支持复杂金融业务移动化、线上化，实现零售金融业务全面数字化。

二是人工智能、大数据持续创新应用，建立智能导购服务体系，提供拟人化智能交互新模式，全面重塑业务流程，精准识别用户金融需求。

三是积极利用流媒体技术，实现移动端支持通过直播、视频、音频等方式呈现金融服务，打造直接、生动、易理解的移动金融服务。

四是以API、小程序为基础，打造开放式移动服务平台，实现与外部生态场景的价值互通、优势互补，构造移动服务价值网络，为客户提供一站式全场景服务。

五是建立移动金融服务体验优化机制，建立系统检测、用户反馈、产品经理自测、外部机构评测的用户体验检测体系，持续发掘用户体验痛点，不断迭代提升移动金融用户体验。

六是持续优化移动基础应用系统，强化生物识别技术的安全应用，提升移动金融服务稳定性、运行效率和系统安全，为用户提供安全快捷、稳定流畅的操作体验。

（上海浦东发展银行供稿）

中国民生银行网上银行服务

中国民生银行坚持"以客户为中心、为客户创造价值"的服务理念，以做"科技金融银行"为改革转型的战略方向指引，持续提升实体经济高质量发展服务能力，发挥民营银行的体制机制优势，支持民营经济健康发展。

一、网上银行业务的发展情况

民生银行推进贯彻执行"科技金融银行"的发展战略，持续创新PC端网上银行、手机银行、微信银行"三个银行"，以及银企直联平台、网络支付平台、数字化运营平台、开放银行服务平台"四个平台"。2020年，民生银行零售线上平台用户数达8238万户，零售线上平台交易替代率达98.9%，月活达2162万户，用户交易活跃度保持银行业领先地位。对公线上平台用户数达264万户，累计交易金额达58.46万亿元。远程银行已覆盖95%的个人业务、75%的对公业务，开放银行门户新发布220多个API（应用程序接口），实现获客近400万户。

二、网银服务的创新特色

民生银行推出业内首家5G手机银行，首次将5G技术应用于移动金融领域，并结合人工智能、大数据、AR、物联网等，围绕"交互体验创新、智能服务创新"，打造了全新视觉交互形式、丰富多样的内容服务、体验流畅的语音交互入口、贴心温暖的远程银行专属服务、人工智能服务。基于面容识别、指纹识别、活体检测等多种生物识别技术，并结合手机密盾、蓝牙U宝及其他软硬件等综合手段，构建了强有力的技术安全防护体系。持续迭代升级线上服务平台，不断完善线上产品服务体系，打造了安全、便捷的网上银行与贴心、智能的移动金融客户端。以"银行+视频"创新服务模式摆脱了传统金融服务低频的现状，进一步提升线上服务能力。以"平台化、场景化、智能化"为设计宗旨打造全方位一体化的信用卡金融服务平台。服务老年客户，推出手机银行至简版，基于专属服务架构为老年客群打造的定制化版本，设计"大字体、简操作"的交互体验。根据老年客群投资偏好，甄选低风险产品，为客户投资提供保障。大力打造开放银行，将金融服务整合解构、模块封装，通过API服务、H5、小程序、生态金融云等各种形式，构建了"民生云+"品牌，推出"民生云·代账""民生云·人力""民生云·政务""民生云·出行"等行业综合解决方案，形成面向to B、to b、to G、to C各类客户的全面综合服务能力。发挥线上平台优势，创新产品服务模式，围绕疫情防控和金融服务工作，回归服务实体经济本源，持续向行内外客户提供优质、高效、有竞争力的运营服务。应对疫情危机，集中运营多地备份优势保障客户服务稳定不间断，为疫情严重区域客户建立优先服务"绿色通道"，"远程银行""云运营"等运营创新服务模式有力支持防疫抗疫及复工复产；创新银企直联线上化流程管理，在合规管理框架下简化审批流程和操作手续，解决企业客户的银企直联业务申请审批；启动无物理接触式服务，简化网络支付商户入网手续，加强聚集性客户服务投诉监测；建成并发布全行首家"智慧银行体验店"，创新5G网络、大数据、物联网、区块链、人工智能等新兴技术应用与金融服务场景生态的深度融合。

三、标准规范和制度建设

民生银行以行业领先为锚点，积极运用标准化方法组织生产经营活动，不断提炼新技术、新产品、新应用和新服务，促进创新成果向企业标准转化，形成标准指引业务，业务检验标准的良好循环。民生银行持续完善网络金融业务制度体系，坚持制度先行原则，形成"基础制度+业务办法+操作规程"的三级制度体系，基础制度是网络金融业务的基础规范，业务办法类制度是对具体业务和管理活动的统一规范，操作规程类制度是对业务流程的细化，确保主要风险全覆盖，持续强化网络金融业务管理，推动网络金融业务持续稳健发展。

四、经验分享

在创新转型方面，民生银行围绕"开放、财富、智能"进行创新，主要体现在"两个创新"和"一个转变"。"两个创新"一是创新用户体系，推出"民生通行证"，实现了线上获客从无到有的转变；二是创新服务体系，利用民生小程序，开放线上平台服务能力，通过"自建+融合"的模式，在完善场景金融生态圈方面迈出了关键的一步。"一个转变"指手机银行实现了由交易结算型向产品销售型的转变。在数据应用方面，民生银行大力开展数字化运营，持续探索实践自动和专家推荐相结合的精细化运营模式，打造数字化运营平台，构建丰富多样的客户标签画像体系，依托应用民生银行产品库，研发投产智能推荐模型，构建触达客户的多渠道矩阵，实现月活用户大幅增长，MAU与AUM正相关关系日渐增强。在人才队伍方面，团队兼容并包，吸收了大量非传统金融的跨界人才，构建了包括产品经理、技术开发、市场营销、数据统计、业务管理等全面的人才队伍。

五、社会影响

2020年，民生银行连续两次荣获网上银行服务标准"领跑者"称号，并荣获移动金融客户端应用企业标准"领跑者"称号。5G手机银行、数字金融创新等荣获了中国电子银行网"评审团推荐—全场荣耀奖"，证券时报·券商中国"中国金融科技创意榜"，中国金融认证中心（CFCA）"最佳智能银行奖""最佳手机银行创新奖"，中国金融出版社"手机号码支付"案例特别奖，中国银行业杂志"最佳技术创新奖"等十余项奖项。

六、网上银行数字化转型的发展趋势

民生银行紧跟数字化转型趋势，积极探索应用前沿科学技术。一是打造数字化多感官体验，将文字、图片、音频、视频等多种信息有机融合，带给用户全新酷炫的多感官体验。二是语音交互全面升级，提供敏捷的交互服务、人机对话，直达用户所需要的服务。三是视频服务丰富鲜活，打造了"民生播客厅"视频专区，开设生活百科式的内容服务。四是远程银行专业温暖，为5G设备用户适配专属服务通道，足不出户享受贵宾级专业温暖金融服务。五是人工智能服务个性贴心，应用人工智能、机器学习技术，通过智能推荐、智能搜索、智能日历等多种功能载体，实现用户需求精准识别和服务精准推荐。六是安全保障牢固放心，推出手机U宝，采用"数字证书+安全芯片"双重手段，支持最高500万元转账、限额调整等多种服务，应用范围更广泛，操作更便捷。

（中国民生银行供稿）

广发银行网上银行服务

——打造线上渠道卓越服务　高质量发展再上新台阶

一、广发银行个人网上银行业务发展基本情况

广发银行作为中管金融央企中国人寿集团成员单位，持续升级优化各项电子渠道和服务，致力于推动线上化数字化经营转型，目前已建成涵盖手机银行、PC端网上银行、微信银行、小程序、客户经理云店在内的线上渠道矩阵，通过强化多渠道、多终端、多场景互动协同，为客户提供立体化线上服务，深受广大客户喜爱和认可。

截至2020年底，广发银行手机银行存量客户为5100万户，近三年复合增长率为29%；2020年金融交易笔数为1.1亿笔，近三年复合增长率为27%，交易金额为1.89万亿元，近三年复合增长率为29%；网上银行存量客户为5008万户，近三年复合增长率为19%；微信银行绑卡客户达857万户，近三年复合增长率为17%。2020年线上渠道实现销售占比超九成，其中手机银行占比近八成，已成为对客服务经营的主渠道。

二、提升服务功能、服务安全性和用户体验的做法和经验

在服务功能方面，广发银行以手机银行为主，渠道之间互相导流，各渠道协同的线上渠道矩阵框架业已形成，为客户提供保险、投资、生活、养老等一站式综合金融服务。广发银行手机银行作为对客服务的主渠道，深耕客群经营，持续集成C（对私）G（政府）B（对公）等各类服务能力，打造特色化的线上服务生态；前瞻布局，推出手机银行爱心版，让长者客群尽享移动金融服

务便利；挖潜综合金融优势，推出国寿联盟、国寿精选专区等保银协同服务；助力打赢疫情防控阻击战和扶贫攻坚战，快速推出防疫专区及扶贫专区。2020年，广发个人网上银行推出3.0版本，实现了页面布局UI、重点功能交互、入口引流三大板块的全面提升。同时强化与手机银行互动，扫一扫网上银行页面即可通过手机银行便捷购买产品、参与活动；微信银行3.0新推服务大厅，聚合对客服务轻应用；理财、保险、基金、存款等栏目全新改版，新推分行专区，支持本地化经营服务；微信小程序2.0，作为轻量级便捷服务窗口，推出理财频道及各类快捷服务，专属海报分享功能，对接数字化基础能力。

在服务安全性方面，面对移动互联网的快速发展，广发银行电子银行利用零售大数据智能风控平台，实现线上交易多样化风险防控与处置，同时通过多重防护体系、完善的电子银行业务流程、内部控制及风险防范体系、定期全面的安全评估，不断提升电子银行内控风险管理水平，为客户线上金融交易安全保驾护航。

在用户体验方面，广发银行建立系列电子渠道体验设计工作制度、流程及规范，为电子渠道的产品建设、研发测试、合作引流、线上化运营、图文审核等提供指导。随着用户体验工作的深入，广发银行电子渠道产品建设，特别是手机银行在用户体验方面不仅实现了追赶先进同业的目标，部分模块还形成差异化优势。2020年，广发手机银行在第三方专业测评中持续争先进位，综合得分进4位至第8位，总排名进2位至第10位。

三、服务创新和技术创新的亮点及实施效果

广发银行手机银行持续加大对智能语音应用的投入，已构建集小智语音助手（语音模式及AR模式）、语音搜索、语音转账、全局语音播报、语音记账、声纹登录、声纹转账等以"声音"为载体的语音交互服务体系，在输入、导航、转账、播报等方面推出多项创新应用，升级"小智小智"全局智能语音场景化交互体验，实现多轮语音交互，在任一页面，都可语音唤起AR"小智"，进入实景对话，实现手机银行与客户、虚拟与现实之间自带神态和动作的对话交流；推出声纹登录、声纹同名转账等便捷功能，配合人脸识别等科技应用，始终在高效办理业务的同时，给客户"好看、好用、好玩、好找"的全新体验，真正

实现从登录到完成转账等常用操作"声控全局"一气呵成，让"免接触"服务体验再上新台阶。

广发银行持续夯实数字化运营能力建设，对手机银行等线上渠道埋点开展全生命周期管理，对高频触点持续打造数字化能力；通过大数据个性化基础服务应用"预知"客户需求，结合专家经验生成"千人千面"的个性化产品与服务推荐模型；在理财、贷款、信用卡、账户查询等高频页面建设不断丰富关联业务引流场景，优化客户旅程，提升客户体验，围绕"人智+机智""客户自选+银行智推""有形专区+无限服务"，建立用户和产品、服务、活动之间的智能"连接"。

同时，2020年广发银行开辟线上经营新阵地，推出同业领先的客户经理金融云店，促进一线线上经营转型。通过完全自建自有可靠的线上服务体系，让客户通过客户经理的个性化"线上工作室"，享受为您理财、金彩伴您、热门活动、当季热推、业务办理、小智头条、市场资讯、网点动态、特色推荐等个性化产品和服务。客户还可一键拨打客户经理联系电话和一键添加其微信，让客户与客户经理的沟通无处不在，方便实用。

四、网上银行数字化发展趋势

党的十九届四中全会提出，数据是重要生产要素。党的十九届五中全会提出，要自立自强，加快构建以国内大循环为主体、国际国内双循环相互促进的新发展格局，全面建设社会主义现代化国家。对于银行业而言，积极谋变，数字化转型时不我待。广发银行积极谋变，把握数字化转型新机遇，秉持"以人民为中心"的服务宗旨，将抗疫、扶贫、普惠与加快线上化、数字化经营转型有机结合，危机中觅新机，正全力推动建立以线上渠道为载体、以经营的线上化和线上渠道经营为两翼、以保银协同和数据驱动为引擎、以价值创造和高质量发展为目标的"一体、两翼、双引擎"线上化数字化经营转型新格局。

（广发银行网络金融部供稿）

平安银行网上银行服务

2020年，平安银行施行新三年战略举措，致力于打造"数字银行、生态银行、平台银行"三张名片，全面推进数字化经营，支持实体经济转型升级，在较短时间内快速恢复了各项业务。同时加强疫情影响下的金融风险防控，优化风险合规管理体系，设专人专岗管理消保工作，完善银行客户个人信息保护机制，切实有效地维护广大客户的权益，满足了客户的多元化金融服务需求。

截至2020年末，新口袋银行APP在金融类APP排名为第8名，注册用户突破1亿户，相较2019年增幅达12.7%；月活设备达4153万户，较2019年增长16.5%，活跃客户达6483万户，客户线上化占比高达87%。平安银行聚焦银行网点基本业务与服务的体验效率升级，将网点打包嵌入集团、公域网、社群、社区等，深入场景打破网点物理边界。新口袋银行APP中开设的空中银行板块支持33项客户常用功能，覆盖网点97%的业务。在网点预约功能上，支持25项常用网点业务预约/预填单，已预约到店可优先办理等，进店开户预约办理率达50%。客户足不出户就能完成银行业务办理，2020年空中银行业务量达437.8万元，特色服务NPS提升4%。同时，平安银行致力于助力网点扩展更丰富的内容、权益和更多样化的创新服务类型，为网点提供参考案例和展示平台，扩展网点内容边界。在新口袋银行APP中搭建"以客户为中心，面向八大客群打造内容"的网点云店，自建优质主题，组织线上沙龙活动累计签到达123.8万人；全国15家健康银行主题门店，少儿财商短训营累计覆盖148家支行，生态活动网点渗透率达22%。

平安银行致力于"金融+生活"生态圈的建立，全力打造"全方位、多角度"的生态银行。在新口袋银行APP中开设的开放银行小程序，以"旅游出行""生活服务""文化娱乐"三大高频场景为重点，将开放银行"走出去"和"引进来"双向融合，小程序平台以"便捷开发，便捷运营，便捷协同"为主旨，在提升活跃度的同时，实现客户经营的增长。平安银行在新口袋银行APP原有商城服务基础上，通过"比价控价系统+品牌方直营"方式与国内外各大知名品牌方直接合作，达成战略联盟，品牌方提供统一售前售后服务，通过售后服务管理指标，做到"30秒在线应答率高，24小时发货率97%"，严格监控商家服务质量，为用户提供"优质保真、物超所值"的海量商品及高效卓越的服务。为便利车主生活，新口袋银行APP增设车主频道，运用人工智能、大数据、云计算等前沿科技打造"服务有提醒、用车有优惠、场景有推荐"的精品服务板块。同时为车主提供多元金融服务，实现"选车、买车、车贷、车险、理赔"全流程线上化，做到让车主足不出户便可完成业务办理。为增强车主的活动参与感，提升客户黏性，平安银行为车主设立"基础权益、服务权益、业务权益、综合金融1+N权益、特色权益"五大权益，并分客群推出车主会员日、月度主题活动，设置车主贷、理财、新车试驾专项活动。以新口袋银行APP为服务载体，平安好医生、平安健康检测中心、平安健康险等作为合作伙伴新建健康管家服务。健康管家以守护客户无形财富为使命，致力于打造"精准预测、精准预防、精准治疗、精准保障"的全景式健康服务，实现客户在线即可完成兑换、使用、查询等服务功能，随时随地，方便快捷。

平安银行全面推进数字化经营、生态化经营的综合策略，有效推动银行各项业务迈向新的发展台阶，为下一个三年的改革转型积蓄新的动能。展望未来，平安银行将持续深化数字化转型，为客户打造更高效、安全的综合金融服务，让平安银行在"新三年"的征程中走得更稳更远。

（平安银行供稿）

渤海银行网上银行服务

一、网上银行业务发展成效显著

渤海银行应用移动互联网、云计算、大数据、人工智能等数字化、智能化技术手段，持续深化生态银行体系建设，加速对生态平台的金融赋能，在业务模式、渠道模式、营销模式、经营模式上加速转型和重构，带动各项业务稳步拓展推进，网上银行服务能力有效提升。

截至2020年末，渤海银行网上银行交易规模达3.5万亿元。其中PC端企业网银客户数达6.1万户，PC端个人网银客户数达294.2万户，手机银行客户数达273.9万户，手机银行月活客户数为45.2万户。民生银行理财电子渠道替代率为99.1%，基金电子渠道替代率为100%。

二、网上银行服务标准规范及制度建设情况

渤海银行依据国家法规政策和相关监管制度文件，根据本行业务开展情况，围绕安全、运维、服务、风险、创新几个方面制定了网上银行服务企业标准，并将其纳入制度库进行统一管理。按照行内制度管理要求，每年制订制度完善计划，开展年度规章制度梳理工作，组织各部门及业务团队对业务制度规范逐一进行核实确定，及时跟进制度完善进度，并强化制度审核管理。各项工作形成了较为完善规范的业务制度管理体系，保障了各项业务的顺利开展。同时加强对网上银行服务企业标准的宣传培训，通过提高重视程度和理解力，确保制度高标准落地执行。

三、网上银行智能化服务能力不断提升

一是加速智能化布局，持续提升电子渠道金融服务能力。主要内容：加强产品及服务创新，全力推进移动门户建设；持续提升电子渠道服务能力，在PC端网银、手机、自助渠道、移动支付等各渠道快速迭代；合理规划网上银行智能客服入口及相关功能，持续对智能客服机器人进行训练，不断完善智能客服知识库，努力为渤海银行用户提供简单、自然、高效的智能客服文字及语音服务。

二是持续打造网上银行安全体系。主要内容：打造涵盖动态口令、手机证书、生物识别认证、手机盾和二代USB Key（数字证书）的网上银行综合安全认证体系；搭建电子签章系统，实现通过网银USB Key或者手机证书对生成PDF格式的授权书、合同、借据文件等进行签名，有力支撑线上业务快速发展，全面提升业务合规性、安全性及取证效率。

三是加速平台金融赋能，持续完善生态银行体系建设。主要内容：持续推进平台账户体系标准模式建设及输出；紧跟市场，加速平台解决方案迭代升级和新产品研发，持续丰富B2C业务功能模块，打造线上智慧物业平台，优化推出诚意金2.0产品，推出渤商赢2.0模式；持续拓展和深挖金融生态圈建设，初步形成智慧人力生态圈，持续深耕旅游出行、房地产物业等生态圈。

四、不断推进网上银行服务创新

2020年，渤海银行网上银行在保障提供7×24小时全功能服务的基础上，应针对新冠肺炎疫情特殊时期进行功能优化升级，提升创新服务能力，更好地服务个人客户和企业客户，服务实体经济。

在风险可控前提下，适当提升转账限额，满足客户在新冠肺炎疫情期间通过网上银行转账的需求；简化闭环操作流程，取消电子账户资金转出至绑定卡、理财购买等闭环业务办理的交易验证环节，提升业务办理效率；上线手机证书空发功能，进一步提升个人客户网上银行办理业务的维度和安全性，提升客户体验；增加企业信用报告在线查询功能，让企业客户能够全流程线上完成查询工作，不收取任何费用；对未注册的客户提供查询版服务，线上自助注册

即可办理各类业务，满足客户需求，避免在营业网点聚集增加感染风险；上线守望相助疫情捐款功能，为疫情捐款提供专属渠道，助力抗击疫情工作。

五、全面布局网上银行数字化发展

渤海银行将以MAU（月活跃用户人数）为目标开展手机银行建设和运营。用大数据精准决策手机银行战略规划，打造渤海银行门户APP，搭建以服务客户为核心的互联网金融运营体系，将MAU作为手机银行建设和运营的核心指标，提供体验良好、具备竞争力的金融产品和服务；充分运用客户资产、偏好、行为数据，利用数据驱动APP活动、权益的实施，精准营销提升服务体验；具备强势拉新和黏客能力，特权、积分兑换等专属服务形成良性运转的权益体系；提供抽奖、助力、秒杀各种主题活动，刺激APP的曝光、消费和活跃度；做好非金融场景的搭建和运营，聚焦用户生活构建"金融+生活"生态圈，总分行协同共建城市特色服务，整合吃、喝、玩、乐、购等高频生活场景；利用手机银行向特定行业输出金融解决方案挖掘背后的用户与流量，如在手机银行对接企业发薪、福利平台，在手机银行整合社区物业费、生活用品消费场景等。

（渤海银行供稿）

浙商银行网上银行服务

近年来，浙商银行以"两最"总目标为引领，大力实施平台化服务战略，持续深化"以客户为中心"的服务理念，以客户需求为导向，不断创新产品应用和服务流程，积极运用标准化手段提高服务品质，以更具特色的优质服务为客户提供更好的用户体验。

一、网上银行业务质效并举稳步增长

在新冠肺炎疫情期间营业网点无法正常营业的情况下，网上银行渠道成为对外服务的生命线，浙商银行全面形成PC端网上银行（含企业和个人）、手机银行、电话银行、微信银行和自助银行等完整的线上服务体系，有效保障7×24小时线上服务。

近三年，浙商银行网上银行渠道客户和交易规模持续快速增长。截至2020年末，个人手机银行注册客户404万户，同比增长20%，较2017年末增长275%；月活客户108万户，同比增长6%，已成为个人客户线上服务主渠道。企业网上银行注册客户16万户，同比增长14%；月活客户10万户，同比增长17%。2020年全年，线上交易替代率超99%，其中个人手机银行和PC端网上银行累计转账交易2.6万亿元，同比增长66%；企业网上银行累计转账交易9.3万亿元，同比增长32%。

浙商银行一直践行"创新领先、深度服务、极致体验"的理念，全面提升在线服务能力和客户体验水平。2020年，荣获中国金融认证中心颁发的最佳智能银行奖和最受用户喜爱手机银行奖。

二、"适老化"改造，多举措关爱中老年客户

国务院办公厅印发的《关于切实解决老年人运用智能技术困难的实施方案》（国办发〔2020〕45号）明确要求，要让老年人在信息化发展中有更多获得感、幸福感、安全感。浙商银行积极响应，创新推出手机银行"简约版"，让中老年客户也能享受移动金融服务的便利。

手机银行"简约版"简化了注册和首登过程身份校验、密码设置、信任设备绑定等流程，通过设置手势或指纹等生物登录替代方式解决老年人密码记忆困难的难题。同时，简约版的手机银行还通过精选常用菜单、超大字体、极简页面、语音搜索等特色服务，方便中老年客户在日常操作中"一键"办理相关业务。其中，新增"可信任收款人"功能简化了中老年客户大额转账认证手段，对于中老年客户设置的"可信任收款人"，转账在50万元限额内（含50万元）仅需校验账户密码。

关注到中老年客户特别重视账户安全的需求，手机银行"简约版"还推出转账监管人功能，支持客户通过柜面指定一名亲友作为手机银行转账监管人，当客户办理一定金额以上转账业务时，系统会向监管人预留手机发送短信提醒，监管人确认回复后才能成功转账。

三、"数字化"转型，多维度提升客户体验

在银行高质量发展、数字化转型的过程中，大数据已成为客户体验提升不可或缺的力量。2020年，浙商银行全新打造客户体验管理系统，通过将客户触点主观数据与运营客观数据相结合，搭建科学高效的数据指标体系和客户体验监测体系，赋能业务创新，提升客户体验。

1. 多维度自助分析，精准定位问题和痛点

14个数据分析模型，支持业务部门全渠道、全角色、全场景的自助式分析，可进行秒级查询、多维下钻；实现客户需求实时、全面洞察，并可根据场景作出专项诊断，改善产品计划及精细化运营策略。

2. 洞察客户需求，制定产品迭代与运营策略

在功能使用场景中，浙商银行可以根据大数据分析，发现不同交易路径在成功率、转化时长之间的差异，并据此进行产品优化升级，进一步提升客户体验。

在营销宣传场景中，浙商银行可以通过实时的流量分析定位客户感兴趣的功能和产品模块，重点优化流量大、用户使用频率高的模块；对于使用人数较少的功能模块，可调整布局或隐藏菜单。

在精细化运营场景中，浙商银行可以清晰勾勒特定群体的行为全貌，定位目标人群，根据客户特征及行为偏好，实时判断客户需求，为客户提供差异化的产品和服务策略，让客户切实享受到"你懂我"的贴心服务。

3. 快速验证体验优化效果，闭环迭代客户体验

通过客户体验管理系统，浙商银行对正在实施的客户运营策略、产品迭代计划进行多维度分析，快速验证活动效果、功能优化是否达到预期，从而及时调整业务策略。例如，完成目标客户精准推送后，可以在流程漏斗中实时查看客户转化情况，评估推送效果、调整推送策略。

未来，浙商银行将继续通过全面创新的产品和服务，赋能客户体验提升，为客户提供开放、高效、灵活、共享、极致的综合金融服务。

（浙商银行网络金融部供稿）

北京银行网上银行服务

一、业务发展基本情况

截至2020年底，北京银行手机银行客户达845万户，同比增长39%，手机银行月活客户同比提高45%。近3年手机银行交易笔数和交易金额年平均增长率分别达40%和29%，手机银行零售重点业务渠道销售替代率达63%。

2020年北京银行移动转型成效初显，获得社会各界普遍认可。在2020年新浪评测中综合评分达到股份制银行先进水平；在《互联网周刊》主办的"2020年手机银行评测"中，位居同业前十名，并获得"2020年度最佳智慧银行营销奖"；获得由中国电子银行网颁发的"最佳个人手机银行奖"；获得由中国网络金融联盟组织颁发的"最佳移动银行用户体验奖"；获得由城银清算服务有限责任公司颁发的"营销获客优秀案例奖"。

二、标准规范和管理制度的建设和落实情况

北京银行积极开展《北京银行网上银行服务质量企业标准》2020年修订工作，对于涉及业务申请及开通、安全交易机制、风险监测、客户服务、客户体验、个人信息保护等相关内容进行梳理、更新，持续完善网上银行服务标准建设工作，不断提升网上银行服务质量，为客户提供更便捷、更安全的网上银行服务。

三、提升服务功能、服务安全性和用户体验的经验分享

北京银行持续贯彻"一体两翼"零售发展策略，聚焦移动化转型，坚持移动优先的发展理念，围绕手机银行转型，加速提升移动银行发展质效，推动零

售业务高质量协同发展。

1. 持续推动手机银行版本迭代升级

2020年上半年，北京银行推出手机银行APP5.0版本，实现移动转型质的突破。全年共实现手机银行迭代50余次，落地总行、分行各类需求481个，优化各类用户旅程300余项，客户满意度超过90%。

2020年底，手机银行APP6.0正式面向用户，重构APP安全服务体系，同时围绕用户体验、开放服务、财富陪伴、场景金融、智慧运营、金融安全六大创新进行全面升级。

2. 筑牢风险防控的防火墙

以手机银行为核心，搭建电子银行智能交易反欺诈平台，对关键交易进行实时监测、识别与预警，完成事前、事中、事后一体化的风险分析与反欺诈管理，实现发展与稳定的动态平衡，为线上业务高质量发展保驾护航。

3. 用户体验管理能力进一步提升

北京银行成立了专业的用户体验团队，并制定推行《用户体验体系及执行标准》，通过系统性搭建用户体验要素、度量指标、工具与方法论、工作流程等，将体验提升融入产品迭代各环节。产品上线后，通过客服反馈APP留言、调研问卷、市场信息追踪等八大渠道收集客户声音，持续推动产品体验优化。通过以上做法，达到体验驱动数字化转型目的，从而推动北京银行零售业务高质量发展。

四、服务创新及实施效果

1. 服务创新方面

一是提供专属服务。北京银行响应国务院号召，为老年客户搭建跨越数字鸿沟的温暖桥梁，推出专属定制的"尊爱版"手机银行。让老年客户也能安全、无障碍地在手机上享受北京银行安全、便捷的金融服务，在信息化发展中获得更多的幸福感。二是打造专属政务场景。手机银行推出政务专区，为2000万名医保、社保客户提供就业在线、个人社保权益单、失业金申领、医保账户查询、工资明细、专属理财、关联银行卡、积分管理等30余项便民服务，助力政府机关打造智慧政务，满足广大百姓的各项需求。三是结合银行内部业务发展情况，形成网上金融渠道服务标准及工作流程标准。跟踪行业最新动态，不断提炼总结，逐渐形成网上金融渠道服务标准及工作流程标准，有效规范设计研发工作，从源头上保障金融产品的完整度和渠道功能设计质量。四是严格落实服务标准、实施服务保障制度。研究制定了产品上线沟通例会制度和产品上线运行监测反馈机制，协同联动产品上线后的持续优化工作。五是普惠小微企业贷服务入选金融科技创新监管试点。依托对公手机银行，为小微企业客户提供线上半自助式的普惠金融业务，客户可以在线办理贷款申请、信息提交、预审批和额度试算等业务，提升小微企业客户的融资效率。

2. 技术创新方面

一是将人工智能技术与具体业务场景融合，提升网上银行服务便捷性。包括智能客服功能，支持机器人在线自动回复。通过自然语言交互的方式办理部分金融业务，根据客户语音系统自动识别并带入交易信息。建立客户投资画像，借助智能投资量化模型，为客户智能选取产品，减少决策时间，将简单交给客户，复杂留给自己，为客户提供极致的服务体验。二是应用生物识别技术提升系统安全防控。支持用户登记、更新特征模板，通过公安部的身份信息校验后，将用户生物特征模板与用户的身份标识进行关联，具备有效的安全机制。三是利用大数据技术进一步加强社会化数据的价值挖掘。实现社会化数据的"保值、增值、变现"，从"采、存、管、用"各环节入手研究和探索社会化数据在银行业务场景中的创新应用。结合RPA流程机器人优化对公开户流程，实现客户信息收集、比对等环节的流程优化，将执行结果广泛应用于预填单、产品推荐等各类服务场景中。四是引入区块链技术，缓解电子银行业务引发的纠纷数量。与仲裁机构共同搭建仲裁联盟链，提高对电子证据的管控能力，提升纠纷应对能力，通过与线上司法机构的对接，满足证据真实性、合法性、关联性的要求，实现证据及审判的标准化。实现线上解决纠纷的全流程，节约成本，提高效率。

五、数字化发展趋势

1. 创新搭建新一代智能运营平台

北京银行以数据为驱动，以活动为场景切入，创新建设新一代智能运营平台，围绕用户全生命周期，通过持续性的活动和丰富的权益不断增加客户黏性，达到获客、活客和留客的目的。在技术层面，平台将大数据技术、微服务架构、实时数据处理引擎及机器学习技术紧密结合；在业务层面，平台集营销权益统筹、营销受众分析、营销活动管理、营销数据分析和营销渠道评估为一体，实现数据驱动型的标靶营销模式，让营销变得更高效、更智能、更简单、更精准，开启了北京银行智能运营新时代。

2. 重塑数字经营新业态

北京银行通过多渠道整合，为客户提供一体化全方位的数字化服务，确保各渠道任何触点客户体验的一致性，大幅提高客户服务效率，改变过去渠道衔接不畅造成的客户体验不佳。

3. 探索网上银行新技术应用

北京银行拥抱以人工智能、大数据、区块链为代表的新技术，将新技术应用融入网上银行服务的各个流程和环节，更准确地分析客户行为特征，快速响应客户需求，敏捷应对市场快速变化，为客户提供高价值、个性化的超预期服务，建立与客户的良好互信关系。

4. 重视云端部署

技术进步和客户行为不断变化对网上银行业务和运维系统高效敏捷运行提出了严峻挑战，网上银行应高度关注分布式云计算架构下的IT发展和应用部署，降低成本，快速提升数字金融能力，实现产品和服务的敏捷输出。

5. 利用分布式技术重构业务系统

北京银行将技术底座收敛到少数几个通用技术框架中，以缓解异构系统引发的技术复杂性问题。统一研发工艺流程，提供一套端到端的流水线，贯穿从业务需求管理到系统运行维护的全周期管理，聚焦程序设计、开发测试和部署等关键环节，嵌入流程化、自动化工具使研发过程更加迅速，代码生产更加安全，系统运行更加健康有序。

（北京银行供稿）

唐山银行网上银行服务

"有产品必有标准"是唐山银行在服务设计与产品研发中始终坚持的重要理念。在网上银行服务企业标准"领跑者"活动开展以来，唐山银行更是将高水平制定标准、高质量执行标准作为加强服务、防控风险、提升市场综合竞争力的生命线。从标准看服务，比标准找差距，以标准促发展，唐山银行入围2020年网上银行服务企业标准"领跑者"，并通过对网上银行服务企业标准的应用促进了产品与标准规范协同发展和金融风险的有效防控，进一步加速了唐山银行数字化转型步伐。

2018年至2020年，唐山银行网上银行交易规模从1249.2亿元跃升至2007.7亿元。企业网银客户数量自2018年至2020年分别为4705户、5713户和6674户，交易规模分别为1105.1亿元、1796.1亿元和1806.5亿元；个人网银客户数量自2018年至2020年分别为2.7万户、2.8万户和2.9万户，交易规模分别为65.4亿元、46.8亿元和52.3亿元；网银渠道对网点业务的替代率自2018年至2020年分别为91.2%、88.9%和86.7%；手机银行月活客户自2018年至2020年分别为9.9万户、11.8万户、17.2万户。

一、打造网上银行服务企业标准，构建发展规划

唐山银行网上银行服务企业标准的建设与完善的过程也是对比先进同业找差距、发掘客户需求找不足、规划更高质量发展的过程。在标准建设初期，唐山银行便面向广大客户广泛征求使用网上银行中的问题和建议，从用户体验、功能优化等方面深入分析研判，为标准的制定提供了坚实依据。同时，在对生物识别、大数据、云计算等新技术的应用程度方面，对标同业先进做法找短

板，通过标准的制定形成伸手不及，但跃起可触的高水平目标，利用金融科技"可叠加，不可逆"的特性，稳步缩小差距。通过标准的制定，唐山银行进一步清晰了自身的优势与不足，并形成了以建设网上银行服务企业标准为核心的，既有先进性又接地气的数字化发展目标。在日常网上银行业务经营管理实践中，总结形成了3项行内制度及客户协议、功能详情等多项材料，持续结合监管要求和业务发展需求进行梳理和完善，分析各项业务风险隐患，优化业务流程，查找制度疏漏，规避业务操作风险。2020年，唐山银行结合当前内外部风险形式与自身发展情况对网上银行相关制度进行了修订，依据当前行内组织架构和部门职责的调整重新明确了各项责任，并在制度中增添了新产品、新业务、新流程风险管理的相关内容，确保了在制度上保障对网上银行业务风险的有效控制。

二、践行网上银行服务企业标准，增添发展动力

标准的良好应用需要以一丝不苟的执行作为保障。唐山银行以品牌、服务、安全和消费者权益保护为核心目标，将打造坚实可靠的展业环境、较高体验的服务场景、健全完善的消费者权益保护措施和快速高效的应急响应机制作为标准制定的核心内容，用客户满意程度和业务发展质量作为评价标准好坏的重要标尺，在研发、测试、投产、生产运营、业务管理、系统运维、应急响应和个人金融信息保护等方面不断强化标准的落实，使网上银行服务企业标准在日常的经营管理中落地生根。2020年，唐山银行实现了以落实《唐山银行网上银行服务企业标准》为目标的各项工作计划的落地。手机银行UI全新改版，开机画面页、引导页及四大主页的设计风格和内容展示实现了全面优化，为用户提供了人性化的交互体验。同时，对手机银行转账交易模块在转账路由、转账页面展示等方面进行了全生命周期的优化设计，有效提升了用户转账交易的体验。2020年，唐山银行网上银行客户数量较年初增幅超32%，客户活跃度超66%，较年初增长近6个百分点。

三、坚守网上银行服务企业标准，回归发展本质

标准在任何时候都是对服务品质的坚守。2020年，突如其来的新冠肺炎疫

情让网上银行成为金融抗击疫情的重要战场，唐山银行用对服务标准的坚守诠释了为客户服务的初心。在新冠肺炎疫情期间，唐山银行人工客服坐席始终按照网上银行服务企业标准的要求开展全天候金融服务，保障了电话的接通率。为最大限度地减少客户出行，唐山银行组织人员快速制定新冠肺炎疫情期间网上银行服务保障方案，在微信公众号和随身银行同步上线了智能疫情助理模块，内容涵盖"疫情自我筛查""发热门诊查询""确认同行查询"等各项功能，设置专岗全天值守维护线上系统运营，确保网上银行、随身银行等电子渠道畅通，7×24小时为全民抗疫护航，用对标准的坚守树立了良好的社会形象，诠释了网上银行服务企业标准服务社会的本质。

四、创新网上银行服务企业标准，前瞻发展趋势

标准源自实践，标准升华于创新。唐山银行在努力提高标准先进性的同时，开展了积极探索创新。针对新型电信网络违法犯罪风险，唐山银行将网上银行业务全面纳入反欺诈系统监控，通过专项机器学习模型能力，结合业务场景，并利用大数据技术、机器学习、数据挖掘分析工具识别客户交易习惯和可疑行为模式，实现场景复杂的网上银行全渠道反欺诈系统，提高了违规、欺诈交易识别能力。同时，唐山银行将网上银行的数字化转型发展列入唐山银行整体发展战略，制定了"以用户为中心"和"特色化的产品与服务"作为两翼的差异化发展目标，并从区域性城商行的角色定位出发，对数字化转型路径进行了初步规划。一是设计适宜唐山银行业务拓展的数字金融产品，提升用户体验。二是打造用户场景化生态圈，实施"金融+科技+生活/生态圈"。三是细分本地行业/产业，构建本地特色业务生态，同时加大与行业平台企业的合作探索。四是加大唐山银行数据治理体系建设，发挥数据管理赋能。五是打造敏捷化组织，探索敏捷化运营模式。伴随着数字化转型的发展，唐山银行将继续坚持以有效性和适用性为原则，加强对质量的严格控制，促进产品与标准规范协同发展，全力营造良好的行业发展环境。

（唐山银行网络金融部供稿）

南京银行网上银行服务

　　近年来，伴随金融科技的快速发展，网上银行呈现迅猛发展趋势，网上银行的服务越来越受到企业和个人用户的青睐。2020年南京银行有幸再次入围网上银行服务领域企业标准"领跑者"。通过参与金融领域企业标准"领跑者"活动，能更好地提升南京银行网上银行领域的企业标准水平，增加网上银行服务领域的标准供给，促进金融风险防控、消费者权益保护。

一、网上银行的业务发展基本情况

　　近三年南京银行手机银行、PC端网上银行（包含个人和企业）等渠道的客户数量、交易替代率呈逐年增长趋势（见表4.1和表4.2）。

　　客户数量方面，截至2020年末，手机银行签约客户数总量为297万户，较2019年同期提升25%；手机银行最高月活客户（MAU）达103万户，较2019年同期提升39%；个人网上银行签约客户数275万户，较2019年同期提升17%；企业网上银行签约客户数15万户，较2019年同期提升15%。

　　交易替代率方面，截至2020年末，主要电子渠道（含手机银行、PC端网上银行、智能柜台、直销银行等）交易笔数对南京银行总交易笔数的替代率已高达98.9%。其中，手机银行渠道占64.3%，PC端网上银行（包含个人和企业）渠道占32.2%。

　　手机银行作为触客关键，在交易活跃度方面起到了更加重要的作用。截至2020年末，手机银行理财业务笔数占全渠道（包括手机银行、个人网银、智能柜台、理财双屏、柜面）比重已提升至80.8%，理财业务金额提升至71.9%，线上信用贷业务放款笔数提升至65.2%，线上信用贷业务放款金额提升至69.8%，在贷款和理财业务交易占比大幅提升的同时，手机银行已成为客户业务办理的首选渠道。

表4.1 近三年网上银行客户数和交易笔数

年份	企业网上银行客户数/万户	个人网上银行客户数/万户	企业网上银行交易笔数/亿笔	个人网上银行交易笔数/亿笔
2018	11	188	0.7	1.8
2019	13	235	1.4	4.9
2020	15	275	1.1	10.7

表4.2 近三年手机银行客户数和交易笔数

年份	手机银行客户数/万户	手机银行最高月活客户数/万户	手机银行交易笔数/亿笔
2018	168	60	3.3
2019	237	74	12.6
2020	297	103	23.5

二、标准规范和管理制度的建设和落实情况

南京银行定期按照监管相关要求对网上银行业务的管理办法和协议进行新增和修订。建立健全的管理制度和规范有助于银行业务的正常进行，强化监督检查机制是抓好规章制度落实的关键，是推动网上银行业务发展的可靠保证。

管理办法方面，南京银行按照监管部门数据治理的工作要求，定期安排自查自评估工作；根据行内内控合规检查的要求，对线上、线下交易流程进行定期风险排查，有效防范和化解案件风险；为适应网上银行相关业务经营环境的变化，持续修订《南京银行电子银行重大突发事件应急预案》《南京银行手机银行业务管理办法》《南京银行USBKEY管理办法》及《南京银行个人网上银行业务管理办法》等。

业务协议方面，南京银行定期专题开展网上银行相关业务交易风险防范、客户隐私与信息安全评估与提升工作。落实《网络安全法》《涉赌涉诈可疑资金特征及账户线索核查要点》（银支付〔2020〕49号）等相关法律法规要求，健全线上客户信息获取、使用规范，从而制定了《手机银行用户隐私政策》《南京银行个人网银用户隐私政策》及《南京银行电子银行个人客户服务协议》。

另外，在消费者权益保护方面，南京银行对已有产品及服务在网上银行相

关渠道进行升级优化前需参照《南京银行新产品及服务消费者权益保护审核管理办法》流程进行审核，从制度和流程上防范、化解金融服务风险。

三、提升服务功能、服务安全性和用户体验的做法

为了提高服务效率和安全性，提升客户服务水平，南京银行以提升客户服务体验为目标，持续优化各类线上服务流程。

1.服务个人客户方面

第一，在网上银行中引入滑块认证功能。滑块验证功能是指在验证过程中将用户拖动滑块的行为轨迹和用户设备等多维度信息实时分析，通过人机识别抵御网络攻击。

第二，对手机银行解约业务进行优化。增加了短信上行解约和在线解约功能，客户可通过发送短信至95302或是在手机银行申请的方式在线解约，解决了客户附近无网点、手机号码被占用等问题。

第三，对个人网银、手机银行登录进行优化。个人网银增加了APP扫码登录方式，客户可使用手机银行扫码登录个人网银。手机银行增加了指纹、面容、手势、微信登录方式供客户选择，在保障登录交易安全性的同时给客户更多选择，提升了客户体验。

第四，在手机银行绑定设备流程中新增声纹认证方式。该功能使用声纹识别技术，通过语音中所蕴含的能唯一表征说话人身份的语音参数和基于这些参数建立的语音模型来识别说话人身份，可充分保证声纹识别系统验证结果准确度和可靠性。

2.服务企业客户方面

第一，企业电子渠道整合。完成企业网银和"鑫e伴"APP两个电子渠道基础信息的整合，"一张申请表、一份协议、一次签约、一套KEY"，实现交易和信息多渠道对客户的同步触达。

第二，重点产品线上化。完成保理及订单融资业务线上化、"鑫国结"3.0

功能提升、电子票据线上化"秒贴""鑫汇存"线上化、自贸区业务线上化、线上基础结算对标提升等90多项功能的上线。

第三，"鑫e伴"特色服务。"鑫e伴"为小微客户提供丰富的银行金融功能，包括银行账户明细查询、转账汇款、银企对账等，其中转账汇款覆盖全国银行账户收、付功能，支付7×24小时全天候转账操作，100万元以内实时到账。在2020年新冠肺火疫情期间，"鑫e伴"为南京银行小微企业客户提供了极便利的金融业务渠道，助力小微企业普惠金融及数字化转型。

四、服务创新和技术创新及实施效果

1. 服务个人客户方面

第一，开启爱心捐款渠道。为驰援疫情防控工作，南京银行开启手机银行爱心捐款渠道，客户可通过南京银行手机APP生活首页的爱心捐款通道，快速向爱德基金会进行捐款。

第二，新增手机银行自助开通转账服务。为避免受新冠肺炎疫情影响客户不便至网点进行转账交易，南京银行手机银行为部分低风险注册版客户在线开通转账汇款交易快速通道，客户可通过远程视频核验身份进行转账汇款功能开通、限额提升，无须至线下网点进行办理。

2. 服务企业客户方面

第一，电票"秒贴"。为方便客户操作，提高票据贴现办理效率，南京银行上线电票"秒贴"功能。上线后，客户只需一次签约，后续开票、贴现业务在线办理，客户无须再跑网点，线上提交申请。该功能支持在线选择多张票据批量操作，效率更高；操作后智能贴现秒级到账，贴现利率智能匹配，快速完成贴现。此外，客户线上开票后可选择自动提示收票，选择后自动发起提示收票，简化客户操作流程，效率更高。

第二，保理及订单融资线上化。客户可在线进行保理、订单融资产品项下的授信申请、材料上传、用信申请、还款等，优化了业务流程，实现了部分融资环节的线上化，提升产品服务体验，同时降低产品运营成本。

五、网上银行数字化发展趋势

1. 渠道数字化

为进一步提升南京银行非接触式金融服务能力，提高用户服务体验和业务办理效率，探索融合大数据和人工智能的数智化转型，南京银行推出线上AI数字员工营业厅，融合人物形象模拟、语音识别合成、自然语言处理、意图识别、机器学习等多项AI技术，将科技与业务、场景紧密结合。

客户可在南京银行手机银行内与3D真人形象的数字员工"楠楠""晶晶"实时互动交流，通过简单的一句指令便可直达相关业务办理界面，并支持语音带入关键业务信息，为用户带来高效快捷的省心体验。目前AI数字员工营业厅可受理业务已涵盖迎宾咨询、各类查询、转账汇款、生活缴费、理财咨询与贵金属销售等多个业务场景，能够支持个人客户大部分业务办理需求。

2. 运营数字化

南京银行结合客户标签广泛开展线上精准营销活动，充分发挥网上银行相关业务价值。首先，打造个性化推荐模块"手机银行—精彩活动"，运营专家可自行选定客户标签群，实现针对个性客群的精准推送。其次，结合节日主题和客群开展"千人多面"活动，以手机银行弹框、短信、外呼等方式触达客户。

（南京银行供稿）

杭州银行网上银行服务

"没有规矩，不成方圆"。标准是规范市场经济客体的准绳，是经济与社会发展的重要支撑，在我国经济整体向高质量迈进的关键历史阶段，金融业标准化正在成为金融业治理体系和治理能力的基础性手段。杭州银行充分学习借鉴各方面先进经验，合力开展标准化工作。在网上银行服务标准制定方面，杭州银行建立以电子银行部牵头、相关部门共同参与的分工协作机制，理清标准化工作思路，制定了《杭州银行网上银行服务标准》。经过持续不懈努力，杭州银行网上银行服务标准取得显著成效，登上了2020年度网上银行服务企业标准"领跑者"榜单。

在网上银行服务标准建设过程中，杭州银行电子银行部积极学习借鉴金融国标行标，因地制宜，结合自身实际予以完善。面对金融科技的快速发展，杭州银行"因势而变"，以数字化转型战略为指引，紧紧围绕着"经营"和"服务"两大职能，以电子渠道和客服中心为载体，面向杭州银行提供线上渠道基础服务支撑、数字化运营能力支撑，以及客户联络沟通服务；依托开放银行和直销银行，探索纯线上获客和互联网化经营的新模式。截至2020年底，个人电子渠道注册用户超过350万户，月活用户突破95万户，企业电子渠道注册用户达17.2万户。

一、老年乐享版手机银行

随着移动科技快速发展，智能化服务日益普及，极大地改变了人们的生活方式，但与此同时，智能化服务的"高门槛"也在一定程度上成为横亘在老年人和基本生活服务之间的"数字鸿沟"。为切实满足老年用户移动金融服务需求，杭州银行推出乐享版手机银行，集合大数据、智能风控等金融科技手段，切实解决老年客户对于移动金融渠道"不会用、不敢用、不想用"的三大难题。乐享版采用大字体、大图标设计，菜单突出显示，让老年用户看得清，易理解；精选账户、转账、理财、缴费等老年用户高频功能，化繁为简，除去低频分支流程，有效降低使用移动金融服务门槛；增加悬浮在线客服、养老金发放查询、常用地址一键导航等老年用户专属服务，提升杭州银行服务能力，提高客户使用便捷性；转账功能增加了电信诈骗案例、防范非法集资类知识提醒，加强老年用户账户安全意识，风控系统自动识别60岁以上用户连接远程视频认证完成转账，双重认证双重保障。另外，老年用户首次使用手机银行时，系统自动识别引导跳转乐享版。

二、自主建设数字运营平台

为灵活地依据规则模型做客户服务决策，如依据客户画像来判断客户人脸识别时是否需要验证动作、判定交易对手是否可信、判定交易额度及精准识别可向当前客户推荐的产品等，杭州银行自主开发了具有完全自主知识产权的阿瓦雷数据平台（以下简称阿瓦雷），即通过实时的交易行为分析和异地的客户标签画像相结合，对客户提供智能化服务支撑。简单来说，阿瓦雷主要提供三大能力：海量数据检索分析能力、智能API服务能力、精准圈人能力。可以说，阿瓦雷是一个真正意义上实现了大数据智能驱动的数据平台。

阿瓦雷按照"数据中台"的理念建设，借鉴阿里巴巴等互联网公司的大数据枢纽的建设经验，集成了国内外流行的URule规则引擎、Hadoop分布式存储、Spark和Flume流处理引擎等先进的大数据技术，能实现海量数据的秒级检索和复杂模型的实时输出。

阿瓦雷与外部一些单纯的大数据平台不同，它是一个结合杭州银行自身应用场景的数据平台，通过电子渠道实现了数据应用的场景落地，是场景驱动而非技术驱动。阿瓦雷的客户标签均是基于场景的模型标签化，而不是传统的为了打标签而打标签。

阿瓦雷数据平台首先解决了历史账务的查询问题，手机银行5.0实现了5年账单数据的秒级实时检索，并能根据交易对手、交易金额、交易摘要等进行实时图表分析。可以这么说，阿瓦雷数据平台让以往流行的"年度账单成为历史"，因为依托该平台可以在手机上查看5年内任意时间跨度的账务分析。

阿瓦雷不仅是电子渠道的智能服务中枢，其大数据能力提供的"圈人"服务还可以灵活地为机构的客户营销提供精准客户筛选服务。

三、深入建设智能客服

2020年，杭州银行提出金融科技的发展方针，客服中心根据行内目标，针对不同的业务类型、客户群体，结合AI、大数据技术大力发展智能客服，分别制定了外呼营销策略、渠道策略。

客服中心使用大数据技术，根据客户静态属性和动态行为数据，建立客户标签。以信用卡账单分期举例：杭州银行根据客户的基础信息、历史交易、用卡行为等情况，对账单分期客户建立数据标签，如"分期老客户""大额消费类客户""逾期转分期"等，针对不同的客群设计相应的营销话术和营销策略，结合各客群以往的分期成功率、手续费收入情况等，采取优质资源优先营销的原则，以达成手续费收入最大化的目标。经客户分层后，"分期老客户"分期平均成功率约为30%，"大额消费类客户"分期平均成功率约为6%，"逾期转分期"平均成功率约为23%。

未来，杭州银行将持续做好网上银行标准化工作，严格标准执行，秉持"以客户为中心"的理念，聚焦智能服务、数字运营和数字营销三大领域，加快产品、技术创新与融合应用，探索金融AI、大数据风控等核心金融科技运用，为客户提供更高效、更便捷、更卓越的网上银行服务。

（杭州银行供稿）

桂林银行网上银行服务

一、网上银行业务发展基本情况

近年来，随着业务规模不断扩大，桂林银行网上银行（包括PC端企业网上银行、PC端个人网上银行、手机银行、微信银行、电话银行等）客户数及交易规模快速增长。

1. PC端网上银行（企业网上银行、个人网上银行）

桂林银行PC端网上银行2018年客户数为119.5万户，交易金额为12665.5亿元，较上一年分别增幅为42.6%和16.5%；2019年客户数为192.5万户，交易金额为17892亿元，较上一年分别增幅为61.1%和41.3%；2020年客户数为255.2万户，交易金额为21505.8亿元，较上一年分别增幅为32.6%和20.2%。

2. 手机银行

桂林银行手机银行2018年客户数为171.7万户，交易金额为1654.5亿元，较上一年分别增幅为74.5%和52.1%；2019年客户数为293万户，交易金额为2821.7亿元，较上一年分别增幅为70.7%和70.6%；2020年客户数为386万户，交易金额为3470.8亿元，较上一年分别增幅为31.8%和23%。

3. 网上银行渠道替代率与服务效果

桂林银行2018年、2019年和2020年网上银行渠道替代率分别为90.7%、92.8%、92.8%。桂林银行持续以创新性、体验性、智能性完善网上银行渠道建设，不断将柜面业务线上化，构建全面覆盖各项金融服务的线上渠道服务体系，极大缩短客户办理业务的时间，有效提升客户办理业务的效率。

二、标准规范、管理制度建设及落实情况

为进一步有效地推进桂林银行网上银行服务企业标准化制定，桂林银行从网络安全、信息安全、服务规范、制度保障等多个重要领域，根据相关国家标准、行业标准开展对标达标工作，在制定标准的各个环节中有针对性地进行查漏补缺，有效补充和完善网上银行服务标准。另外，明确网上银行服务企业标准化工作牵头部门，设立专职和兼职岗位，加强组织领导，落实工作职责，贯彻桂林银行网上银行服务企业标准落地实施，以企业标准"领跑者"作为最终目标，从标准规范性、服务安全性、客户体验、创新及前瞻性、实施保障等多个维度，结合线上服务平台的实际发展情况，有针对性地进行系统安全改造升级和服务效能改善提升，严格落实网上银行服务企业标准各项指标。

三、提升服务功能、服务安全性和用户体验的做法经验

1. 提升服务功能

桂林银行坚持全渠道协同创新发展，全力推进线上智能化服务平台转型升级，以用户体验为中心，丰富多元化线上便民服务场景，同时多渠道收集客户对网上银行的建议和意见，认真解决客户诉求，持续优化网上银行业务功能。

2. 提升服务安全性

桂林银行围绕网上银行的安全技术、安全管理、业务运作安全、个人信息保护、服务连续在线可信性、增强身份认证要求、风险控制能力等方面，进行系统检测与优化改造，深入落实核心指标，有效保障网上银行系统性能稳定、安全、可靠。

3. 提升用户体验

桂林银行全面梳理网上银行业务流程，从用户角度出发，提升网上银行的

易用性、舒适性、便捷性和易访问性，同时加强客服代表行为规范，强化客服响应，缩短客服响应时间，提高客服接通率，有力提升网上银行用户体验。

四、服务创新和技术创新及实施效果

1. 服务创新

桂林银行通过多维度采集和分析客户的交易数据与行为数据，构建用户画像模型，实现目标客户精准触达和差异化服务，为客户提供符合自身需求的产品，有效提升了桂林银行网上银行服务的内涵和外延，支撑各类客户的多样化、多场景服务需求。

2. 技术创新

在符合监管部门要求的框架下，桂林银行对云计算、大数据、生物特征识别、人工智能等前沿技术进行调研与引用，特别是引入指纹识别、人脸识别等身份认证技术，有效补充和增强了客户身份认证机制，进一步保障了桂林银行网上银行客户信息安全与资金安全。

五、网上银行数字化发展趋势

近年来，桂林银行持续推动金融数字化转型，通过金融科技赋能对前中后台进行数字化改造，加快以"产品为中心"向"客户为中心"转变，做好渠道的整合与优化，创新运营数字化管理模式，充分利用大数据、移动互联网等技术手段，制定精细化的营销策略，构建"金融+非金融"的线上生态产品与服务体系，以数字化金融服务为切入点，将业务延伸到客户需求的应用场景，打造渠道一体化、服务智能化、业务场景化的线上数字化生态圈，最大限度地提升客户体验的满意度。

未来，桂林银行将继续以标准引领服务质量提升，秉承"高、正、严、专、实、暖、拼"的工作方针，以金融科技赋能助推金融创新发展，持续改善用户体验，不断提升服务效能，为客户提供更加优质、安全、高效的金融服务。

（桂林银行供稿）

重庆银行网上银行服务

一、网上银行业务发展的基本情况

重庆银行线上金融服务已覆盖企业客群和零售客群，其中，企业网上银行及企业APP主要服务于企业客户，手机银行、个人网上银行、微信银行服务于零售客户。

2019年重庆银行企业网上银行4.0正式上线，该版本含网上银行客户端（以下简称企业网银）和移动客户端（以下简称企业APP），上线至今企业网银和企业APP运行平稳，用户数量稳步上升，交易规模不断扩大。截至2020年末，重庆银行企业网银客户近3万户，2020年交易金额约4100余万元，交易笔数达250余万笔，以转账、电票、对账等高频交易为主的线上业务替代率达75%。

为全面提升零售客户线上金融服务的客户体验和服务水平，打造更加安全可靠、方便快捷的线上零售金融服务渠道，2020年重庆银行手机银行5.0（以下简称手机银行）正式上线。截至2020年末，重庆银行手机银行客户累计近165万户，2020年交易金额约为2140亿元，以转账、缴费、理财销售等高频交易为主的线上业务替代率达90%。

二、标准规范和管理制度建设落实情况

重庆银行结合自身情况，制定了实施金融标准化的三条路径：

一是识标对标、补齐短板（常规路径）。知标准——了解标准、学习标准；探差异——找到重庆银行与金融行业国家标准、行业标准的差异，分析差异的原因；定策略——确定整改策略或者通过建立企业标准进行覆盖。

二是客户为先、特色为要（快捷路径）。优先考虑最贴近客户感知的标准和特色化服务标准，体现标准化带来的"早期收获"，以及时的反馈驱动标准化进程。

三是制度管人、标准理事（创新路径）。结合现有的规章制度管理体系扩展形成标准化体系：既有制度规范体系正常运转，符合转化条件的，逐步转化为管理标准子体系；新增独立的数字化创新标准子体系，在数字化创新工作中践行标准化理念，在创新的各个环节主动向各种既有标准、行业规范靠拢，逐步搭建数据、技术、管理、流程、质控、服务等标准子体系。

作为该行实施金融标准化的第三条路径，数字化创新工作催生了系列标准，形成了数字化创新标准子体系，突出数字化和金融科技特色，从数据、技术、管理、流程、质控、服务几个方面对创新前沿工作进行规范引导，为该行数字化转型战略服务。部分标准是通过对标贯标纳入既有的国家或行业标准，一部分是根据自身情况研制并实施的企业标准，还有一些是从零散的指标、要求、评分等综合形成的试运行规范。

其中，《网上银行服务规范》《移动金融客户端应用软件安全管理规范》作为该行电子渠道服务体系的关键标准，是涉及范围最广、明确指标最多、实施时间最早的两个标准，它们均属于在行业标准之上，吸收重庆银行历代网上银行产品研发、运营经验编制而成，并结合电子渠道服务体系日益丰富完善的实际情况不断迭代完善，是该行检验网上服务水平的主要考量之一，也是数字化创新标准子体系的基石标准。在此标准指引下，该行全面升级手机银行5.0，加速移动智能银行体系建设，始终贯穿"以客户为中心"的设计理念，重塑业务线上操作流程，并于近期正式上线试运行。

除了用于网上银行服务本身的企业标准，在"标准管事、制度管人"的标准体系建设基本思路下，重庆银行建立并不断完善企业网银和企业APP的业务和系统管理制度，发布了《重庆银行企业网上银行业务管理办法（2021年版）》《重庆银行企业网上银行操作规程》，涵盖业务运作、系统设计和运行维护、系统安全规范、总分支行业务部门明确分工、需求排期管理等。

三、提升服务功能、服务安全性和用户体验

1. 加速企业网银产品和服务的线上化进度

企业网银4.0优化了登录模式、移动服务、账户管理、电子票据、国际业务等12大模块160余项服务功能，并新增了多级账户管理、国际结算、多端互动、多样化企业对账、加密企业代发及更多专业企业金融服务近16项。例如，重庆银行丰富了企业线上金融服务的国际业务板块，在国际业务内，增加了结售汇、汇入汇出、进口代收、进口信用证等国际结算功能。对细分行业，企业线上金融服务提供现金管理的行业方案等个性化账户、支付、业务管理等整套行业金融解决方案。

2. 优化企业线上金融服务的用户体验

一是企业网银4.0提升服务的灵活性和易用性。企业网银4.0的界面简洁明了，流程简单直接，业务状态提示明确易懂，界面配置可视化，分类简单明确，较大程度地提升了服务的灵活性和易用性。例如，根据不同规模、不同行业和不同管理要求，企业网银和企业APP提供多样化的企业审核模型配置，企业可按角色、账户、功能、交易限额等维度任意搭配审核模型，配置流程简单易懂，既减少客户学习成本，也灵活实现了普通中小企业双人模式和超级大型集团企业多级部门的企业资金及企业内部管理需求；其中，企业APP业务模块分布清晰，有多级入口设计且快捷简单，提供多层筛选功能，简化复杂的业务操作，提升效率。

二是企业网银4.0提供更高级别的安全保障。重庆银行企业网银4.0采用业内先进技术手段防篡改、防反编译、安全控制、会话管理、监测预警等保障桌面端和移动端的服务安全。

三是企业网银4.0有效保护客户隐私。企业APP的交易明细回单下载和分享，且回单界面可对交易敏感信息脱敏展示，满足不同信息敏感程度的企业的回单打印需求。提高企业管理的权限灵活性，提升隐私保护机制。

3. 手机银行5.0加强金融服务功能的创新

手机银行5.0从以业务为中心向以客户为中心转变，统一业务功能视图，通过接入互联网营销平台的客户画像实现以客户为中心的差异化界面，接入"运营大脑"，借力大数据挖掘和标签体系，开展手机银行全生命周期的精准运营管理，实现客户群体划分，并充分结合业务场景，实现千人千面的个性化金融服务，从过去简单的功能化服务向开放生态的综合性服务转变。

4. 手机银行5.0提升服务安全性和用户体验

一是在安全性方面，按照相关的行业标准要求，实现高层次的安全模式，同步结合移动金融平台的建设，提高报文洞察能力、运维管理分析细度和广度，以及业务管控能力。

二是在易用性方面，根据客户APP使用习惯，结合大数据分析，推荐符合该用户需求的菜单产品进行展示，增强用户体验。

三是在响应速度方面，可满足未来5年后日交易峰值190万笔交易、1200笔/秒并发量的承载能力。页面加载时间少于1秒，复杂数据统计及图表显示页面加载时间少于3秒。

四、服务创新和技术创新的情况及其实施效果

1. 企业网银4.0业务及技术创新

一是提供线上直联"单一窗口"服务。企业网银4.0的汇入和汇出业务功能对接了政府跨境结算通道，实现了与"重庆国际贸易单一窗口"直连互通，客户可直接通过客户端进行跨境关单的查询和关联，提高了业务处理的效率和便捷性，实现了国际结算业务的"无纸化"愿景。

二是具备企业人事管理属性，丰富泛金融服务。企业网银4.0的代发业务提供行内代发、跨行代发和加密代发，且允许单独签约，企业可根据企业人事管理需要进行不同的工资代发；重庆银行也支持代发信息加密，在传统的代发功能的基础上叠加企业人事保密属性，避免了隐私信息泄露，有效保证企业内部信息的私密性，保护信息安全。

三是一体化解决方案保障网银的稳定安全。企业网银4.0作为一体化解决方案，较大程度地保障了客户端的稳定及与之配套的软件和页面的稳定。客户端的自动检测更新能力，可让整个运行环境需要的要素能及时更新升级；网银助手与企业网银融合，可自动检测并修复根证书、控件和USB-Key管理工具，在充分维护客户账户安全的前提下又提升了用户体验；系统采用花指令，自定义反调试技术，提高核心代码的破解难度。企业APP采用了电子签名防范软件被恶意篡改，数据方面对设备上离线缓存数据的加密对输入密码保护，提供国密算法安全输入控件等。

重庆银行企业网银4.0提升了网银服务的专业性、多层级隐私保护，提升了国际结算信息查询效率和业务操作便捷性，实现了业务提交模板化，业务信息隐私保护；在预期的用户负载情况下，提供一致的响应时间范围，系统可达到3秒钟内响应95%的请求；实现了登录方式多样化，支持移动客户端和桌面客户端扫码授权登录，程序反应迅速流畅。

企业APP采用一体化运维管控平台（NTC），可以对分布式系统，并且支持动态扩容、服务阻断、调整服务调用权重比例、部署版本管理等全套系统监控运维功能。

2. 手机银行业务及技术创新

一是温暖打造"关爱版"，让"数字鸿沟"变"数字通途"。在服务创新方面，重庆银行积极运用互联网渠道为老年客户群体提供更为安全便捷的服务，针对老年客群和操作习惯，定制化开发的产品——手机银行"关爱版"。

手机银行"关爱版"结合目标客群特点，以达到极致体验为目标深入挖掘使用场景，确定在保留理财和查询两大核心高频交易基础上，围绕目标客群的操作习惯创新设计和开发了凭证保存、字体放大、要素精简、免登录购买等特色功能优化，做到了在保证老年客群使用心理感受足够安全的同时又便于其操作，打消中老年客群对使用手机银行办理理财类高频业务的安全性、可用性的顾虑。

二是创新延伸服务，"订单服务"即时达到。创新财富管理服务，手机银行5.0推出"智能理财订单推送服务"，在客户购买的理财产品存期到期前，依照大数据分析，自动向用户推送更加匹配的产品订单，同时也支持客户经理手动推送产品订单，客户通过手机银行一键购买，既提升客户操作体验，又提高客户经理的服务效率。

三是加强技术创新，不断提高运维效率。手机银行5.0实现一站式运维管理，提升运维效率，支持部署版本回退功能，且部署时不中断用户服务，通过管控平台实现程序的统一部署、参数的统一配置、运行资源的统一监控、定时任务的统一调度、日志的统一查询。

手机银行、个人网银系统统一接入移动金融平台，实现统一管理、统一运营，保证一套服务代码同时支持手机银行和网银两套系统，保证软件系统具备完整的多元化配置功能和参数体系，从而提高业务迭代能力。

重庆银行始终坚持"心相伴，共成长"的发展理念，积极拥抱金融业务快速数字化发展趋势，积极探索满足企业和零售的细分客户、细分行业和细分场景发展需要的线上渠道发展模式，通过科技赋能传统金融，不断融合大数据、人工智能、区块链、开放应用等创新技术方案，对前中后台进行数字化再造，创新运营模式，提升客户体验。

（重庆银行供稿）

大连银行网上银行服务

一、业务发展情况

2020年以来，大连银行积极践行"金融标准，为民利企"的金融标准发展理念，个人手机银行5.0、个人PC端网上银行4.0、企业手机银行1.0等线上金融产品相继发布，将生物识别技术、用户行为分析系统、智能风控系统等金融科技应用与教育缴费、疫情防控、慈善捐款、公交出行等民生领域深度融合，网上银行服务能力进一步提升。截至2020年底，大连银行网上银行客户总数为199.1万户，其中个人手机银行132.5万户，个人PC端网上银行43.4万户，企业网上银行3.6万户，微信银行19.5万户。在大连银行金融科技转型战略的推动下，手机银行客户数平均每年以55%的速度递增，同时带动网上银行交易替代率达91.1%，金融科技转型态势良好，网上银行服务标准落地生根。

二、标准规范和管理制度的建设和落实情况

从2019年起，大连银行以金融标准化为抓手，不断强化标准执行，深化制度落地，积极对标先进标准，并以先进标准推动产品和服务质量提升，从而推动大连银行高质量发展和提升金融服务的核心竞争力。

一是深化落实。大连银行在加快金融科技转型步伐的同时，认真落实国家金融标准化战略，指引大连银行积极参照《大连银行网上银行服务规范》不断完善和改进网上银行服务标准，严格落实服务内容，对标先进服务理念，手机银行、个人网上银行、企业网上银行等产品换代升级，手机号转账、LPR转换、理财月度账单、疫情支援等便民应用不断上线，公安查控系统、国密算

法升级等安全系统广泛应用，产品体验进一步增强，网上银行服务能力显著提升。

二是完善管理。数字金融服务已成为当前银行拓展服务边界、提升客户体验的重要方式，厘清金融标准需求，补齐金融服务鸿沟，健全数据资产保护，全新修订手机银行、个人网上银行、企业网上银行等业务管理办法，从制度设计、顶层约束上严格落实网上银行服务标准，同时上线智能风控系统、反欺诈系统、大数据平台等系统应用平台，全面提升数字金融的风险管理能力和金融服务能力。

三是持续推动。大连银行连续两年获得"领跑者"证书，2019年获得的"领跑者"证书系大连市首个企业标准"领跑者"证书。大连银行在大连市市场监管局积极指导和帮扶下，网上银行服务健康、规范发展，为推动大连市金融标准化建设发挥了良好的示范和引导作用。同时，大连银行积极参加大连市市场监管局在全市范围内开展的"百城千业万企对标达标提升专项行动"，以标准化引领产品和服务质量提升，并积极申报大连市标准化资助奖励项目。

三、提升服务功能、安全性和用户体验的做法和经验

1.打造教育缴费绿色通道，提升数字金融服务能力

大连银行本着"立足本地、服务市民、回馈社会"的发展理念，不断提升数字金融服务能力，尤其在教育缴费领域，积极开辟绿色教育缴费通道，为家长、学校及社会解决服务痛点，通过建设线上教育缴费平台，并以手机银行为载体，实现学校收费公开、规范，家长缴费安全、便捷，从而规范教育收费，实现阳光缴费。

2.反欺诈系统支撑网上银行服务安全稳健

大连银行上线的网上银行反欺诈系统，在业务安全防控中发挥效能，协助银行从客户身份识别、可疑交易监测分析、客户身份资料和交易记录保存、名单及客户行为特征等多方面共同着手，建立对欺诈犯罪的事前预防、事中监控、事后打击的全方位风控体系，有效控制交易风险。

3. 新冠肺炎疫情防控多措并举，线上业务百花齐放

新冠肺炎疫情发生以来，大连银行坚持为民利企，不断加强科技支撑，积极支持企业复工复产，保障客户服务体验。大连银行以网上银行服务标准为蓝本，迅速制定疫情防控期间的业务办理指南，依托个人PC端网上银行、手机银行、微信银行等网上银行服务渠道，让广大客户足不出户完成账户管理、支付结算、代发代付、生活缴费、投资理财等常规业务，同时开通疫情捐款、实时查询疫情动态、疫情防护用品营销活动等疫情防控举措，保障基本金融服务和关键基础设施稳定运行，确保金融服务不缺位、不断档，高效安全地满足市民的金融服务需求。

四、服务创新和技术创新的情况及实施效果

1. 校园缴费一站式服务，便捷缴费，服务透明

大连银行教育缴费平台可以解决学校内部各种收费项目的收费、统计、查询等工作，用统一的收费平台代替传统手工收费方式，减少教师及工作人员的工作量，减少收费过程中可能出现的差错、假钞的问题，进而提高工作效率，方便管理。家长可以通过手机银行随时随地地自主缴费，减少疫情期间的非必要出行，去除缴费等待时间长的困扰，进而提升了家长们的缴费体验。另外，大连银行与学校、幼儿园、培训机构建立沟通机制，掌握学校运行状况，解决校服、校餐、学平险等多种教育服务应用场景，同时扩展至物业、党费等多个行业，线上服务水平进一步提升。

截至2020年末，大连银行已开通大连地区缴费机构249所，缴费数量142万笔，缴费金额2.8亿元，已成为大连地区最大的教育缴费平台。

2. 反欺诈系统构建屏障，防诈骗，保安全

大连银行反欺诈系统已经具备了实时反欺诈能力，通过预设一系列反欺诈指标规则，借助机构内部交易数据、三方监管部门数据、电信及网络海量数据，进行整合加工、计算分析，规则命中分析，核对客户身份、解剖交易行为，提供实时、有效、具有前瞻性的决策支持。上线反欺诈系统、设备指纹两

大平台，包括规则管理、交易监控、统计分析、名单管理、案件管理、系统管理、事件管理、风险预警等14大模块、上百功能点的开发部署等。

大连银行反欺诈系统自上线以来，接入了个人网上银行、手机银行、微信银行、银户通、互金平台、银联前置等线上应用系统，防控风险包括盗卡风险、失信风险、虚假开户、异常登录、异常交易、异常缴费、异常赎回、异常提现、异常注册、异常转账、账户盗用、垃圾注册等。系统从上线到目前运行状况良好，可以有效地监控网上银行的交易风险。

2020年，反欺诈系统累计提供实时有效防护4428.63万笔交易，其中手机银行累计防护3456.72万笔，识别风险交易46.58万笔，涉及金额39.15亿元；个人网上银行累计防护163.19万笔，识别风险交易25.39万笔，涉及金额65.84亿元；其他渠道共累计防护808.72万笔，识别风险交易22.95万笔，涉及金额21.29亿元。

大连银行反欺诈系统满足大连银行未来3~5年的业务发展，可达到城商行交易风控的领先水平。

五、网上银行数字化发展趋势

大连银行2020年全面实施金融科技转型战略规划，对标同业的领先实践，按照整体规划、分步实施的策略，打造一家支撑能力不断增强、应用能力显著提升、生态体系繁荣发展的数字银行。

当前，金融科技是未来银行发展的核心竞争力，是银行业新一轮竞争的主战场。大连银行坚持"融合·开放·创新"的数字化发展定位，充分发挥金融标准在金融科技转型中的引领作用，支持金融数据基础设施建设，助力科技创新和数字化变革，加快大数据、云计算、人工智能、区块链、物联网、5G等金融科技新技术的应用，全面推动技术升级，并打造以客户、渠道、产品、风险和管理为中心的"科技服务引擎"，驱动大连银行向数字银行、开放银行不断演进，以金融科技创新实现"换道超车"，助力大连银行网上银行的数字化升级。

（大连银行网络金融部供稿）

江苏江南农村商业银行网上银行服务

　　江苏江南农村商业银行股份有限公司（以下简称江南农商行）成立于2009年12月31日，是全国首家地市级股份制农商行。自成立以来，该行以"服务领先型"为管理理念，以"热情、周到、专业、快捷、创新、个性、尊享"的服务为标准，努力提升服务水平，促进各项业务高质量发展。

　　自网上银行服务推出以来，该行一直致力于运用金融科技手段全面提升网上银行服务能力和水平，努力打造标准化的服务体验和有效促进网上银行的数字化转型。目前，该行的网上银行系列产品（包含个人PC端网上银行、企业PC端网上银行、个人手机银行和企业手机银行）深受各类型客户认可，并有着很高的使用度。

一、网上银行业务发展的基本情况

　　截至2020年末，江南农商行拥有PC端网上银行个人客户35万户、PC端网上银行企业客户10.3万户、企业手机银行客户10.3万户，以及个人手机银行客户170万户。网上银行电子渠道的发展对于江南农商行越来越重要，目前对网点业务的替代率已超过99%。

　　近几年来，江南农商行网上银行各项业务发展态势良好，尤其是个人手机银行呈现快速发展趋势。2020年，江南农商行个人手机银行全年交易笔数为935万笔，较上年增长10.4%，笔数较2018年和2019年分别多 245万笔和88万笔；个人手机银行全年交易金额为2708亿元，较上年增长18.6%，交易金额较2018年和2019年分别增加503亿元和424亿元。

二、开展制度和标准化建设，规范网上银行业务发展

为进一步加强网上银行业务管理，有效推进业务发展，防范业务风险，江南农商行根据中国银保监会《电子银行业务管理办法》《电子银行安全评估指引》等有关法律、法规及该行风险内控和业务条线的各项管理要求，制定了《网上银行业务管理办法》《电子银行服务协议》《网上银行服务企业标准》等制度和标准，通过内部制度文件和标准的制定和执行，确保该行网上银行业务良好发展。

三、以安全使用为基础，多措并举提升网上银行安全服务能力

在网上银行安全使用方面，江南农商行通过技术方案和业务流程的安全设计，不断提升网上银行安全服务能力。

首先，江南农商行通过使用"云证通""语音认证""人脸识别""远程视频"等多种安全技术，并加以"智能交易反欺诈平台"，对客户交易提供安全支撑。其次，该行通过使用多种安全要素，如手机号、UKEY介质、交易密码、手机动态口令等，对客户交易进行安全认证。最后，该行通过账户余额变动通知、系统登录提醒、重要交易手机短信确认、密码错输次数限制、不同渠道最高交易额度限制、完善交易实时监控机制、通过数字签名等手段，在业务层面上对客户交易进行安全把控。

四、持续提升网上银行服务功能，全新推出3.0新版手机银行

按照江南农商行创新转型工作要求，为全面提升网上银行的体验度，营造以客户为中心的一体化服务体验。2020年，该行全力打造了3.0新版手机银行。新版手机银行秉承了以客户服务为中心理念，服务内容覆盖了生活场景、财富管理、客户服务等多方面，精心打造成为开放化、场景化、智能化的移动金融门户。该行新版手机银行服务特色主要表现在以下几个方面：

一是个性设计，提升客户体验。新版手机银行设计了多款主题皮肤包供客户自行选择、自由切换；节假日或客户生日展示个性化定制页面；交易电子回单提供多种祝福模板设置并支持微信转发，温情化的转账交易电子回单，让掌

上服务更有温度。

二是业务再造，符合客户使用习惯。新版手机银行采用全新客户视角，借助功能重组、优化、整合等方式打造功能新布局，实现常用功能页面重构、步骤精简、重要信息突出。依托科技创新驱动，以交互设计为主线，重塑业务流程，提升页面点击响应效率，持续优化业务流程，降低客户学习成本。

三是创新服务，推出"简爱版"手机银行。江南农商行按照中国银保监会发布的《关于银行保险机构切实解决老年人运用智能技术困难的通知》要求，为助力老年客户跨越数字鸿沟，新版手机银行推出主题换肤功能，老年客户可以随时切换"简爱版"手机银行。"简爱版"围绕老年客户的行为习惯和需求量身定制，以"简洁、大字体、服务提示"等特色，全面打造安全、无障碍的手机银行服务。

四是围绕客户所需，完善惠民服务功能。新版手机银行围绕客户日常生活场景，推出一系列特色化服务，如线上电子社保卡片申请、电子医保凭证、权益兑换、抢购专区、公积金查询、挂号就医、电子流水单等一系列线上便民服务，做深做实惠民服务。

五是远程视频服务，打破服务边界。远程银行以特色线上金融服务优势，打破了客户与网点的"最后一公里"距离。新版手机银行继续丰富远程银行业务功能场景，将自助模式与远程模式深度融合，完成业务闭环，减少服务壁垒。

五、运用新技术和新方法，助力网上银行数字化转型

近年来，江南农商行持续开展网上银行的数字化转型，网上银行服务能力得到较大提升。

一是提升了对客户的分析能力。江南农商行在网上银行强化了数字化分析能力，基于整合的客户信息、客户行为及客户积分等多种数据，利用数字模型工具分析得出一些预测性结论，为后续的获客、智能化推荐、引流、提高产品曝光率等工作打下基础。

二是提升了业务的决策能力。江南农商行利用数据分析预测性结论来辅助决策，使每次提供的产品和服务变得更有针对性和价值。

三是提升了营销的管理能力。江南农商行将数据分析的预测性结论反馈给

营销部门，营销部门会根据各个客户群体的不同要求，为顾客提供差异化和个性化的服务，实现客户的交叉营销和精准营销。后续，还会对营销的效果进行跟踪，不断修正营销方案，最终形成"客户洞察、双向互动、精准触达、千人千面"的良性营销管理循环。

（江苏江南农村商业银行供稿）

无锡农村商业银行网上银行服务

　　无锡农村商业银行成立于1995年，前身是锡山市农村信用合作社联合社，2005年6月改制为锡州农村商业银行，2010年7月更名为无锡农村商业银行。2016年9月23日，无锡农村商业银行成功在上海证券交易所挂牌交易，成为全国首家在A股主板上市的农村商业银行。自成立以来，无锡农村商业银行充分发挥法人银行的机制优势，在互联网浪潮之下，勇于开拓创新，积极拓展电子渠道，丰富业务场景，以"标准"引领业务发展。

一、业务发展概况

　　无锡农村商业银行自2010年开始全面布局互联网金融，逐步建成了以PC端网上银行、手机银行、直销银行为主的综合线上服务平台，以微信银行、小程序为主的轻量级服务平台，打造了线上线下一体化金融服务体系。通过十余年的发展，目前无锡农村商业银行企业网上银行客户近3万户，对公客户开通率达75%（见图4.1）。

图4.1　2018—2020年企业网银业务发展情况

随着手机端网络的快速普及，个人网银用户近年来只保持少量增长，个人客户均转移至手机银行上。目前，无锡农村商业银行手机银行用户96万余户，月活客户占比近30%，并保持每月0.5%左右增长。手机银行在2020年分别荣获中国金融认证中心颁发的《最受用户喜爱手机银行奖》和现代快报颁发的《最佳用户体验金融APP》。

二、以制度、标准引领业务发展

无锡农村商业银行以制度框架确定业务发展边界，以企业标准引领业务发展，根据合规优先、制度先行原则，风险可控原则，简明、易行可操作性原则，建立了科学、严谨且符合无锡农村商业银行经营管理和内部控制要求的规章体系。对于网上业务的快速发展制定了相应的业务和科技条线规章制度，在业务条线上明确了业务办理合规性及风险把控要求，针对软件开发、数据安全、客服服务、安全运维、创新管理等形成全面的合规体系。通过调研同业先进做法、最新的金融技术，依据金标委制定的相关国标，强化框架设计，综合考虑短期同中长期发展需求，立足区域银行定位，形成符合无锡农村商业银行实际的企业标准，从顶层设计开始引领相应业务条线的发展。

三、提升服务属性，强化创新引领作用

1. 构建一体化服务平台

无锡农村商业银行电子渠道采用分布式、微服务建设模式，支持互联网渠道服务、金融开放平台和传统渠道服务标准化交易服务，满足行内自营客户B2C服务模式下的线上、线下一体化服务模式和行外机构B2B2C合作模式，整合互联网用户服务、产品服务、全渠道服务平台和互联网渠道服务，在适应当前需求的同时，满足中长期发展需要。抽象金融服务能力，建立面向多渠道的统一服务中心，形成用户中心、产品服务中心，满足全渠道银行综合服务平台渠道服务、金融业务管理、互联网核心等具体业务功能的具体实现。完成平台级运维服务、基础技术服务和统一内控管理。

2. 形成用户体验体系

在科技部门设立专职客户体验（UE）岗，同业务部门组成行内客户体验小组，定期走查电子渠道UE，形成专题走查报告。依托电子渠道自身的白名单体系，形成产品推广"三体验"：一是产品开发团队体验使用，二是行内员工推广使用，三是目标客群体验使用。在经过客户检验之后再全面正式推广。结合客户行为分析系统，在不涉及客户隐私信息的情况下，分析UE优化点，动态调整业务功能布局。

3. 提升服务延展性，丰富业务场景

无锡农村商业银行利用行内丰富的科技能力，拓展平台服务能力，推出以科技手段为支撑的"制度+科技"新模式下的"三资"项目体系，推动农村集体"三资"管理的制度化、规范化，实现农村集体"三资"的保值增值。同时，配套建设e银通系统，利用银行对资金监管的专业技术特点，运用大数据、人工智能等信息技术，建立对农村集体"三资"精准监督、智慧监督的信息化平台。

四、网上银行数字化发展趋势

2020年以来，无锡农村商业银行围绕线上线下联动、科技业务融合，全面开展数字化经营探索。一是强化中台能力，打造搭建包括业务中台、数据中台、技术中台在内的大中台体系，全力构建数字化转型底层架构。二是围绕"生态、场景、用户"开展探索，针对个人用户、企业用户、政府用户等不同客群，打造彼此相连、同步迭代、实时互动、共创共享的生态圈。三是在经营理念、营销模式、战略推进上深化转型，树立数字化思维，增强快速吸收新技术和商业模式的能力。在以上三个方面的助力下，统一数字化渠道建设，有序推进网上银行数字化转型，以手机银行为核心拓宽线上渠道，提升线下综合化服务，实现线上业务移动化、线下业务智能化，提供一致性的全渠道智慧服务，为客户提供全新体验，实现活跃客户指标稳步增长。

（无锡农村商业银行供稿）

广东省农村信用社联合社网上银行服务

一、网上银行的业务发展情况

2010年以来，广东省农村信用社联合社（以下简称广东农信）先后推出PC端网上银行、手机银行、电话银行、短信银行、微信银行等网上银行服务。截至2020年底，各类网上银行渠道服务客户总数为5258万户，2020年和2019年用户数分别增长15.4%、20.8%；2020年交易金额为2.97万亿元，2020年和2019年分别增长4.5%、8.1%。总体来看，网上银行的用户数和交易规模近年均保持稳步增长态势，尤其手机银行增长较快，2020年底签约客户数1643万户，2020年和2019年分别增长24%和35%。电子替代率逐年增高，2020年底为94.99%，较2017年提升了8.7个百分点。

二、标准规范和管理制度的建设和落实情况

在业务管理方面，为规范网上银行业务有序发展，广东农信针对手机银行、网上银行、短信银行及微信银行分别发布了业务管理办法，明确各项业务的开办流程和办理要求。省联社每年不定期组织辖内各农商行开展自查、抽查和交叉检查，确保制度各项管理要求落实到位。

在标准规范及安全方面，广东农信先后发布《线上信息系统安全需求规范（2020年版）》《信息系统安全测试规范（2021年版）（试行）》等内部规范，并发布网上银行服务企业标准，明确网上银行从产品研发到业务运营等各生命周期的安全管理规范。网上银行功能新增及优化均需经过评审及审批，重大投产需经过风险评估及安全监测，确保安全合规。

三、提升服务功能、用户体验、安全性的做法和经验

1. 智能升级，打造综合化网上银行服务

近年来，广东农信坚守农村金融主力军的责任担当，充分发挥"小法人+大系统"优势，集中资源、集中网络、集中技术，推动网上银行在内的各类服务向智能化、场景化、协同化升级。将手机银行作为关键发力点，充分运用专有云弹性计算、大数据实时决策、中台服务聚合和高并发移动架构等基础能力，打造基于微服务技术体系的广东农信手机银行4.0，建立了以店铺化运营、小程序生态基础、多渠道融合为主要特色的移动端应用，着力推进渠道业务在场景导流、服务协同、产品营销、行业拓展等方面数字化再造。

广东农信手机银行4.0依托全新技术平台研发，涵盖"金融、电商、生活"三大板块，提供"百行百面、千人千面、一行百面"三大功能，做实"数字运营、社区互动、便捷服务"三大工具，为客户提供技术良好、功能完善、特色突出的一站式线上综合服务。在金融服务上，全面推进存贷汇业务线上化、移动化办理。一是依托大数据智能风控，推出悦农e贷、悦农小微贷等网络贷产品，实现客户的贷款申请、审批、放款等全流程线上办理，最快1分钟放款，满足客户即需即用即还诉求，有效降低"三农"及小微客户办贷门槛；二是针对"三农"客户日益多样的存款投资诉求，引进悦农e存、大额存单等与"三农"客群高度匹配的新型存款产品，帮助客户便捷、放心地开展财富管理。在生活服务上，一是提供电商、缴费等多类非接触金融服务，并提供新人礼、秒杀、优惠券、满减、抽奖、众筹等众多营销功能，为客户带来实在的便捷和优惠；二是不断加强银政合作，推出线上办理公积金、税务、不动产等政务服务，支持社保卡申办、医保支付等民生工程，帮助数字政务更快触达广大农村客户。

同时，不断增强网上银行服务的准确性和实时性。一是根据农信体系多法人特点实现了"百行百面"，各农商行根据店铺模板可开立个性化的机构店铺，设计符合自身品牌特性的版面，并发布本地特色的功能和产品，差异化满足不同地域客户的特色需求。二是依托数据化运营，根据客户年龄、资产等客群分类维度精准推送APP消息，自动根据用户行为和标签实现产品和广告的智能投放，给予客户最需要的服务。三是支持员工开通线上金融店铺，实现员工直接

触达客户提供专属客户经理服务，让网上银行业务办理更加便捷、放心。四是全面升级智能客服，提供7×24小时全天候在线服务，实现更加友善的人机交互和智能服务。五是针对老年客户群体，推出"关爱版"手机银行，界面功能专为老年人定制，解决老年人想用不会用、想用不敢用的痛点。

2. 多措并举，提升网上银行用户体验

用户体验是网上银行运营推广的关键。广东农信从策略、人才、流程、规范、指标、方法等各方面制定用户体验工作体系，保障用户体验的持续完善。一是组建角色齐全、能力专业的用户体验团队；二是制定用户体验管理制度和标准，确保体验工作展开的规范化和标准化；三是建立广东农信用户体验评测指标体系，完善测试测量体系，持续对网上银行开展性能体验指标评测，持续推动性能调优；四是采用多种科学的工具、方法开展用户体验的研究和评测。例如，采用众测模式引入大量真实用户，基于实际场景进行广泛的探索及验证，保证产品的稳定运行和用户体验质量。

3. 升级技术，增强网上银行敏捷研发效能

在技术实现上，广东农信借鉴互联网的大量新技术及理念，使技术响应更加敏捷。一是采用ESB服务总线进行服务集成，整体性能提升；二是建立灰度发布机制，增加对外投产前的缓冲带，使手机银行等业务上线风险有效减缓；三是引入UI回归技术，实现部分UI自动化回归，有效缩短回归时间；四是采用中台化建设方式，将可复用的基础能力及商业能力沉淀于中台形成通用能力，降低新产品、新业务的开发成本；五是引入领域驱动设计进行领域建模，对功能模块进行领域分析，实现各个能力中心之间的"松耦合、高内聚"。

4. 筑牢防线，保障网上银行服务安全连续

广东农信对网上银行服务不断升级的同时，对安全的保障也不断升级，凸显银行服务安全安心的特点。一是开展APP安全加固；二是制定严格的访问策略进行访问控制；三是加强信息交换安全保护，对敏感信息加密，资金交易采用证书签名，防止篡改和抵赖；四是使用多重防火墙保障数据安全；五是采用

安全密码控件，加强弱密码校验，限制错误密码输入次数等，防止暴力破解；六是在程序设计方面对输入、输出进行严格的合法性检测，完善异常处理机制，防止非法访问；七是建立短信验证、密码验证、安全证书、指纹特征等多重身份校验机制，开展多因子安全控制，提升安全级别。体系化全流程的安全保障措施为网上银行业务的发展筑牢根基。

四、把握发展趋势，推动网上银行不断升级完善

网上银行已成为银行经营的主阵地，广东农信将围绕场景多元化、运营精细化、交互智能化、线上线下协同化等趋势，推动网上银行不断升级完善，尤其要针对农村客户、老年客户等普惠客群的需求痛点，加强研发好用、易用、会用、爱用的网上银行产品，借助语音等智能化手段不断提升服务的便利性、人性化，探索金融"数字鸿沟"解决之道，让更多人能享受到丰富、便捷、实惠、安全的数字普惠金融服务。

（广东省农村信用社联合社供稿）

广东顺德农村商业银行网上银行服务

近年来，随着互联网和大数据技术的高速发展和应用，线上平台承载的金融服务类型日益丰富及多样化，移动金融服务已成为各大互联网金融公司和银行发展转型的重要板块。为提高客户的服务体验度，广东顺德农村商业银行基于阿里云平台构建了"大零售资产平台"，并基于该平台通过顺农商e贷APP为客户提供线上贷款服务，实现客户足不出户即可在手机端线上自助办理贷款金融业务。

一、顺农商e贷APP业务简介

顺农商e贷APP承载着广东顺德农村商业银行个人线上贷款产品的开发、运维，以广东顺德农村商业银行风控技术手段为依托，通过反欺诈规则校验、大数据分析技术、评分卡模型等智能化手段对客户进行筛选、批核，实现客户全流程线上操作，7×24小时运营，并将额度申请、审查审批、放款等贷款流程环节时间缩短至分钟级别，高效、便捷、灵活地为客户提供数字化信贷服务。

二、顺农商e贷APP业务系统的创新点

顺农商e贷APP业务基于金融私有云平台构建大零售资产业务平台，采用以安全、可靠、弹性为核心的分布式技术平台架构，实现向分布式架构的转型，建立基于能力共享的业务中台，满足服务模式和经营模式创新需求。

第一，实现信贷业务流程网络化，降低人工成本。通过贷款网络化机制，实现信贷业务流程网络化，以客户全面对接信息为基础，实现全流程线上管理，降低人工成本，提升业务处理效率。

第二，设计系统统一前置，降低信息不对称风险。通过系统的统一前置功能，实现多渠道客户信息接口的全面对接，降低信息不对称风险，提高授信的风险防范能力和贷后管理水平。

第三，引入大数据分析机制，提供智能风控服务，为业务保驾护航。通过大数据分析机制，将人民银行征信、行外第三方合作平台数据等信息进行分析整合处理，为贷款自动化审批提供基础。考虑到数据的多样性特点，根据数据信息的属性进行分类处理，多维度排查筛选，确保后期数据应用的准确性和灵活性。

三、顺农商e贷业务系统的技术特点

承载顺农商e贷业务的大零售资产平台，采用分布式微服务系统架构，基于组件库的应用开发机制，提供了大量的服务组件，通过组装即可完成业务逻辑的实现，通过组件化机制实现了不同应用系统之间的知识积累。

第一，企业级分布式服务EDAS。大零售系统采用企业级分布式服务EDAS为应用系统服务化实施提供技术支撑，负责系统与系统之间的服务集成，在技术上以分布式服务框架HSF为基础，实现服务的注册、订阅和RPC调用的应用。

第二，一站式移动开发平台mPaas。进件渠道顺农商e贷APP采用移动开发平台mPaas，为移动开发、测试、运营及运维提供云到端的一站式解决方案，能有效降低技术门槛、减少研发成本、提升开发效率，快速搭建稳定高质量的移动APP。

第三，丰富的基础组件技术。丰富的基础组件技术包括APP端使用的IFAA指纹登录、IFAA人脸识别登录、语音搜索等；APP特定服务使用的活体检测组件、OCR识别组件等；大零售管理端采用的业务流转服务组件、CFCA加签技术等；云产品组件（如MQ、RDS、OSS、Redis）等。组件技术运用提高了应用的开发效率，降低了技术难度，缩短了实施周期。

第四，应用双活部署。平台拥抱云计算，采用以安全、可靠、弹性为核心的分布式技术架构，实施向分布式架构的转型，建立基于能力共享的业务中台，满足服务模式和经营模式创新需求。由于大零售系统采用基于金融云的分布式微服务架构，各ECS部署的应用提供无状态服务，支持双活与多活，且需要持久化的业务数据均存储在具备容灾能力的云产品中。为保证业务连续性，大零售资产平台采取应用双活、数据主备的同城双机房部署模式。

总体而言，随着广东顺德农村商业银行数字化转型的持续发展，顺农商e贷APP业务已实现业务运营数字化、风险控制数字化、信息管理数字化的转型升级，提升了业务的管理效率与风控水平，通过结合客户资产情况、历史交易、流动性偏好等信息，快速匹配对应产品，简化线上流程办理，实现服务能力持续提升，为客户打造更优的移动金融服务体验。

（广东顺德农村商业银行供稿）

重庆农村商业银行网上银行服务

一、网上银行业务发展基本情况

近年来，重庆农村商业银行（以下简称重庆农商行）线上渠道实现较快增长，整体电子渠道替代率逐年上升，2018—2020年分别为92.8%、94.5%、96.1%，线上服务客户占重庆全市人口数量的比例超过1/3，其中80%以上为县域及农村地区客户。

2018—2020年，手机银行客户数分别为824.1万人、957.3万人、1123.3万人，年均增长率达16.7%，交易金额分别为10060亿元、10891亿元、14442亿元，年均增长率为20.9%，月活用户数303万人；企业网上银行客户数分别为8.1万户、10.3万户、12.4万户，年均增长率为24.4%，交易金额分别为7845亿元、7588亿元、9122亿元，年均增长率为8.5%；个人网上银行客户数分别为301.2万户、317.3万户、314.6万户，交易金额分别为1165亿元、900亿元、688亿元。

二、标准规范和管理制度的建设落实情况

1. 企业标准建设落实情况

重庆农商行建设《智慧银行　建设技术规范》（Q/CQRCB B004—2019），《互联网金融　网上银行服务质量规范》（Q/CQRCB A002—2020）两项标准规范，利用"质量月"等契机进行宣贯，纳入行内标准体系保障实施。前者对网上银行服务基础平台"智慧银行"的技术架构、技术基础、大数据平台、渠道接入平台、功能系统等方面进行规范，后者对网上银行服务的安全性、功能、客户

体验、组织保障、技术保证、服务创新等进行规范。

2. 管理制度建设落实情况

制定《移动金融业务管理办法》《移动金融业务操作规程》《企业网上银行业务管理办法》《企业网上银行业务操作规程》《个人网上银行业务管理办法》《个人网上银行业务操作规程》《远程客户服务管理办法》等制度,纳入内控合规体系保障实施。

三、提升服务功能、服务安全性和用户体验的相关做法和经验

1. 升级迭代,拓展功能多样性

一是上线新版个人手机银行APP6.0,通过手机银行"成长版""尊享版""简约版"三个版本协同,上线零花钱、生活费、财商教育、亲情守护、亲情在线等功能,构建温馨亲情圈,打造家庭金融生态化场景。二是推进业务线上化,研究创新"非接触式服务",2020年上线"扫码办"、交易流水打印等56个零售业务线上化需求,丰富个人手机银行客户端业务功能。三是启动新一代企业网上银行项目,新增贷款、国业、理财、现金管理等功能,填补业务空白,与手机银行结合,提供移动OA、企业红包等服务,实现公私联动。

2. 智能风控,强化服务安全度

建设智慧银行大数据风控体系,构建全流程覆盖、分层防控、多重认证组合、专家组决策、多维度模型策略于一体的智能风控体系,根据生产运行情况对交易进行实时监测、风控策略调优,有效平衡客户体验和交易业务安全。

3. 强化运营,提升用户体验感

一是保障新冠肺炎疫情期间金融服务连续性,通过多渠道提示,引导客户下载并自助注册手机银行APP办理业务,降低客户不必要的出行。二是通过智能语音助手、电话银行客服,将智能客服延伸至个人网银和微信银行,为客户提供7×24小时管家式客户服务,提升客户体验。

四、服务创新和技术创新的亮点及其实施效果

1.适农适老，提供线上普惠金融服务

一是推出手机银行"简约版"，针对农村、中老年人等"数字鸿沟"人群进行适配，简化操作逻辑，提供大图标、大字体操作界面；二是上线智能客服机器人"小渝"，客户使用重庆方言语音指令即可享受金融服务；三是在手机银行渠道探索接入远程视频服务，不断拓展客户服务方式，后期将可通过远程视频柜员完成业务办理及咨询。

2.中台建设，提供服务通用支撑能力

构建并完善业务、数据、技术中台能力，在新业务及开放银行中充分复用相关能力。将线上渠道所有交易统一接入风控平台，全面提升电子渠道安全防范能力。通过营销管理平台，增加权益券、商户券、虚拟商品券等营销工具，灵活支持各业务条线和各分支行的个性化营销活动。

五、网上银行数字化发展趋势

1.金融标准化方面

通过数据治理进一步完善数据标准，持续提升大数据处理和应用能力，为经营管理、精准营销、智能风控、智能营销、客户体验等提供决策支撑。

2.渠道数字化方面

一是推进新一代企业网上银行建设，提升对公金融服务能力，丰富对公业务合作场景，同时将服务开放到行业软件、企业应用中，打造对公开放银行。二是推出"云直播"银客互动平台，开展形式多样的投资者教育，实现客户经理直播互动，拉近客户距离。

3.运营数字化方面

从被动监控转变为主动监控，建立起精准化、敏捷化的智能运营管理模

式。一是强化活动运营，以客户全生命周期持续经营为核心，以与客户建立长期联系为目标进行活动运营，在各类活动中提升用户留存，实现精细化运营，促进场景式营销。二是强化产品运营，通过精准数据分析，为客户推荐合适的产品。三是强化功能运营，对使用频率高的功能不断优化，提升客户体验；对使用频率低的功能进行调整，加强线上渠道功能优化。

（重庆农村商业银行供稿）

湖南三湘银行网上银行服务

湖南三湘银行坚守金融服务实体经济的使命责任，在做好全面风险管理和安全保障的前提下，充分认知自身和用户，通过积极参加企业标准"领跑者"活动，推进网上银行服务企业标准的制定和落地，从而更好地支持实体民营企业、支持小微企业、支持民众，做数字产业银行和老百姓自己的银行。

一、明确定位，建立标准

湖南三湘银行作为全国第八家获批建立的民营银行，遵守一行一店的模式开展业务。因网点和分支机构设立的限制，依托互联网银行便利、高效、低成本等特点开展业务已经成为湖南三湘银行主要的业务办理与交易方式。网上银行渠道交易量占湖南三湘银行交易量的99%以上，手机银行月活客户数超过100万户。一方面，怎样为客户提供交互友好、操作便捷、多种多样的在线化服务向各网银渠道提出了更高的要求。另一方面，随着"新基建"加快、物理世界和网络世界的交融，尤其是金融与科技的深度融合，在创新金融产品、再造业务流程、提升服务质效的同时，也改变了金融运行机理，加大了风险防控难度，带来了更多的网络攻击和安全隐患。

2020年度金融领域企业标准"领跑者"活动开展以来，湖南三湘银行结合工作实际，梳理和分析网上银行业务开展的各项要求，建立围绕业务资质、业务管理、业务运营、风险防范的网上银行业务开展的标准；明确客户服务、客户体验、服务创新与前瞻性工作中的要点；提出网上银行业务开展的技术安全、管理安全、个人信息保护及性能与可靠性方面的具体标准。

二、以标建制，管控风险

以网上银行服务基本规范为标准，湖南三湘银行推动自上而下的业务风险、内控及交易风险标准制定和落地。

第一，对标发布网上银行业务管理办法等相关细则和操作指引，明确各部门职责及分工，主要网上银行渠道的管理、网上银行签约服务管理、用户类型、各类业务密码管理、交易额度管理、证书管理、业务收费及优惠管理、费用支出管理、监督管理和重大事项处理，将网上银行服务基本规范中的指标直接纳入制度中进行统一要求。

第二，对标发布互联网贷款业务和贷款合作机构相关管理办法。互联网贷款业务管理方面：首先，根据基本规范要求明确业务开展的基本原则，强调风险可控、依法创新；其次，将互联网业务纳入全面风险管理体系，建立健全适应互联网业务特点的风险治理架构、风险管理政策和程序、内部控制和审计体系，建立有效识别、评估、监测和控制互联网业务风险的机制；最后，加强风险数据和风险模型的管理，强调获取信息主体本人的明确授权，严格规定风险数据的使用范围。贷款合作机构管理方面：发布互联网贷款合作机构、第三方机构业务合作等相关管理办法；对在互联网贷款业务中湖南三湘银行与各类机构因营销获客、共同出资发放贷款等方面开展的合作进行标准化管理，规定合作机构准入标准及流程和合作协议签订的标准，明确合作期间的数据合规管理、信息披露、系统安全管理、负面清单管理；明确提出严禁利益输送和严控关联交易风险；还明确湖南三湘银行与第三方机构权责和禁止性行为。

第三，制定网上银行业务应急预案，对可能出现风险的场景明确应急处理机制，形成标准化的风险处置流程和作业方案，积极推动模拟演练。

第四，强化交易风险防控，通过重塑以前端防控与事后处理为主的传统防控模式，充分利用大数据与人工智能等新技术，全面采集客户在线交易数据、积累客户行为信息，建立相应的规则与模型。通过主动监控异常设备、用户、账户、操作、交易等，实现欺诈风险的实时管控与精准拦截。

三、以标为镜，优化服务

网上银行服务基本规范就像一面镜子，湖南三湘银行比照标准寻找服务差距，比照标准制定产品服务要求，比照标准优化服务流程。

第一，提供友好的用户体验。坚持以用户为中心，从用户需求出发，遵循方便易用的设计理念，对网上银行操作页面、业务办理时长、业务办理操作流程等进行统一规范，提升业务办理效率。例如，通过手机APP和PC两个不同渠道办理相同业务，业务操作流程保持一致，使业务流程在多渠道间同步，减少客户在业务办理过程中的学习成本；要求在业务办理过程中客户操作与系统的交互不超过3次、查询类服务返回时间不超过2秒、交易类服务返回时间不超过5秒等服务标准等。对照明确的标准要求，在设计新产品提供新服务方面更具针对性，坚守服务标准不降低，为客户提供优质服务。

第二，丰富网上银行服务。自新冠肺炎疫情发生以来，根据中国银保监会印发的《关于进一步做好疫情防控金融服务的通知》要求，为有效保障客户业务正常办理，湖南三湘银行积极利用网上银行这一"非接触服务渠道"，在风险可控的前提下，不断实现柜面业务的在线化办理，统一线上业务办理的审核流程和审核标准，提升线上业务办理效率，实现客户在线申请银行柜台打印账户纸质交易流水和回单、网银转账限额在线申请修改、账户挂失和解挂在线申请、客户手机号码在线申请变更等14项服务的在线办理，同时增加视频柜员服务人员，满足不断增长的在线业务。

第三，建立客户权益保障机制。为维护消费者合法权益，进一步提高金融服务水平，湖南三湘银行将消费者权益保护纳入公司治理、企业文化和经营发展战略，自上而下地推动湖南三湘银行消费者权益的保护。首先，发布《湖南三湘银行股份有限公司金融消费者权益保护工作管理办法》等管理制度，明确董事会至各级部门工作职责，成立了以主管行领导为组长的消费者权益保护工作领导小组，全面组织、协调、督促、指导湖南三湘银行开展金融消费者权益保护工作。其次，对照标准要求，发布《湖南三湘银行金融消费者权益保护工作投诉处理管理办法》，明确消费者投诉、纠纷处理及舆情应对标准流程，使消费者的意见能更好地直接触达对应部门及管理层，有效提高投诉、纠纷等问题的处理效率，提升客户的服务体验。最后，建立消费者权益保护培训机制，积极组织开展消费者权益保护培训，及时向湖南三湘银行传达消费者权益保障新规和信息安全、合规、保密、账户风险和反电信欺诈等方面知识，向客户宣传金融安全知识，提升消费者的权益保护意识，形成良好的金融消费氛围。

四、以标为准，强化安全

伴随着网上银行应用的大量使用，针对移动端的网络攻击行为愈演愈烈，攻击也呈现出产业化和专业化的趋势，黑客的攻击重心转移到盗取并贩卖个人敏感信息。商业银行的网上银行系统终端SDK代码下放到开放环境，面临各种异常环境和异常行为，安全威胁不可量化，安全可视化程度较低。湖南三湘银行依据《商业银行信息科技风险管理指引》《网上银行系统信息安全通用规范》及《中华人民共和国网络安全法》等监管制度及法律法规要求，结合网上银行服务基本规范，制定客户端程序和环境的统一安全标准，加强安全通信加密和认证机制，推动安全管理机制的建立。

依据标准，湖南三湘银行采取有效措施对互联网重要业务进行有效认证及核验。一是在电子渠道通过"设置登录密码和支付密码""电子数字证书""发送预留手机号码的短信验证码"等措施确认客户身份，对异常登录、异地交易、外部欺诈进行有效监控。二是针对资金类交易安全，通过会话控制检查客户确认的信息与最终交易信息之间的一致性，防止在客户确认后交易信息被非法篡改或替换。三是对客户端提交的交易信息间的隶属关系进行严格校验，如账号、卡号权限校验。四是对数据的存储和传输均采取加密措施，采用SSH、https、加密设备等方式对客户服务的系统如手机APP的数据传输进行加密和校验。通过多种安全措施相结合的机制保障客户资金与信息安全，打造安全可控的网上银行环境。

五、以标升服，智慧运营

随着客户不断增多，把客户留下来，提升活跃度，让客户想用、爱用湖南三湘银行网上银行提供的产品和服务，不断增强双方黏度，同时提高客户的忠诚度，是网上银行运营服务的首要目标。

针对老年人客户群体，湖南三湘银行提供专属的"老年版"无障碍手机银行，集合生物识别、语音交互、大数据、智能分析和智能风控等金融科技技术，设计适合老年人身心特点的业务流程，为老年人提供新的交互方式，如加大系统界面字体，支持纯语音双向交互，操作功能可语音搜索，在交易关键节点进行业务提醒播报；同时，还可以在业务办理过程中一键呼叫视频柜员，将动手变为动口，快速便捷完成业务办理，解决老年客户在使用手指银行时所担心的不安全、不会用、不方便等问题。

除针对不同客户群体能够推荐专属的手机银行服务外，湖南三湘银行还有"更懂我"的网上银行服务，利用大数据、云计算和人工智能为代表的金融科技新技术，通过客户画像、特征分析、需求预测、匹配方案和推荐产品步骤，实现千人千面的精准服务。如根据用户的交易习惯和投资偏好，精准化推送适合用户的服务和产品，让客户真正体验到"懂我的银行"就在身边。

（湖南三湘银行供稿）

徽商银行移动金融客户端应用

伴随着互联网技术、信息通信技术的高速发展，银行金融服务与互联网深度融合是大势所趋。2015年1月，徽商银行直销银行"徽常有财"应运而生，因其具有注册简单、操作便捷、使用安全等特点，一经推出就赢得满堂彩。近三年，"徽常有财"的业务增幅显著，客户数稳步攀升：2018年至2020年，直销银行中间业务收入分别为0.56亿元、0.9亿元、0.96亿元；直销银行创利分别为1.83亿元、6.26亿元、6.39亿元；日均储蓄存款分别为3.02亿元、6.39亿元、15.55亿元，存量客户分别为1591.76万户、1956.11万户、2307.35万户。

与此同时，"徽常有财"在业内开展的评先评优活动中陆续斩获多个权威奖项，充分彰显了自身品牌价值：胡润百富2020胡润新金融百强榜、第六届中国资产证券化论坛年会2020年度创新机构奖、2020中国金融科技创新大赛科技抗疫先锋奖、2020中国电子银行网最佳直销银行、金i奖2020年度最佳直销银行数字创新奖、金i奖2020年度场景金融创新奖、第四届1218理财节暨开放银行发展论坛2020最佳开放银行奖、2019年度金融科技行业场景应用产品、金i奖2019直销银行最佳区块链创新奖、2019胡润新金融百强榜最具品牌价值企业、中国金融认证中心（CFCA）2019中国电子银行金榜奖最佳直销银奖。

"徽常有财"能在竞争激烈的直销银行金融大战中脱颖而出，离不开其清晰的发展战略定位。"徽常有财"始终秉持"便捷、安全、融合"的设计理念，高规格制定开发标准，并严格贯彻，坚持创新驱动，围绕用户体验，提供丰富而优质的互联网金融服务。

一、引领行业标准，开发质量有保障

标准化是保障产品和服务质量安全的必然要求，在促进产业转型升级、经济提质增效、服务外交外贸等方面具有重要战略意义。徽商银行直销银行自成立起，就积极重视开发标准的制定，通过不断实践、反复迭代，确立了《徽商银行直销银行移动金融客户端应用研发标准》，对客户端应用软件的设计、开发、维护和发布作出了细致全面的要求。徽商银行以其标准水平的先进性，荣列2020年移动金融客户端应用（银行业）企业标准"领跑者"榜单。

二、"四朵云"绿色金融，助力碳中和

为满足客户多样化需求，进一步拓展金融服务线上化渠道，"徽常有财"推出"四朵云"服务：云代发、云缴费、云认筹和云托付。

1. 云代发

徽商银行通过"徽常有财"Ⅱ类户，提供线上无接触薪资发放服务，实现连锁型企业薪资代发的互联网化改造。该产品有效解决了传统代发工作量大、跨区域难等痛点，为新冠肺炎疫情期间企业复工复产铺路，荣获"2020年度科技抗疫先锋奖"。

2. 云缴费

徽商银行依托"徽常有财"APP，为学校、幼儿园、教育培训等机构提供一站式收费管理平台。学生家长仅需注册"徽常有财"Ⅱ类户即可完成费用交纳，能够有效节省人力成本，提升财务效率，带动智慧校园发展。

3. 云认筹

徽商银行围绕开发商"合规锁客"需求，为"准业主"提供意向金在线存储业务。购房者仅需携带本人身份证、银行卡即可在售楼部完成购房认筹，有利于开发商合规营销、精准营销和低成本锁客，同时提升购房者资金安全和体验。

4. 云托付

徽商银行受存量二手房买卖双方共同委托，对房屋交易资金进行托管，并按资金托管协议约定执行交易资金交割，给买卖双方带来一份稳妥和安心。交易全程线上化、无纸化，为实现金融服务碳中和目标添砖加瓦。

三、创新智能面签方式，实现信托产品全流程线上销售

传统信托产品的销售需要客户进行线下面签，无法7×24小时购买。为提升客户体验，经过近半年的市场调研、需求对接和系统开发，徽商银行直销银行发布线上智能面签系统。用户无须预约，可自助通过APP完成面签全过程的录音、录像。徽商银行通过智能人脸识别核身、话术语音播报、语音识别自动质检等技术，实现了产品的全线上销售。这套系统不仅能够确保客户身份及意愿真实，且进行充分的产品风险提示，避免出现不合规销售行为。此外，实时质检功能也节省了大量人力质检工作。

四、实施策略化、智能化、精细化、形象化的运营战略

"徽常有财"从策略化运营、智能化运营、精细化运营、形象化运营四个方面联合发力。

1. 策略化运营：细分产品、锁定客群，实施差异化营销

目标客群不同，其需要的金融产品也不同，营销场景、触达媒体等也不一样。如面向中老年客户人群，提供风险稳健的理财产品，通过公交、社区广告宣传；而青年客户是消费类贷款产品的潜在客户，通过抖音、朋友圈等社交媒体开展营销。

2. 智能化运营：利用大数据分析，实现智能营销

搭建智能营销平台，通过大数据分析模型深度挖掘用户数据，形成用户标签；对营销活动的效果开展数据分析，改善活动推送策略，用最小的成本转化最多的有效客户。

3. 精细化运营：建立客户增值服务体系

在原有标准化客户服务的基础上，充分挖掘客户的非金融和生活服务需求，在APP中新增出行、代驾等丰富的非金融增值服务。

4. 形象化运营：跨界联合，推广互联网化的品牌效应

2019年推出了IP形象"财宝"，定制开发了"财宝庄园"宠物养成游戏、"财宝"表情包、"财宝"礼赠等系列衍生品。同时开展IP跨界的聚合营销，如联名三只松鼠等品牌，促进品牌合力、流量合力和销售合力。

未来，徽商银行直销银行将继续砥砺前行，严格贯彻开发标准，积极利用金融科技手段创新产品和打磨服务，开拓一条"轻型化""平台化""场景化""数据化""合作化"的数字化转型之路。

（徽商银行直销银行事业部供稿）

保定银行移动金融客户端应用

随着移动技术、大数据、云计算、人工智能、区块链等信息技术的快速发展与广泛运用，金融科技给银行业带来了全新的挑战和机遇，移动银行已成为零售银行竞争的主战场，移动互联时代的银行零售业务，面临着一轮"从卡片经营向APP经营"进化的进程。

保定银行新一代移动银行客户端4.0，秉持以客户为中心的设计理念，采用清晰简约的四维导航界面，运用国内先进的PowerEngine 10系统技术架构，直面数字化发展浪潮，结合人脸、指纹等多种生物识别手段，注重移动银行渠道服务提升和体验优化，全面打通线上线下渠道，提升产品创新及协作能力，以智能化、便捷化和极致体验为目标，推出全新视觉体验，打造有温度的新一代移动银行，构建保定银行内建生态、外联场景的数字化金融生态圈，为客户提供安全、便捷、个性化的移动金融服务。

一是签约率、活跃率显著提高。新一代移动银行秉持以客户为中心的设计理念，操作流程更符合客户使用习惯，上线以来得到广大客户的一致好评，移动银行签约率提升近一倍，动户率提高80%，交易量同比增长70%，各项数据均有大幅提高。

二是柜面业务替代率不断提升。新一代移动银行采用清晰简约的四维导航界面，实现了综合账户管理、在线开户、智能转账、移动支付、存款理财、贷款管理、生活缴费等全方位服务功能，涵盖保定银行90%以上的个人非现金业务，有效提升客户黏性，促进柜面业务替代率不断提升。2021年第一季度交易离柜率达95%，高于行业平均水平。

一、重点领域攻坚克难，"领跑者"工作成效明显

保定银行新版移动银行于2019年7月正式启动，汇保定银行之智、聚保定银行之力，从需求设计、系统开发、业务测试，共设计开发200余个功能点，对接10余个关联系统。在疫情蔓延的不利影响下，保定银行攻坚克难，新版移动银行于2020年正式上线投入使用。

保定银行从参与金融标准化工作以来，始终将企业标准"领跑者"工作作为保定银行打造企业品牌、提升优质金融产品的有力抓手。2020年，保定银行持续推动金融标准化工作不断深入，积极对照国家标准，高标准建设保定银行移动银行客户端4.0全新版本，提升了移动金融网络安全防护水平，同时制定了《保定银行移动金融客户端应用标准》，并积极申报2020年度国家金融领域企业标准"领跑者"活动。在上级监管部门及互金协会领导的帮助下，通过大量的标准认证申报和研讨工作，保定银行最终获得2020年度金融领域企业标准"领跑者"称号。

二、积极创新，搭建高质量移动应用平台

保定银行引入移动应用平台为APP开发、测试、运营及运维提供一站式解决方案，能有效降低技术门槛、减少研发成本、提升开发效率，快速搭建稳定高质量的移动应用平台。其总体架构如图4.2所示。

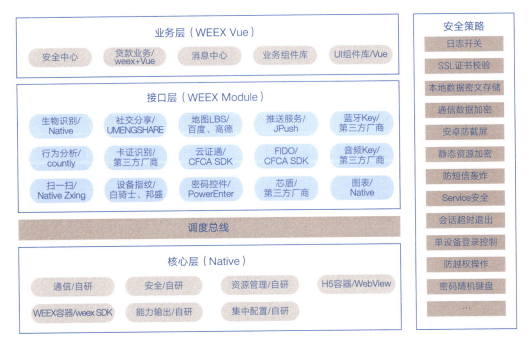

图4.2 移动应用平台总体架构

移动应用平台采用模块化的架构，提供丰富的服务组件，实现搭积木式构建应用系统；建立高效快速的通道和统一的接入网关，实现轻量快捷的接入及实时可靠的推送；提供整套安全机制，极大降低安全风险；提供全面的监控体系及动态热修复能力，快速解决线上问题；提供从研发到运维全生命周期的支撑服务。

1. 模块化平台

平台采用模块化的移动APP开发框架，对整个APP做分层解耦，遵循高内聚低耦合的原则，根据功能或业务职责将APP做模块拆分，每个模块作为一个独立的单元，各个模块可以并行开发、独立部署。模块间的依赖通过导入/导出服务来实现，导入/导出的服务可以是一段代码逻辑，也可以是一个资源。

2. 组件化开发

平台将基础服务提取为可复用的服务组件，开发时选择需要的服务组件，通过少量代码将这些组件进行组装，以搭积木的方式完成应用构建，提升开发效率。比如，这些服务组件包括原生组件，如社交分享组件、扫一扫组件、LBS（位置服务）组件等；也提供常用的公用UI组件，如轮播，对话框，标签栏（选项菜单）等。

3. 全面监控体系

一是稳定性监控：对系统的质量进行监控，实时获取客户端的崩溃率等可用性指标。二是性能监控：发现和改进客户端的用户体验，包括流量、速度等。三是用户行为监控：帮助业务方更加了解用户。四是严谨的移动安全策略。

三、助推行内数字化转型、全力打造移动应用场景

保定银行以移动银行高速发展为依托，推行"移动互联网+"普惠性服务，全面打通线上线下渠道，构建保定银行内建生态、外联场景的数字化金融生态圈。

一是打造全新生活缴费应用场景，进一步扩大服务覆盖范围，支持社保费、非税缴费、住房维修基金、水费、电费、供暖费、燃气费、固话费、宽带费、手机充值10大类生活、政务缴费场景，覆盖全国350余个城市，对接缴费项目逾1700个，极大提升保定银行线上服务能力，深度挖掘客户交易信息，有效推动保定银行数字化转型步伐。

二是全面支持保定公交乘车手机闪付、二维码扫码、银行卡闪付等多渠道乘车方式，打造"互联网+公交"的绿色出行新方式，不断创新移动支付产品与服务模式，践行普惠金融使命。

三是打通银联账户验证渠道，采用银联风险监测平台，利用先进的生物识别技术，实现线上开户功能，为保定银行线上业务扩展奠定了坚实的基础。

2021年是"十四五"规划的开局之年，保定银行既面临京雄保一体化发展的重大发展机遇，也面临加快推动高质量发展的现实挑战，正处在创新驱动、转型发展的关键时期。保定银行将立足新发展阶段，坚持新发展理念，构建新发展格局，盯紧建设现代化一流精品银行这一目标，大力推进战略转型，提升金融产业链的客户服务能力，为客户提供一揽子、全流程、订制化、符合国家标准和行业先进水平的综合金融解决方案，打造价值贡献突出的现代化银行；

推进建设智慧型银行，加强与大数据、移动通信网络等新一代互联网技术与传统金融服务的有效融合，打造以移动银行、数字银行为特色的金融智慧型银行；全面提升金融服务能力，以标准化带动业务创新和发展，积极创新实体经济、民营经济、涉农经济及中小微企业金融服务，为民营企业、中小微企业提供"融资+融智"的全方位金融服务；夯实发展基础，加速融入京津冀、雄安新区建设等国家战略和保定市京雄保一体化战略规划，实现标准化工作落地生根，提升综合服务能力和联动发展能力；加快业务模式创新，打造以平台战略为引导、以智能金融服务为重点、以线上线下交互为特色、以大数据全面应用为支撑的金融服务新模式，提供综合化、集成化、一站式金融服务。

（保定银行供稿）

第 5 部分

金融领域企业标准的编制与实施

金融领域企业标准"领跑者"蓝皮书 2021

JINRONG LINGYU QIYE BIAOZHUN "LINGPAOZHE" LANPISHU 2021

金融服务企业标准的基本原理及编制方法^①

一、服务与金融服务的概念

要分析清楚金融服务企业标准的原理和编制方法，首先要厘清什么是金融服务，这需要从服务的基本概念谈起。

（一）标准意义上的服务概念

目前，关于服务的概念有很多，从提供服务的目的——满足需求的角度看，ISO 9000系列标准关于服务的概念具有较强的代表性和普遍性。GB/T 19000—2008/ISO 9000: 2005《质量管理体系　基础和术语》标准没有单独给出服务的概念，而是将服务作为产品的一种，相关定义如下。

---

① 本文由中国农业银行产品管理局李宽、中国互联网金融协会互联网金融标准研究院王新华撰写。

产品 product

过程的结果。

注1：有下列四种通用的产品类别：

——服务（如运输）；

——软件（如计算机程序、字典）；

——硬件（如发动机机械零件）；

——流程性材料（如润滑油）。

许多产品由分属于不同产品类别的成分构成，其属性是服务、软件、硬件或流程性材料，取决于产品的主导成分。例如，产品"汽车"是由硬件（如轮胎）、流程性材料（如燃料、冷却液）、软件（如发动机控制软件、驾驶员手册）和服务（如销售人员所做的操作说明）所组成。

注2：服务通常是无形的，并且是在供方和顾客接触面上需要完成至少一项活动的结果。服务的提供可涉及，例如：

——在顾客提供的有形产品（如需要维修的汽车）上所完成的活动；

——在顾客提供的无形产品（如为准备纳税申报单所需的损益表）上所完成的活动；

——无形产品的交付（如知识传授方面的信息提供）；

——为顾客创造氛围（如在宾馆和饭店）。

软件由信息组成，通常是无形产品，并可以方法、报告或程序的形式存在。

硬件通常是有形产品，其量具有计数的特性。流程性材料通常是有形产品，其量具有连续的特性。硬件和流程性材料经常被称为货物。

注3：质量保证主要关注预期的产品。

在相当长的一段时间内，服务被视为一种产品，直至ISO在修订ISO 9000时，将服务的概念从产品的概念中分离出来。GB/T 19000—2016/ISO 9000: 2015《质量管理体系 基础和术语》标准对产品和服务的定义如下：

产品 product

在机构和顾客之间未发生任何交易的情况下，机构能够产生的输出。

注1：在供方和顾客之间未发生任何必要交易的情况下，可以实现产品的生产。但是，当产品交付给顾客时，通常包含服务因素。

注2：通常，产品的主要要素是有形的。

注3：硬件是有形的，其量具有计数的特性（如轮胎）。流程材料是有形的，其量具有连续的特性（如燃料和软饮料）。硬件和流程性材料经常被称为货物。软件由信息组成，无论采用何种介质传递（如计算机程序、移动电话应用程序、操作手册、字典、音乐作品版权、驾驶执照）。

服务 service

至少有一项活动必须在组织和顾客之间进行输出。

注1：通常，服务的主要要素是无形的。

注2：通常，服务包含与顾客在接触面的活动，除了确定顾客的要求以提供服务外，可能还包括与顾客建立持续的关系，如银行、会计师事务所或公共组织（如学校或医院）等。

注3：服务的提供可能涉及，例如：

—— 在顾客提供的有形产品（如需要维修的汽车）上所完成的活动。

—— 在顾客提供的无形产品（如为准备纳税申报单所需的损益表）上所完成的活动。

—— 无形产品的交付（如知识传授方面的信息提供）。

—— 为顾客创造氛围（如在宾馆和饭店）。

注4：通常，服务由顾客体验。

修改后的ISO 9000标准明确区分了产品和服务的概念。

一是无论是产品还是服务，都明确为是机构的输出，而不再是过程的结果。因此，完全的个人行为将不再纳入ISO 9000质量体系的管控过程。

二是服务不再是产品的一种形态。服务与产品之间最根本的区别是，在提供前是否与客户做了就产品/服务本身的属性特征进行协商的接触。

三是产品通常是通过服务提供给客户的，而服务通常是通过提供产品进行服务。

四是产品通常是有形的，而服务通常是无形的。

（二）金融服务的概念

2020年12月发布的ISO 21586提出了银行产品、银行服务、银行产品或服务（BPoS）三个重要的概念：银行产品是指BPoS提供者的输出，可在BPoS提供者和BPoS客户之间不发生任何交易的情况下发生；银行服务是指BPoS提供者和BPoS客户之间必须执行至少一个活动的BPoS提供者的输出；银行产品或服务是指供应商为满足特定客户金融需求或金融相关需求而向客户提供的输出。

在ISO 21586标准的概念体系下，金融服务是提供给客户的金融产品与服务中的相关服务属性的体现，根据该标准对银行产品与服务的实质性要素的分析，金融服务包括服务提供者、服务的客户、服务地点、服务渠道、服务时间、涉及介质等。

二、标准编制工作的准则

（一）ISO准则宣贯要求

ISO技术工作行为准则（ISO Code of Conduct for the Technical Work）是ISO从事标准化工作的最基本的文件，近年来修订较多。其具体要求如下：

> ● 为了有效开展工作，ISO行为准则应保持随处可见，选择参加ISO委员会、工作组或协商小组的人应反复被提醒该准则。下面是一些简单的方法来确保原则的重要性被经常强调。
>
> ■ 准则及其培训计划，应通过首次会议议程和后续会议日程的链接，以及包括在会议文档中。

> ■ 领导人应在每个委员会或工作组会议开始时展示准则，并简要说明为什么遵守准则很重要，并说明所有与会者对遵守准则和采取适当行动的承诺。
>
> ■ 在现场会议上，准则应附于出席会议的人员签到表，并分发给出席会议的人员签字。
>
> ■ 会议报告应包括关于准则的任何讨论的细节。
>
> ● 所有ISO参与者有责任确保遵守ISO准则，并在意识到不符合ISO行为准则的行为时，尽快提出担心（Concerns）。

可见，要让标准化理念深入人心，需经过长时间和反复地宣贯。

（二）ISO准则的具体内容

ISO工作准则共分为七个方面，具体要求如下：

一是尊重他人。

> ISO要求参加ISO工作的人员承诺：
>
> 1. 尊重他人，尊重ISO内部的国际标准化专业文化。
>
> 2. 以专业的态度行事。
>
> 3. 尊重他人和各种各样的专业意见——科学的、技术的或其他的。
>
> 4. 在制定ISO标准时，采纳折中和建立共识的概念。
>
> 5. 接受和尊重委员会、工作组和ISO/TMB的协商一致决定。
>
> 6. 无论会议语言的可接受口音和掌握程度如何，都要努力倾听和理解所有人的观点。

尊重他人的原则，在上一版的工作准则中，是放在比较靠后的，但在当前的版本中排到了第一位。这一方面充分体现了标准协商一致的原则，另一方面也体现了一种工作秩序。

二是遵守道德规范。

> ISO要求参加ISO工作的人员做到：
>
> 1. 诚实行事，谨慎勤勉。
>
> 2. 避免串通或反竞争行为。
>
> 3. 提倡一种公平和合乎道德的行为文化，不歧视任何基于人类个体差异的ISO参与者。
>
> 4. 避免进行不尊重他人、威胁他人（精神或身体）、语气不专业或冒犯其他与会者、有损ISO和达成共识的整个过程的辩论和讨论。
>
> 5. 以尊重和公平的态度对待所有人，不向任何人或团体提供或表现出提供优惠待遇。
>
> 6. 不得散布虚假或误导性的信息，或隐瞒必要信息，以充分、公平和全面地审议有关问题。
>
> 7. 不得骚扰、威胁或强迫任何参与者，以说服或影响投票。这并不排除进行专业的、尊重的辩论和交换意见，这些辩论和交换意见含有资料和（或）目前的观点，目的是说服其他与会者支持或反对问题、建议等，以便最终达成协商一致意见。
>
> 8. 在ISO可交付成果的开发过程中，说服支持或反对的努力不应由委员会主席、经理、工作组召集人或项目负责人来做，他们必须是中立的国际工作促进者。

遵守道德规范的原则，既有律己的要求，也有处事的要求，特别是强调公平竞争，不能采用不正当的手段进行竞争。

三是升级并解决争议。

> 1. 及时识别并升级争议，确保迅速解决。
> 2. 坚持商定的争端解决程序。

如果争端的双方处在对等位置，又不能通过投票来决定，则需尽快提交给上级部门或负责人，包括ISO技术过程经理（TMP）。

四是为国际社会的利益而努力。

> ISO要求参加ISO工作的人员将认识统一到制定国际标准是为了国际社会的利益，而不是为了任何个人或机构的利益。要求参与工作的成员致力于在商定的范围内提高国际标准，且不会阻碍这些标准的发展。

这一原则要真正做到并非易事。除了主观上会有为特定相关方谋利益的想法外，其文化、教育和工作背景往往也会不经意地将相关方的利益带入标准化工作中。

五是坚持共识和治理。

> ISO要求参加ISO工作的人员坚持国际标准化主要原则，即协商一致、透明度、公开性、公正性、效力、相关性、一致性和发展。

这一原则涉及多个维度，这些维度应一并考虑，这也要求参与ISO工作的人员具有足够的背景知识和工作技能。

六是同意明确的目标和范围。

> ISO要求参加ISO工作的人员致力于有一个明确的目标、范围和计划，以确保及时制定国际标准。

这一原则实际上就是加强对ISO的项目管理，ISO标准的编制周期，目前已从最长48个月缩短到最长36个月，且要求在立项时就明确首次召开会议等明确的时间节点，以便对工作进度进行跟踪。

七是积极参与并管理有效的代表。

> ISO要求参加ISO工作的人员一方面同意积极参与标准开发项目；另一方面则根据ISO/IEC导则，通过官方程序为工作作出贡献。

首先，若参加了ISO的相关工作，则应尽职尽责，按时参加会议、阅读和回复邮件、在需要时投票。至于参加会议是否表达技术观点，则由专家自己决定，但基本的原则，若在会议上默认，则表示同意；若在投票时弃权，则要明确表达，否则算缺席。一般来说，投赞成票不需要单独说明意见，但投反对票和弃权票都要说明理由。其次，参加ISO的活动需通过官方注册。ISO的成员是按照国家/地区划分的，以ISO/TC68为例，有35个参与成员（P成员）和50个观察成员（O成员）。成为ISO一个技术委员会的成员，并不意味着自动成为其分委会的成员，例如ISO/TC68/SC8，就有28个P成员和9个O成员。除此之外，还有A、B和C类联络员，也可以派出专家参与标准化工作。如果一个人所在的国家/地区不是ISO某个技术委员会或分委会的成员，其所供职的单位也不是ISO相关委员会或分委会的成员，则其是没有途径直接参加ISO的工作的。在金融标准方面，我国是ISO/TC68及其三个分委会、ISO/TC322和ISO/TC222的P成员，为我国专家参与国际标准化工作奠定了良好的基础。

（三）ISO准则对国内标准化工作的启示

ISO准则对我国从事标准化工作也具有重要的借鉴意义和指导作用，但关注的侧重点会有所不同。

1. 勤于学习，专业参与

标准化工作是一个较专业的领域，如果不懂标准化的对象，则较难开展标准化工作。标准化既包括标准化工作的特定目标和标准编制原则，也包括标准文本表达的用语和格式。因此，从事标准化工作的前提是掌握标准化的基础知识和相关的基础标准与通用标准，这样才能发挥标准化的特长。在参与标准化工作，尤其是提出相关的意见和建议时，一方面应努力使所提意见符合基础标准和通用技术标准的要求，另一方面也应请所提意见单位的标准化工作者把关。

2. 有理有据，协商一致

尽可能采纳各个方面的意见是标准起草者的职责，但也存在所提意见过于原则或实际上与基础标准或通用技术标准不符的情况；也可能限于篇幅，没有表达清楚所反馈的意见。在此背景下，在处理流程上，应鼓励标准起草人对采纳的情况与意见提出方进行沟通，若存在不一致的技术看法，则可召开专题技术论证会来解决问题。在处理方式上，除了常用的"采纳""部分采纳"和"不采纳"三种方式外，增加"原则采纳"和"无实质性分歧"两种方式。"原则采纳"适用于原来的文本可能没有技术性错误，但可能容易产生误解，或用词过于专业，因而应针对所提意见，对标准的文本进行必要修改，以便能准确清晰地表达技术内容。"无实质性分歧"适用于提出的技术跟标准文本并不产生实质性冲突，且标准文本也不需要改动的情况。出现以上情况的主要原因在于，所提意见有道理，但看问题的角度不尽相同，这种情况只需进行解释说明，而不必修改标准文本。

3. 明确底线，兼收并蓄

在编制标准文本时，若有必要，应明确必须实现的基本技术要求，如对于规范类标准，低于最低要求就算未达标；同时也应尽可能提供多种可行的技术解决方案，若有必要应提供不同技术方案之间的变迁路径。一般而言，技术方案存在优劣之分，可在标准中明确编制者建议的方案。

4. 明确目标，把控范围

一项标准较难做到包罗万象，因而每项标准应有具体的目标。只有在编制标准的目标明确清晰的条件下，才能确定标准的适用范围，这样也有利于控制标准编制所需的时间和资源。

5. 积极参与，努力贡献

参与标准编制的相关工作人员应勤勉尽责，各尽所能，勠力同心，确保成效。在确定标准主笔人员的基础上，有些人员专门处理某些技术问题，有些人员查询提供资料，而有些人员则确认标准技术内容的可行性。这一方面要求参与标准编制的人员具有良好的主观能动性，另一方面也要求标准编制组具有良好的组织机制，才能按照标准立项时制定的时间进度，在规定的编制周期内完成标准编制任务。

三、标准编制的目标

按照GB／T 20000.1—2014《标准化工作指南　第1部分：标准化和相关活动的通用术语》给出的概念，标准化活动综合目的是"在既定范围内获得最佳秩序，促进共同效益"。从此目的可以看出：一是标准化有一个事先约定的范围，超出这个范围，标准化可能就难以达到预期效果；二是标准化的目标是实现最佳秩序，最佳秩序往往是在标准化的范围内各个部分有序协调运行的秩序，而不是各个部分都是独自最好的秩序；三是促进共同效益，即在约定的标准化范围内，各个参与方均可以得到利益，这个利益可以体现为收益增加，也可以体现为损失减少，而且，一般来说，标准化利益需兼顾长期利益和短期利益。

具体来说，标准化的目标可在上述综合目标的基础上，分解为七个方面，为了避免由于翻译可能导致的误解，下面对每个方面，均给出GB／T 20000.1—2014《标准化工作指南　第1部分：标准化和相关活动的通用术语》和ISO/IEC GUIDE 2: 2004《Standardization and related activities—General vocabulary》中对应的中英文。

（一）适用性（fitness for purpose）

产品、过程或服务在具体条件下适合规定用途的能力

ability of a product, process or service to serve a defined purpose under specific conditions

适用性的本质是指标准化的对象（包括产品、过程、服务）在什么样的条件下，能发挥什么作用。在不同的条件下，若发挥的作用不同，则应分别予以说明。如果某项标准对其标准化对象提出了要求、建议和许可，但所提的内容较抽象或要求太高，这会导致标准的适用性不好。

（二）兼容性（compatibility）

诸多产品、过程或服务在特定条件下一起使用时，各自满足相应要求，彼此间不引起不可接受的相互干扰的适应能力

suitability of products, processes or services for use together under specific conditions to fulfil relevant requirements without causing unacceptable interactions

兼容性是指标准化的对象在一起使用时不能互相干扰。兼容性是系统性的一个重要的方面，一个系统，不论是自然的还是社会的，总是由多个不同的组分乃至子系统构成。若各组分或子系统不兼容，即使各组分或子系统达到最优，整个系统也不一定能达到最优。编制标准时，若考虑兼容性，往往会增加标准编制的复杂程度和编制成本，但兼容性是影响标准适用性的重要因素，不

可或缺。

就金融业的兼容性而言，除了信息通信技术（ICT）需考虑兼容性以外，金融产品服务也需考虑兼容性。介质的兼容性较易被客户所感知，包括银行卡、存放证书的秘钥（Key）等。

（三）互换性（interchangeability）

> 某一产品、过程或服务能用来代替另一产品、过程或服务并满足同样要求的能力
>
> 注：功能方面的互换性称为"功能互换性"，量度方面的互换性称为"尺寸互换性"。
>
> ability of one product, process or service to be used in place of another to fulfil the same requirements
>
> NOTE: The functional aspect of interchangeability is called "functional interchangeability", and the dimensional aspect "dimensional interchangeability".

互换性是指标准化的对象可为用户提供更加丰富的选择。互换性在工业领域的应用较常见，不同厂商的同一规格的零件能相互通用，这样大幅降低了用户使用相关产品、服务的成本。

金融领域的互换性较典型的案例体现在支付领域，在不考虑支付工具的积分和抵减等因素的条件下，用户采用支付宝、云闪付、微信和京东支付等支付工具进行支付，可认为其支付功能是可互换的。市场上的部分广告仅描述产品服务可互换的内容，较少提及或不提不可互换的内容，可能会对客户产生可互换性的片面理解，从而产生一定的误导风险。

（四）品种控制（variety control）

> 为了满足主导需求，对产品、过程或服务的规格或类型数量的最佳选择
>
> selection of the optimum number of sizes or types of products, processes or services to meet prevailing needs
>
> NOTE: Variety control is usually concerned with variety reduction.

品种控制不是要限制创新，而是促进有序和可持续创新，并为市场提供更具活力的产品和服务的重要措施。以工业产品为例，如果没有产品控制，则类型差不多的零件，例如，一个螺母，规格分类过多，零售店可能较难准备齐全，在生产厂家没有达到批量生产之前，较能难实现规模效益。为此，ISO于1973年推出了ISO 3：1973标准，并由我国采标为GB/T 321—2005《优先数和优先数系》。该标准推出47年后于2020年进行复审，仍然有效。此后，我国陆续采标GB/T 19763—2005《优先数和优先数系的应用指南》和GB/T 19764—2005《优先数和优先数化整值系列的选用指南》。GB/T 19764—2005中3.1明确指出："无论是在各种机械零件自身的标准化上，还是在产品结构的标准化上，当其功能特性系列也如每个零件的尺寸那样采用等比级数时，使用优先数系都有优越性。"

由于金融产品服务与机械零件和产品结构相去甚远，因而不一定能直接从应用这些优先数中获益，但品种控制的原理仍然较为重要。一方面，金融产品的等级划分大多难以系列化；另一方面，多数金融产品难以按照产品族进行管理，而只能表现为一种无序的产品集。然而，若对其中的部分产品给出了一些易于联想的商品名或缩写时，则可能会引起对消费者和投资者的误导。

（五）安全性（safety）

> 免除了不可接受的伤害风险的状态
>
> 注：标准化考虑产品、过程或服务的安全时，通常是为了获得包括诸如人类行为等非技术因素在内的若干因素的最佳平衡，将伤害到人员和物品的可避免风险消除到可接受的程度。
>
> freedom from unacceptable risk of harm
>
> NOTE: In standardization, the safety of products, processes and services is generally considered with a view to achieving the optimum balance of a number of factors, including non-technical factors such as human behaviour, that will eliminate avoidable risks of harm to persons and goods to an acceptable degree.

"安全性"目标中提到的"风险"在ISO的较多标准中均有涉及，其含义主要有两种：一是风险是损害出现的可能性和损害严重程度的综合，在早期的标准中，该含义较为常见；二是ISO 31000: 2018《风险管理指南》中界定的风险是指不确定性对目标的影响。针对第二种含义，给出的三个有助于理解的注释为：第一，任何偏离了期望的影响，其可能是积极的、消极的或两者兼有，能处理、建立或导致机会与威胁；第二，目标可以有不同的方面和类别，可在不同的层次上实现；第三，风险通常用风险来源、潜在事件、导致结果和出现可能性来表示。与第一种含义相比，这一含义更加全面，加之ISO 31000: 2018给出了识别与应对风险的一整套方法论，故为很多最新的ISO标准所引用。

"安全性"目标中提到的"风险"较接近第一种含义。风险的应对主要有四种策略，即规避、减缓、转移和接受。完全做到无风险，往往要采取规避措施，这样也会错失一些机会。因此，标准化意义上的安全性，就是要做到风险可控，其带来的负面作用可接受，而这往往需通过包括人的因素在内的多因素的平衡来实现；同时，负面作用可能不仅仅是针对人的，针对物品的也要考虑在内。

特别要注意的是，当前在许多领域都有专门的安全标准，尤其是信息安全标准已自成门类。标准化的安全性目标不仅针对安全标准，而且要针对所有标准化的行为，即任何一个标准化的行为，包括标准的编制、发布和实施，都应同时考虑到安全性问题。

金融是经营风险的行业，金融风险既有一套相对完整的理论，也有相应的机构进行管理。即便如此，对风险可能影响的主体，信息披露仍有可能是不清晰和不充分的，因此，安全的金融产品，应同时站在经营者、客户和监管者的角度来考虑标准化的事宜。

（六）环境保护（protection of environment）

> 使环境免受产品的使用、过程的操作或服务的提供所造成的不可接受的损害
>
> preservation of the environment from unacceptable damage from the effects and operations of products, processes and services

在标准化活动中，尤其是标准编制过程中，要将环保理念贯彻其中，所有

可能涉及不利于环保的要求，即使简单有效的处理方式，如烧毁报废的磁盘和卡片，也不能轻易提及。至于环保具体的要求是什么，则需及时查询相关的国家标准和行业标准。同时，制定和宣贯标准本身的过程，也应按照绿色环保的方式开展。

就金融和环保的关系而言，一方面，可通过绿色金融和可持续金融体现，在这个方面，已成立了ISO/TC 322标准工作组专门做这方面的标准化工作，我国也积极参与该项工作，并作出了积极贡献。另一方面，由于ICT已成为金融的底层技术支撑，金融科技又受到ICT创新的深度影响，因而对采用不同技术手段可能对环保造成的不同影响，也应在金融标准化工作中加以考虑。

（七）产品防护（product protection）

> 使产品在使用、运输或贮存过程中免受气候或其他不利条件造成的损害
> protection of a product against climatic or other adverse conditions during its use, transport or storage

产品防护是指在考虑了产品对人和相关物品可能带来的负面风险并对环境进行保护之后，对标准化对象本身免受损害提出的要求。由于金融产品或服务大多是无形的，因此，标准化的这一目标较易被忽略。事实上，现代金融产品或服务往往是多凭据（credential）的，这些凭据的安全度越高，对其介质的依赖性就越大，而这些介质就涉及产品防护的问题。符合金融行业标准的IC卡比磁条卡更安全就是一个较好的例证。

上述标准化的7个目标，并非相互独立的，而应在金融标准化工作中同时考虑。尽管在不同情况下，不同目标的重要性可能不同，但需统筹考虑，这样才能保证标准化工作的质量。

四、标准编制的基本原则和总体要求

GB/T 1.1—2020标准明确指出，"总体原则这一要素用来规定为达到编制目的而要依据的方向性的总框架或准则"。总体原则在GB/T 1.1中给出了标准编制原则，是标准编制在其条款中应符合或落实的原则。

在GB/T 1.1—2009标准中，第4章提出了目标、统一性、协调性、适用性、

一致性、规范性6个总体原则；同时，在6.3.1"技术性要素的选择"中，补充了目的性原则、性能原则和可证实性原则。在GB/T 1.1—2020标准中，根据我国标准化的实践情况，对总体原则进行了调整，并形成了一个二级的树状结构，见图5.1。下面，就以GB/T 1.1—2020给出的原则和总体要求为基础，结合ISO/IEC 指南第二部分中的第5章给出的原则（Principles），对标准编制的原则进行分析。

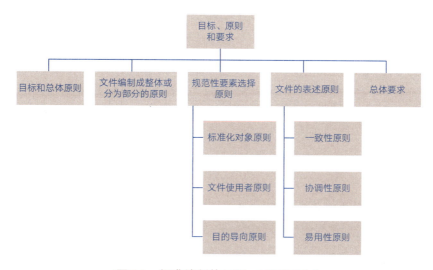

图5.1　标准编制的目标、原则和要求

（一）目标和总体原则

在GB/T 1.1—2020中，对目标和总体原则的规定如下。

> 编制文件的目标是通过规定清楚、准确和无歧义的条款，使文件能够为未来技术发展提供框架，并被未参加文件编制的专业人员所理解且易于应用，从而促进贸易、交流及技术合作。
>
> 为了达到上述目标，起草文件时宜遵守以下总体原则：充分考虑最新技术水平和当前市场情况，认真分析所涉及领域的标准化需求；在准确把握标准化对象、文件使用者和文件编制目的的基础上，明确文件的类别和/或功能类型，选择和确定文件的规范性要素，合理设置和编写文件的层次和要素，准确表达文件的技术内容。

以上原则是对标准和标准化定义的深入诠释，具体分析如下。

1. 清楚、准确和无歧义的条款

这一原则是对标准文件最基本的要求，现实中仍有许多标准文件的内容较抽象，在实施过程中，由于部分条款不清楚、不准确或存在歧义，导致标准实施效果不理想。

2. 能为未来技术发展提供框架

对技术的前瞻性进行判断存在一定程度的风险，即使技术路线正确，也不一定符合市场的发展趋势。因此，能为未来技术发展提供框架，主要是指在标准的框架上，能留出拓展的空间，并在必要时能给出拓展的方法。如对于分类代码类的标准，则需建立一种动态的代码更新机制，确保标准能够适应业务拓展的需要。

3. 被未参加文件编制的专业人员所理解且易于应用

在标准编制过程中，可能会有一些默认的基础、假设和约定，但并没有写入标准中。遇到这种情况，其他专业人员在应用时可能会对标准文本存在理解上的偏差。解决这个问题的有效方法是，充分利用引言、资料性附录和注释，对标准的基础内容、假设和约定进行解释说明，在必要时也可说明标准实施需要的条件，以及在不同约束条件下需采取循序渐进的过程。

4. 充分考虑最新技术水平和当前市场情况，认真分析所涉及领域的标准化需求

标准化意义上的最新技术水平，并不是在实验室里面发现的最新成果，也不是发表在某本杂志上的最新文章，而是"在一定时期内，基于相关科学、技术和经验的综合成果的产品、过程或服务及相应技术能力所达到的高度"。对于金融业来说，其实更多的还体现在技术（工程）和经验层面，甚至出现了经验发挥主导作用的情况，这些需通过学习和掌握基础标准与通用技术标准，逐渐实现科学、技术和经验的有机统一。

（二）文件编制成整体或分为部分的原则

在GB/T 1.1—2020中，对文件编制成整体或分为部分的原则的规定如下。

5.2.1　针对一个标准化对象通常宜编制成一个无须细分的整体文件，在特殊情况下可编制成分为若干部分的文件。在综合考虑下列情况后，针对一个标准化对象可能需要编制成若干部分：

a）文件篇幅过长；

b）文件使用者需求不同，例如生产方、供应方、采购方、检测机构、认证机构、立法机构、管理机构等；

c）文件编制目的不同，例如保证可用性，便于接口、互换、兼容或相互配合，利于品种控制，保障健康、安全，保护环境或促进资源合理利用，以及促进相互理解和交流等。

5.2.2　通常，适用于范围广泛的通用标准化对象的内容宜编制成一个整体文件；适用于范围较窄的标准化对象的通用内容宜编制成分为若干部分的文件的通用部分；适用于范围单一的标准化对象的具体内容不宜编制成一个整体文件或分为若干部分的文件的某个部分，仅适于编写成文件中的相关要素。例如，对于试验方法，适用于广泛的产品，编制成试验标准；适用于某类产品，编制成分为若干部分的文件的试验方法部分；适用于某产品的具体特性的测试，编写成产品标准中的"试验方法"要素。

5.2.3　在开始起草文件之前宜考虑并确立：

——文件拟分为部分的原因（见5.2.1）以及文件分为部分后各部分之间的关系；

——分为部分的文件中预期的每个部分的名称和范围。

对以上原则的运用，涉及标准子体系建设的问题。对某一标准化领域，或者一个重要的标准化对象或者一组相关的标准化对象，可考虑的方案包括做成一个文件、做成一个系列标准、做成一个多部分的标准，以及在形成系列标准的基础上再做多部分的标准。至于这个标准化领域和相关标准化对象的确定，则只有在构建了涉及标准化对象的子体系后，才能作出准确定位。

（三）规范性要素的选择原则

规范性要素的选择原则可具体分为标准化对象、文件使用者和目标导向三个原则。

1. 标准化对象原则

在GB/T 1.1—2020中，对标准化对象原则的规定如下。

> 标准化对象原则是指起草文件时需要考虑标准化对象或领域的相关内容，以便确认拟标准化的是产品/系统、过程或服务，还是与某领域相关的内容；是完整的标准化对象，还是标准化对象的某个方面，从而确保规范性要素中的内容与标准化对象或领域紧密相关。标准化对象决定着起草的标准的对象类别，它直接影响文件的规范性要素的构成及其技术内容的选取。

以上原则是从另一个视角看待标准化对象子体系，不仅涉及标准文件的布局，还涉及标准的前言、引言名称和范围中相关内容的描述。该原则需与文件使用者原则结合起来考虑，因为不同的文件使用者，可能对同一标准化对象的视角不一样，就如某项金融业务，从金融产品服务的提供者、客户和监管者的视角，所关注的内容是不同的。

2. 文件使用者原则

在GB/T 1.1—2020中，对文件使用者原则的规定如下。

> 文件使用者原则是指起草文件时需要考虑文件使用者，以便确认文件针对的是哪一方面的使用者，他们关注的是结果还是过程，从而保证规范性要素中的内容是特定使用者所需要的。文件使用者不同，会对将文件确定为规范标准、规程标准或试验标准产生影响，进而文件的规范性要素的构成及其内容的选取就会不同。

为满足不同文件使用者的要求，标准文件的组织和行文需与此相匹配。从金融产品服务角度来看，同是金融产品服务的提供者，面向研发设计人员时，相关的背景知识和基础标准应描述清晰，如相关条款对应的目的、意义等，要善用注释、示例，便于研发设计人员理解；而面向直接为客户服务的员工时，则应突出相关的要求和清晰的步骤。面向检测认证人员的标准，则应用条目化的方式表达技术内容，尽量说明可能采用的信息化手段的支持。面对最终客户的标准，尤其是参与"领跑者"活动的标准，则应采用通俗易懂的语言，甚至可采用口语化的表达，来描述客户可感知的内容。主要原因在于许多客户对业务连续性和灾备难以形成专业的概念，因此，对与业务连续性和灾备的相关指标，可描述为发生了不可抗力的灾难、公共的灾难和企业内部出现事件时的服务特征。

3. 目标导向原则

在GB/T 1.1—2020中，对目标导向原则的规定如下。

> 目标导向原则是指起草文件时需要考虑文件编制目标，并以确认的编制目标为导向，对标准化对象进行功能分析，提炼出文件中拟标准化的内容或特性，从而确保规范性要素中的内容是为了实现编制目标而选取的。文件编制目标决定着标准的目标类别。编制目标不同，规范性要素中需要标准化的内容或特性就不同；编制目标越多，选取的内容或特性就越多。
>
> 注1：文件编制目标，如果是促进相互理解，形成标准的目标类别为基础标准；如果是保证可用性、互换性、兼容性、相互配合或品种控制的目的，形成标准的目标类别为技术标准；如果是保障健康、安全，保护环境，形成标准的目标类别为卫生标准、安全标准、环保标准。
>
> 注2：以促进相互理解为目标编制的基础标准包括术语标准、符号标准、分类标准和试验标准等功能类型；以其他目的编制的标准包括规范标准、规程标准和指南标准等功能类型。

目标导向原则是一项较为重要但又易被忽视的原则。在金融领域内，实现一项预定的目标，必须要考虑到文化和管理惯例，考虑到事权划分和管理手段，有些方面是标准文件适合的，有些方面并不适合采用标准文件进行管理。因此，对目标进行全面和准确的分析，找到标准文件的定位，是编制标准之前要做好的最重要的工作，也是标准能否有效和顺利实施的关键。另外，目标导向原则要和文件使用者原则一并考虑。因此，如果一项标准文件目标较大，应从一项标准子体系的角度进行考虑，根据管理文化、管理惯例和各类文件的作用范围和落实证实方式，确定标准文件适合的具体目标。如果一项标准文件写得大而全，涉及许多在行业管理惯例中一般不采用标准化手段管理的内容；或者标准文件内容高度抽象，采用规章制度类文件的行文方式，都有可能使标准较难落地实施。反之，如果标准文件描述具体的技术要求，而且可以配合多个管理类文件（规章制度和意见要求）使用，则可能收到较好的效果。

（四）文件的表述原则

文件的表述原则也分解为一致性、协调性和易用性三个具体原则。

1. 一致性原则

在GB/T 1.1—2020中，对一致性原则的规定如下。

> 每个文件内部或分为部分的各部分之间，其结构以及要素的表述宜保持一致，为此：
> ——相同的条款宜使用相同的用语，类似的条款宜使用类似的用语；
> ——同一个概念宜使用同一个术语，避免使用同义词；
> ——相似内容的要素的标题和编号宜尽可能相同。
> 注：一致性对于帮助文件使用者理解文件（特别是分为部分的文件）的内容尤其重要，对于使用自动文本处理技术以及计算机辅助翻译也是同样重要的。

一致性原则是降低标准文件出现歧义的重要措施，有效提高阅读效率和理解的准确性。该原则要求做到：一是标准相关层次标题做到字数均衡、内容对仗；二是针对标准条款的六何分析（5W1H），需显式描述的内容宜采取一致的主谓结构或动宾结构；三是对出现两次以上的概念，宜按照术语编制的要求定义其术语，明确术语所代表的含义。

遵循一致性原则的标准文件不仅能简单用字处理软件进行管理，而且可采用本体论方法进行信息化管理，以便在结合采用大数据和AI技术的情况下，实现对标准符合状况的持续数字化检验。

2. 协调性原则

在GB/T 1.1—2020中，对协调性原则的规定如下。

> 起草的文件与现行有效的文件之间宜相互协调，避免重复和不必要的差异，为此：
>
> ——针对一个标准化对象的规定宜尽可能集中在一个文件中；
>
> ——通用的内容宜规定在一个文件中，形成通用标准或通用部分；
>
> ——文件的起草宜遵守基础标准和领域内通用标准的规定，如有适用的国际文件宜尽可能采用；
>
> ——需要使用文件自身其他位置的内容或其他文件中的内容时，宜采取引用或提示的表述形式。

协调性原则规定了标准文件内容需多个方面协调一致，因而要求做到：一方面要查询、了解和掌握各类相关标准文件，尤其是上位标准文件；另一方面要了解掌握与标准化对象相关的标准子体系，即针对标准化对象构建的规章制度标准规范。

为贯彻落实协调性原则，可从以下几方面进行努力：首先，要熟悉了解基础标准和通用技术标准。其次，要熟悉了解本领域的上位标准。金融领域的上位标准可从以下几个渠道查询：一是ISO/TC68制定的标准及作为ISO/TC68的A类和B类联络员制定的标准；二是金融国家标准和信标委、信安标委、分类编码标委等制定的标准；三是金融行业标准；四是金融团体标准。再次，要进行规章制度、标准规范综合体的设计，明确哪些内容可通过规章制定或其他规范性文件要求，哪些可通过标准要求，然后再确定通过标准文件要求的部分，并对标准内容进行布局。最后，针对每项标准文件，确定内部的章条框架，尤其是要将总体原则、总体要求提炼出来，建立相关内容的有序引用。

3. 易用性原则

在GB/T 1.1—2020中，对易用性原则的规定如下。

> 文件内容的表述宜便于直接应用，并且易于被其他文件引用或剪裁使用。

易用性原则实际上体现了标准文体的特征。这些特征表现在：一是所有可能被提及的内容，都要有一个标识符，这个标识符可以是标准的章、条号，也可以是条下面的段和列项，也可以是表中的栏。二是必要时应提出应用编写标准的剪裁方法。剪裁包括在现有框架上的扩充和缩减，或者两者兼而有之，在必要时，要明确如何将扩充的内容纳入现有的框架，明确哪些内容应保留，哪些内容可去掉。

（五）总体要求

GB/T 1.1—2020标准提出了标准编制的总体要求。

> 5.5.1 起草文件时应在选择规范性要素的基础上确定文件的预计结构和内在关系。
>
> 5.5.2 为了提高文件的适用性和应用效率，确保文件的及时发布，编制工作各阶段的文件草案应符合本文件规定的起草规则：
>
> ——不同功能类型标准应符合GB/T 20001相应部分的规定；
>
> ——文件中某些特定内容应符合GB/T 20002相应部分的规定；
>
> ——与国际文件有一致性对应关系的我国标准文件应符合GB/T 20000.2的规定。
>
> 5.5.3 文件中不应规定诸如索赔、担保、费用结算等合同要求，也不应规定诸如行政管理措施、法律责任、罚则等法律法规要求。

按照GB/T 1.1—2020对总体要求的描述，总体要求是指在标准文件中所有的内容都应符合的要求。编制金融标准文本符合总体要求原则，要求做到：一是特定种类的文件要符合相关种类文件的具体编制要求，包括必需的技术要素。二是通过规范性引用GB/T 20001和GB/T 20002，将这两个系列的标准纳入GB/T 1.1—2020中，即不遵循这两个系列中的任何一个，均认为不符合GB/T 1.1—2020的要求。目前GB/T 1.2—2020已替代GB/T 20000.2，需按新的标准要求执行。三是明确提出总体要求是对标准编制任何阶段的要求，因此，在标准立项时需提出一个大纲，在标准编制初期要考虑表述方式和格式。四是明确标准文件和法律法规、监管要求、规章制度等规范性文件的边界，为后面说明对此类规范性文件的资料性引用提出相关要求。

五、金融服务企业标准体系

（一）标准体系形式的选择

我国高度重视标准体系的建设，制定了系列涉及标准体系建设的国家标准。

1. 通用标准

GB/T 13016—2018《标准体系构建原则和要求》标准确立了目标明确、全面成套、层次适当、划分清楚的构建标准体系的基本原则，描述了确定标准化方针目标、调查研究、分析整理、编制标准体系表、动态维护更新的构建标准体系的一般方法，说明了标准体系表这一工具的基本构成，并给出了按系统生命周期序列、企业价值链序列、工业产品生产序列、信息服务序列、项目管理序列的典型框架，明确指出除层次结构、序列结构之外，还可以根据业务需求，按照本标准的原则和要求，提出其他标准体系的结构图，如功能归口结构、矩阵结构、三维结构等。

2. 行业通用标准

GB/T 30226—2013《服务业标准体系编写指南》标准提出了服务业编制标准体系需遵循的原则，主要包括服务业标准体系的编制应符合国家社会经济发展需求，并能有效指导服务业标准化工作；服务业标准体系的编制应符合GB/T 13016标准的要求；服务业标准体系的编制应突出服务的特色、应突出重点，以及应具有动态性；应定期梳理服务业标准明细表中标准的完成情况，并结合服务业发展的实际需求，对服务业标准体系作出改进。

GB/T 24421.2—2009《服务业组织标准化工作指南　第2部分：标准体系》标准提出了服务业标准体系建设的总体要求，包括标准体系内的标准应优先采用国家标准、行业标准和地方标准；结合服务业组织的需要，制定标准，不断完善标准体系；标准体系内的标准应相互协调；标准体系结合服务业组织实际情况进行删减和扩充；标准体系内的标准应符合国家对服务标准的分类和编写要求；标准体系表编制应符合GB/T 13016和GB/T 13017标准等。同时，在GB/T 24421.2—2009中还给出了标准体系的总体结构与典型分类。

3. 企业标准

直接涉及企业标准体系建设的标准主要包括GB/T 13017—2018《企业标准体系　表编制指南》和GB/T 15496—2017《企业标准体系　要求》、GB/T 15497—2017《企业标准体系　产品实现》、GB/T 15498—2017《企业标准体系　基础保障》三部成套的系列标准。

在GB/T 13017—2018中，给出了功能结构图和属性结构图；在GB/T 15496—2017中，将功能结构图定位为标准体系框架，并展开进行描述。可见，功能结构图是标准体系的焦点。在功能结构图中，将标准分为三个主要维度，即产品实现标准体系，企业为满足顾客需求所执行的，规范产品实现全过程的标准按其内在联系形成的科学的有机整体；基础保障标准体系，企业为保障企业生产、经营、管理有序开展所执行的，以提高全要素生产率为目标的标准按其内在联系形成的科学的有机整体；岗位标准体系，企业为实现基础保障标准体系和产品实现标准体系有效落地所执行的，以岗位作业为组成要素标准按其内在联系形成的科学的有机整体。这一划分方法，特别强调产品/服务为核心，值得在我们制定标准体系和确定具体标准时予以关注。在GB/T 15496—2017标准提出的原则和方法，在编制金融标准体系时需根据金融标准的特征，结合治理与管理要求进行参考。

4. 适合金融行业的标准体系框架

经比较分析研究发现，GB/T 13017—2018标准提出的标准体系框架的属性结构更适合金融行业，建议将该标准作为金融企业内部标准体系的参考框架，见图5.2。

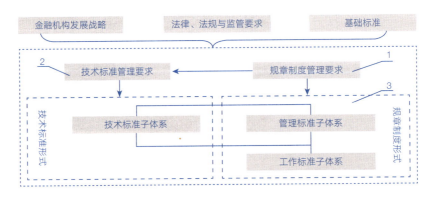

图5.2　标准体系参考框架

图5.2中，金融企业发展战略、法律法规、监管要求和基础标准是企业标准体系的依据，也是外部约束，并非企业标准体系本身的内容。若采用标准属性结构，可将标准体系分为技术标准子体系、管理标准子体系和工作标准子体系。属性结构主要是便于说明标准与金融企业管理中惯常采用文件形式的对应关系。三个标准子体系还可体现为体系框架图和标准明细表。标准体系常见的维度见表5.1。

表5.1　标准体系常见的维度

一级分类标识	一级分类名称	二级分类标识	二级分类名称
SA (Standardizing file's Attributes)	按标规文件的属性分类	Te (Technological)	技术类标规文件
		Ma (Managerial)	管理类标规文件
		Op (Operational)	工作类标规文件
CP (Client Perception)	按标规文件客户是否能直接感知分类	Pe (Perceptible)	客户能直接感知的
		Ip (Imperceptible)	客户不能直接感知的
FM (Forms of Manifestation)	按标规文件的表现形式	Re (Regulation)	规章制度形式
		St (Standard)	标准规范形式
		OD (Official Document)	公文格式
FI[a] (Formulating or Implementing)	按制定者或实施者	FR (Formulating and Revising)	制定与修订
		Im (Implementing)	实施
SS (Source of Standard)	按标准来源	OF (On its own Formulate)	自行制定
		EI (External Introduction)	外部引入
CS (Constructive Schedule)	按建设状态	Im (Implemented)	实施中
		PI (Preparation of Implementation)	实施准备中
		Pa (Planned)	计划中

本文件实施者宜根据其需要对本表给出的维度进行裁剪，包括对维度进行扩充和对每个维度下分类进行扩充。扩充时宜给出分类标识符并确保与现有的分类标识符不冲突。

本文件实施者宜对第一级分类代表各个维度予以特别的关注，因为这意味着所有纳入体系表的标准都会出现在每个分类中。

一级分类名可直接或由本文件实施者根据需要编辑后作为维度名。

a 同一个标准可能原有的版本在实施中，但新的版本在修订中。

将规章制度管理要求纳入标准体系，一方面是考虑在金融企业中，规章制度是一种重要的管理文件形式，而且往往处于主导地位；另一方面，技术标准乃至标准化的管理办法都需依据此类文件的相关规定，而且标准体系如何构建、维护，也需依据技术标准管理要求或企业标准化管理的相关要求。

技术标准体系和管理标准体系及工作标准体系也可按照其他方式组织，如全部为规章制度形式或全部为技术标准形式，但应通过必要的规范性文件予以说明。例如，明确所有的决策机制（决策层议事规则）和人力资源管理（职务任命）均采用企业标准的形式。不论采用哪种方式，标准化领域都不应有遗漏，事先确定的所有标准化原则也应得到遵循。同时，对标准化对象规范的详细程度不宜过于抽象，避免出现边界模糊、执行弹性大的规则和要求。

（二）标准体系的构建原则

标准体系的构建原则，其实是对金融企业发展战略、法律法规与监管要求和基础标准的整合。不论原则如何确定，在制定标准体系时，均应符合这些确定的原则。如果发现标准体系在编制和实施过程中，有些与原则不符，则有可能是原则确定的并不符合本企业/条线/部门/特定工作领域的实际，应该对原则进行必要的调整。

金融企业标准体系构建可遵循以下几个方面的基本原则。

1. 遵循上位要求

金融企业标准体系构建要符合国家有关标准化工作意见、规划、年度工作重点提出的方向性要求；同时也应符合中国人民银行、中国银行保险监督管理委员会、中国证券监督管理委员会提出的有关监管要求；尤其是银行、支付机构必须按照《中国人民银行金融消费者权益保护实施办法》（中国人民银行令〔2020〕第5号）的要求，依据金融产品或者服务的特性，及时、真实、准确、全面地向金融消费者披露该金融产品或者服务所执行的强制性标准、推荐性标准、团体标准或者企业标准的编号和名称。另外，还应遵循符合有关标准体系建设的国家标准和金融行业标准的要求。一般而言，按照《金融机构企业标准体系建设指南》标准构建的金融企业标准体系能达到国家标准和金融行业标准的相关要求。在构建标准体系的过程中，相关的标准化对象在国家标准、金融行业标准及金融团体标准有规定的，应尽量保持一致和协调。

2. 适应管理惯例

由于《企业内部控制基本规范》均仅提及了"制度"一词但并未提及标准，较易形成金融机构内部管理仅需规章制度的一种管理惯例。随着标准化的普及，加之国家近年来对企业质量工作的重视，标准在企业管理中的作用也开始受到重视。在处理标准和规章制度两者的关系时，需做到以下几点：首先，要处理好标准和规章制度的关系，构建标准体系应遵循相关规章制度的要求，但不能用标准体系去约束规章制度体系；其次，标准化文件的地位和作用应得到企业内部的规范性文件的授权，如通过技术标准管理办法等制度进行授权；最后，标准化对象宜符合金融机构内部对标准化文件作用范围的认同，这样会有利于推进标准化工作。

3. 突出服务特征

金融业属于服务业，这一点无论是在服务业标准体系构建的文档还是在GB/T 19000—2016中都有体现。因此，应根据有关服务业标准体系的要求，参照服务业基础标准展开标准化工作：一是制定的金融标准，应优先考虑客户能直接感知的产品服务标准；二是客户不能直接感知的标准化文件，应考虑对客户能直接感知的产品服务的支撑。

4. 分类分级多态

按一个维度展开，标准体系往往体现为一个组织结构图。GB/T 13017—2018标准和GB/T 15496—2017标准提出的各类标准结构，均可作为一个标准体系的维度。按照不同的维度展开，可得到不同维度的标准明细表。在效力层级上，标准化文件层级与其他规范性文件的层级划分应保持一致，根据金融机构的规模，建立企业级、条线级、部门级和分支机构级分别有权发布标准化文件的机制，有利于在既有治理框架下发布和应用标准化文件。关于标准文件的格式不符合GB/T 1.1编制要求的规范性文件是否算做标准，应由金融机构自行确定，不必对已有的规范性文件重新赋予一套标准编号。

5. 长短期规划相结合

金融企业标准化工作应该作出长期规划。长期规划的主要目标是使企业标准体系能兼容相关国家标准、行业标准、团体标准，以及相关的国际标准，建立各条线的技术标准子体系、管理标准子体系、工作标准子体系，明确3~5年内标准化重点领域，建立标准体系框架。由于金融业务和金融科技发展较快，长期规划难以跟上金融形势的发展，因而需要制订短期计划，及时跟进金融业务和金融科技的创新发展。短期计划应从现状出发，以现有的国家标准、行业标准和团体标准为依据，也可参考国际标准进行引标，编制企业标准体系，建立动态调整的企业标准体系明细表。

6. 刚柔相济实施配套

刚性措施主要体现在将管理标准和工作标准（规章制度和规范性文件）与技术标准（企业标准）结合起来，将企业标准体系纳入治理和管理体系中，建立规章制度标准规范综合体，明确主动贯标和被动贯标的标准，并纳入检查和考核。柔性措施主要是采用信息化手段，将企业标准体系中的实质性技术内容通过信息系统实现，对部分标准内容提供全文检索和专项标准的宣传。

7. 通过实践检验

实践检验是评估标准体系能否落地的重要环节，部分标准在制定过程中由于考虑的方面不够细致，导致在执行过程中难以落地。因而，在标准制定过程中进行试点并将试点结果作为标准文本条款的依据是必要的。

对于企业标准经过实践检验能满足企业经营管理需求的，应该继续贯彻实施。对标准内容已不能满足经营管理要求的，应改进或废止。对于外部标准的引入，若企业不具备全面落地实施条件的，除非强制性标准和法律、法规、监管有明确要求的，或者国家明确鼓励以市场化方式实施的，宜提出标准逐步落地和提高的技术措施，并通过逐步优化和发布宣贯指南来实现。

8. 敏捷优化提高

企业标准体系的基本框架应尽量保持稳定，但可根据需要增加分类维度。对于企业技术标准的实施效果，可按照循环管理方法（PDCA）进行优化，优化的时机和方向应考虑现实需求。例如，对于提出全面技术要求的企业标准，在特定时期为配合特定工作，突出强调某些方面，可能是必要的，但作为标准管理的统筹归口部门，对此应保持清醒认识。较理想的做法是通过不断动态调整制定和宣贯企业技术标准的优先顺序，制定高效敏捷的短期规划来满足长期规划的要求。

（三）标准体系的构建

标准体系的构建是指按照GB/T 13017—2018标准的要求，形成标准体系4个要件的过程。

1. 构建标准体系的总体要求

GB/T 13017—2018标准对构建企业标准体系的一般方法概括为："企业标准体系表编制是一项复杂工作，需要领导支持和参与，以业务部门为主体，以标准化部门为支撑，通过需求调研、确定原则和目标、明确范围边界，编制标准体系结构图、标准明细表，对标准明细进行统计分析，编写标准体系表编制说明。"

进一步分析构建企业标准体系的一般方法，还可得到以下几点结论：

第一，标准体系表是一个构件标准体系的工具，而不是一个简单的列表；第二，企业领导人要将制定和落实标准的要求落实到企业管理中，若能对标准体系建设提出更多的内容要求，则有利于促进标准体系建设；第三，业务主管部门需确定标准的技术性内容，标准化部门需提供相关标准，并提出标准的协调性建议和标准形式的改进；第四，需结合我国公司治理的实践开展标准需求调研；第五，确定标准体系构建的目标和原则，在企业现有内外部约束条件下，以《金融机构企业标准体系建设指南》提出的8个标准体系建设原则为基础进行剪裁；第六，明确标准体系构建的范围边界，确定标准体系是企业级、条线级/部门级还是项目级，再确定哪些内容应该纳入标准体系，哪些不纳入。

2. 明确规章制度的管理要求

标准化管理需规章制度明确标准在企业中的地位、作用、涉及角色和相关工作流程、工作要求。许多金融机构都已建立规章制度的管理要求、办法、规定，但内容要求不尽相同。《金融机构企业标准体系建设指南》标准提供的规章制度管理要求的模板充分考虑了各种可能的情况，金融机构内部规章制度的管理要求应与《金融机构企业标准体系建设指南》提供的模板进行比对分析，尽可能与模板保持一致。规章制度的管理要求制（修）订的业务流程可按照图5.3所示的流程开展。

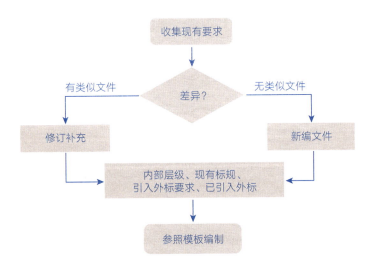

图5.3 规章制度制（修）订的业务流程

3. 明确企业标准化的管理要求

究竟是应该确定企业标准化管理要求，还是确定企业的技术标准管理要求，需根据金融机构的具体情况来确定。一般而言，技术标准化管理办法除了规范技术标准的作用和产生过程外，还需要明确如何参与外部标准化工作。在标准化工作中，标准的定位与其他规范性文件的关系是较为重要的事项，两者关系的处理需出标准化工作指导方针来确定。

《金融机构企业标准体系建设指南》标准提供了三个标准化工作指导方针的例子。在金融机构确定其标准化工作指导方针时，可依此确定符合本机构实际的指导方针，并据此确定标准化工作的策略。

第一种情况是以"规章制度管人管事，标规文件管物管联"为指导方针拟定的工作策略，涉及工作角色及工作职责的，采用规章制度形式；而涉及客观对象的，采用企业标准形式，此时的企业标准一般是技术标准。这种工作策略比较易于与我国的标准化法对标准的定位和上位标准保持协调。

第二种情况是以"规章制度覆盖全面，标规文件拾遗补阙"为指导方针拟定的工作策略，需要全面梳理规章制度的内容确保没有疏漏，并在规章制度中明确需要引用和制定的标准文件，且要特别注意标准文件对责权利的界定应通过相关规章制度要求进行充分授权。

第三种情况是以"每事一议，每步一计；动态选择，合规保底"为指导方针拟定的工作策略，要统筹考虑企业内部所有规范性文件的效力和文件之间的关系，并进行动态优化；采用企业标准和技术规范性文件形式的，要特别注意其对责权利的界定应通过本企业惯例的方式进行充分的授权，同时兼顾与上位标准的协调。采取这种工作策略的特点是，未参加规章制度和标准规范制定全过程的人员，较难搞清楚某一项具体的工作和标准化管理对象，到底是规章制度，还是标准规范在发挥作用。

4. 分析标准化对象

分析标准化对象是建立企业标准体系较为重要的一步，应以"遇事均有制度，逢物皆有标准"为愿景，即便有些具体对象在当前各个方面的约束下，暂时难以或不宜建立规章制度、标准规范的综合体（标准子体系），也应经过标准化对象分析之后再做决定。

对所有的事与物，均应尽可能列出实例，如果有的事与物没有对应的实例，则说明这些事与物可能是理想化的，或者其在实际工作中并不存在，或者其抽象的程度太高，难以与实际工作相匹配。反之，如果有现实的事与物难以匹配，则说明对事与物识别的还存在问题，规章制度标准规范综合体难以实现对工作的全覆盖。分析标准化对象的基本过程如图5.4所示。

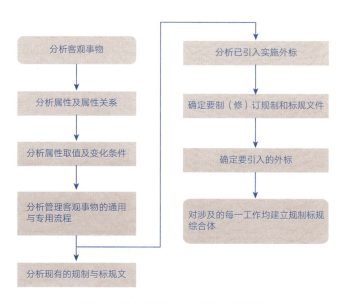

图5.4　分析标准化对象的基本过程

5. 明确企业标准体系框架

确立企业标准体系框架主要是要确定标准体系框架的维度，在此维度的基础上，确定每个维度下的分类。确定分类时，一定要考虑其实施的意义，与该标准文件的制定者、维护者、实施者、检查者等角色挂钩，不然，分类很可能失去意义。确立企业标准体系框架的过程如图5.5所示。

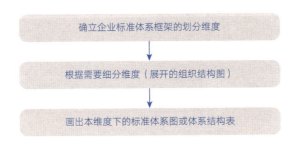

图5.5　确立企业标准体系框架的过程

6. 明确企业标准体系明细

明确企业标准体系明细是要求在标准体系框架的各个维度下，提出所有的标准清单，并在必要时细化到标准的章条。明确企业标准体系明细的过程如图5.6所示。

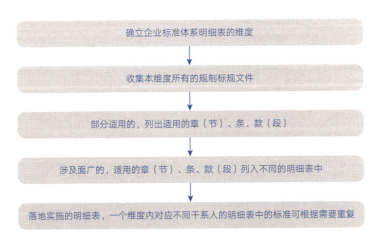

图5.6　明确企业标准体系明细的过程

六、标准融入企业的治理和管理

金融企业标准体系的有效性取决于其融入企业治理和管理中的程度，尤其是要得到各级人员的支持，特别是取得企业高管层的支持。金融企业标准体系融入企业治理和管理的框架见图5.7。

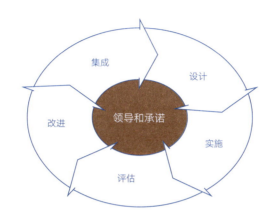

图5.7　企业标准体系融入企业治理和管理的框架

（一）领导支持与承诺是标准化工作能够顺利开展的基础

企业的决策层、高管层和监督机构应将企业标准列为企业各种活动的依据。传导这种意志的方式包括：一是在决议、工作规划、规章制度和相关规范性文件中，明确企业标准体系地位、作用、发展目标和管理方法；二是为企业标准化工作分配必要的资源；三是建立企业标准化工作的责任制，将标准化工作纳入企业考核管理。这样才能使企业标准化管理与其目标、策略和文化保持一致。

（二）将标准文件集成到各项工作中是标准发挥作用的有效措施

将标准体系中的标准文件集成到各项工作中，可让企业标准在工作流程和对工作成果的相关管理环节发挥作用。标准集成需符合企业的治理架构和环境，符合企业文化和工作惯例。企业标准贯标有主动贯标、被动贯标和潜在贯标三种方式。

主动贯标是指主动宣传贯彻相关标准，主动贯标一般可获得最佳秩序并为可持续发展奠定基础，同时也会导致成本增加，并可能在短期内看不到明显的效益。被动贯标是指只要使用某种硬件或软件，或应用了某种框架，就需知悉并遵循的标准，不遵循标准一般会导致工作无法继续进行，或不能获得预期的结果。潜在贯标是指不必知悉标准的内容，甚至标准的存在，只要使用了某种硬件、软件，就肯定会实施标准，且不实施或错误实施标准将会被警告，甚至不能完成预期目标。

将企业标准体系集成到相关工作中是一个动态的迭代过程，要根据金融机构的需求和文化进行定制。标准化应该能成为企业宗旨、治理、领导和承诺、战略、目标和运营的有机组成部分，而不是一项边界清晰的独立工作，否则就会不被企业重视。

（三）标准体系融入企业的治理与管理需精心设计

标准体系融入治理与管理，有多种实现的途径。在标准化的理念深入人心后，标准可成为一种基础资源，被企业治理和企业管理主动调用。然而，在这样的企业文化和惯例形成之前，标准化工作者需精心设计，才能有效推进企业标准化工作。

1. 剖析组织及其环境

在设计企业标准化的管理框架时，首先要分析金融机构的外部和内部环境。

对外部环境而言，需要考虑的主要因素：一是社会、文化、政治、法律、监管、金融、技术、经济和环境等因素，无论是国际、国家、区域还是地方因素；二是影响本机构目标的关键驱动因素和趋势；三是外部利益相关方的关系、观念、价值观、需求和期望；四是合同关系和承诺；五是相关标准被动贯标的情况。按照党和国家制定"十四五"规划的要求，标准化工作得到了前所未有的重视，为标准化工作的发展奠定了良好的外部环境。

对内部环境而言，需要考虑的主要因素：一是本机构的愿景、使命和价值观；二是企业治理、组织结构、角色和责任制；三是企业战略、目标和政策；四是企业文化；五是企业在资源和知识（如资本、时间、人员、知识产权、过程、系统和技术）方面具有的实际能力；六是企业数据、信息系统和信息流；

七是企业部门和人员对标准化工作的真实看法和标准化工作给他们带来的实际影响；八是企业合同关系和承诺。

企业内外部环境往往形成了企业标准化工作的约束条件，重要的约束条件不能打破，则只能调整标准化工作的原则和策略，否则会导致标准化工作上的被动局面。

2. 阐明标准化管理承诺

金融机构应通过明确传达组织目标和标准化管理承诺的决议、意见或其他形式，明确表示其对企业标准化管理的持续承诺。这些承诺可在金融机构的年度工作会议和专题工作会议上作出，也可在领导讲话中提出对企业标准化的总体要求，以及对相关业务关系的要求。这些承诺可涉及以下方面：一是机构内部管理企业标准体系的目的、目标，以及与其他政策的关联；二是将企业标准体系管理纳入企业文化建设；三是将企业标准体系管理整合到核心业务活动和决策中；四是明确授权，建立有效的问责制度；五是提供必要的资源予以支持；六是明确管理模式发生冲突时的处理方式；七是将其纳入机构的绩效考核；八是明确评审和改进的方法与措施。

3. 分配组织角色并明确职责

在金融机构内部，标准化工作应做到职责明晰、各尽其职，每个层面人员的责任与义务并不一样，但是应负有的职责应让相关人员知悉。

4. 分配资源

标准化工作所需的资源跟标准制（修）订和实施过程中的工作要求和标准内容相关。一是人员、技能、经验和能力是标准所需分配的重要资源。考虑到许多金融机构的标准化工作是由相关业务部门的人员兼职的，标准化工作的时间分配也是重要资源。二是企业标准需要得到企业内部相关部门的支持配合。若在企业内部得不到支持配合，则制定的标准可能会不符合企业内部的实际情况，标准也难以实施。三是专业发展和培训需求。编制标准需走出去学习，也需请相关标准专家到企业做辅导培训，在制定和宣贯标准的过程中培养标准化人才。

5. 建立有效沟通机制

在开展标准化工作的过程中，建立正式有效的交流沟通机制是十分必要的。一方面需保证标准化工作相关部门和人员共享信息；另一方面需根据标准化工作进展情况及时进行交流和协商，并确保适当地收集、整理、综合和共享相关信息，提供反馈并进行改进。可参考建立《金融机构企业标准体系建设指南》提出的标准工程师机制，将标准化工作融入金融机构日常的部门间信息传递机制，同时避免将无关的信息频繁发送到所有部门浪费时间。

（四）标准体系的实施需精心地组织

在金融机构的标准体系框架制定之后，应精心组织实施。一是制订适当的计划，包括时间进度和资源分配；二是确定标准实施的时间、地点、决策及决策人等；三是根据需要修改适用的决策过程。成功实施标准体系框架需各相关部门和人员的主动参与。恰当设计和实施的企业标准体系框架有助于将标准化活动纳入企业标准化管理过程，并适应企业内外部环境的变化。

（五）标准体系实施的效果需有效评估

为了评估企业标准体系管理框架的有效性，应定期根据其目的、实施计划、指标和预期行为来有效评估企业技术标准管理框架的绩效，并确定标准体系中的标准文件是否仍然适合支持实现金融机构的目标。

（六）标准体系的改进

在标准体系投入运行后，应持续监控和微调企业标准体系管理框架，以应对企业内外部形势的变化，并及时进行必要的微调。同时，应定期按照PDCA的方法论，持续改进企业标准体系的适宜性、充分性和有效性，以及企业标准体系集成到企业治理和管理的方式。

企业标准体系的制定和实施不能一蹴而就，也不能一劳永逸，需根据形势变化持续对标准体系及相关标准文件进行改进，以便满足金融机构的治理需要和管理目标，从而使标准体系能从点到面，逐步融入企业的治理和管理中，真正发挥企业标准的作用。

七、标准文件的起草

标准文件适用的范围不同，标准文件的类型也不相同。对于参考相关法律法规编制的技术规范，《金融机构企业标准体系建设指南》给出了条款形式的规章起草的要求；对于采用公文形式编制的规范性文件，可按照GB/T 9704—2012《党政机关公文格式》的编制要求进行编制；对于标准形式的文件，则应按照GB/T 1.1—2020《标准化工作导则　第1部分：标准化文件的结构和起草规则》的相关规则进行编制，这部分是本文重点介绍的内容。

编制标准文件的前提条件是需符合前述标准编制的目的和原则，否则，需事先明确标准文件编制的依据。

（一）做好标准编制的准备工作

对于金融标准而言，除直接描述金融业务本身标准是基础标准之外，大多数标准并不是基础标准。针对特定的标准化对象，如果已存在相关标准，这些标准应作为编制标准文件的基础标准、通用技术标准，可作为标准编制在布局、内容表述上的重要参考。

目前，我国已建立较好的标准文件查询环境，国标委网站和金标委网站提供了对标准的标题检索和全文查看功能。ISO网站建立了一个联系浏览平台，可以查询到所有标准的名称、前言、引言、范围和术语。GB/T 1.1—2020及其规范性引用的标准是编制标准的基础标准，可供备查。编制金融科技类的标准文件，可参考我国信标委、信安标委发布的相关国家标准，以及ISO/JTC1发布的国际标准。

根据标准文件是否具体引用现有标准，可分为规范性引用文件和参考文献。编制标准时，可先将现有的相关标准作为参考文献，然后再分析确定是引用全部的相关内容，还是仅仅引用部分章条，引用全部内容，并预计所编制标准会持续围绕标准化对象改进的，宜作为不注日期的规范引用；引用到具体章条的，应作为注日期的规范性引用。值得注意的是，与标准相关的法律法规和监管要求，仅应作为参考文献在标准文件中做资料性引用或作为外部约束进行陈述。

（二）标准种类的选择

金融标准几乎涉及所有的标准种类，而这些不同种类的标准，除了基础标准之外，往往还有其特定领域的通用技术标准，下面结合金融标准的实际，分述不同种类的编制要求。

1. 基础标准

基础标准是具有广泛的适用范围或包含一个特定领域的通用条款的标准。这些标准可直接应用，也可作为其他标准的基础。按照GB/T 1.1—2020标准关于标准编制的说明，GB/T 1.1—2020及其规范性引用的标准，包括GB/T 20000《标准化工作指南》系列、GB/T 20001《标准编写规则》系列、GB/T 20002《标准中特定内容的起草》系列、GB/T 20003《标准制定的特殊程序》系列、GB/T 20004《团体标准化》系列，以及涉及标点符号的用法、制图、物理量等，都是基础标准。

2. 术语标准

术语标准是界定特定领域或学科中使用概念的指称及其定义的标准。术语标准的基础标准，除了GB/T 20001.1—2001《标准编写规则　第1部分：术语》外，还有GB/T 10112　1999《术语工作　原则与方法》、GB/T 10113　2003《分类与编码通用术语》、GB/T 15237.1—2000《术语工作　词汇　第1部分：理论与应用》等通用技术标准。术语标准的主要作用在于通过逐层对上位概念和特定属性的限定，构建一个完整的概念体系，这与当前流行的语义分析方法具有相通之处。金融术语标准在金融标准编制中较为重要，对于金融领域的术语标准是金融标准的上位标准，涉及金融科技、产品与服务等相关的术语也应遵循术语标准。因此，在编制金融标准涉及金融术语时，应在现有的金融术语标准中进行广泛的检索；同时，在一个金融机构内部的标准，术语之间应建立关联关系，若对同一事物出现不同的指称，甚至类似术语的概念并不完全一致时，也应指出相关术语之间的联系。

3. 分类标准

分类标准是基于来源、构成、性能或用途等相似特性对产品、过程或服务进行有规律的排列或划分的标准。目前，ISO/TC68/SC8标准的对象多数为标识符标准和分类标准，在ISO/TC68研究的"最佳实践"，许多内容是针对标识符和分类代码标准的。金融数据标准也有相当部分是分类标准。分类标准的特定规则包括分类方法、编码方法及标识符的表示法。标识符和分类代码标准应尽量按照GB/T 18142—2017《信息技术　数据元素值表示　格式记法》给出的格式去描述。

4. 规范标准

规范标准是指规定产品、过程或服务需要满足的要求以及用于判定其要求是否得到满足的证实方法的标准。规范标准在金融机构内部较受重视，但规范标准提出的要求应找到证实的方法，若方法不能提供，则不能在标准名称中包含"规范"的字样。

5. 规程标准

规程标准是指为活动的过程规定明确的程序及判定该程序是否得到履行的追溯/证实方法的标准。在金融机构中，涉及工作流程的规程是以规章制度形式还是标准形式，要根据机构内部的管理惯例确定。有时也可将标准形式和规章制度形式结合运用，涉及以客观事物为主的部分按照标准形式，如配置管理规程、应用测试规程，而划分事权的则采取规章制度的形式，这样有利于发挥各类规范性文件的长处，方便各类文件条款规定的执行。

6. 指南标准

指南标准是指以适当的背景知识提供某主题的普遍性、原则性、方向性的指导，或同时给出相关建议或信息的标准。

指南标准在企业内部是否合适，哪些对客观事物的要求可以做成指南而无须提出硬性规定，对指南标准的实施情况如何进行评价，采用什么方式鼓励指南标准在企业内部的实施，都应在制定指南标准时加以考虑。

7. 产品标准

产品标准是指规定产品需要满足的要求以保证其适用性的标准。产品标准除了包括适用性要求外，也可直接或以引用的方式间接提出术语、取样、检测、包装和标签等方面的要求，有时还可包括工艺要求。产品标准根据其规定的是全部方面的要求还是部分方面的要求，可区分为完整的标准和非完整的标准。若产品标准仅包括分类、试验方法、标志和标签等内容中的一项，则该标准分别属于分类标准、试验标准和标志标准，而不属于产品标准。在金融领域，按照GB/T 19000标准提出的产品概念，银行产品是指银行在没有与客户沟通的情况下银行能够产生的输出。

8. 服务标准

服务标准是指规定服务需要满足的要求以保证其适用性的标准。尽管在GB/T 19000标准中，将银行视作一个提供服务标准的实例，而银行往往是通过产品化的方式向客户提供服务的，银行服务是在至少与客户有一次沟通的情况下银行能够产生的输出。所有的金融产品均需要通过服务才能提供给客户。对提供服务的场所、渠道、方法、过程等公共服务要素进行的规范，适宜编制服务标准，并为金融产品服务标准所引用。

9. 银行产品服务标准

银行产品服务标准是指规定银行产品服务需要满足的要求，以保证其适用性要求的标准。而银行产品服务是指银行提供给客户以满足客户的金融需求或与金融相关需求的输出。这一概念可以拓展到整个金融业，即金融产品服务是金融机构提供给客户以满足客户的金融需求或与金融相关需求的输出。按照《中国人民银行金融消费者权益保护实施办法》（中国人民银行令〔2020〕第5号）的要求，银行、支付机构必须依据金融产品或者服务的特性，及时、真实、准确、全面地向金融消费者披露该金融产品或者服务所执行的强制性标准、推荐性标准、团体标准或者企业标准的编号和名称，这里提到的标准就是银行产品服务标准。银行产品服务的标准可能是面向客户的，即提及的内容为客户能直接感知；也可能是面向银行内部的，即提及的内容不能被客户直接感知。银行产品服务的标准可能仅涉及产品或服务，也可能同时涉及产品或服务且无法进行明确拆分。针对如何编制银行产品服务方面的标准，ISO 21586: 2020标准提供了一个模板，按照这个模板，可以方便地描述银行产品服务的主要方面，并能有效地组织标准信息。

10. 接口标准

接口标准是指规定产品或系统在其互联部位上与兼容性有关要求的标准。接口标准在金融机构内部是标准化的重要方向，ISO 20022就是重要的接口标准，开放银行标准也是基于对接口的标准化而制定的标准。金融机构内部制定的接口标准，宜充分考虑与标识符标准、分类编码标准保持协调性，避免数据标准与接口标准不匹配。

11. 数据待定标准

数据待定标准是指列出产品、过程或服务的特性，而特性的具体值或其他数据需根据产品、过程或服务的具体要求另行指定的标准。虽然数据待定标准概念不太符合对标准的认知习惯，但这类标准却是破解金融产品服务规则复杂、变化频繁、组合多样，导致标准化困难的有效手段。

12. 各类标准的关系

GB/T 1.1—2020标准按标准化对象和按标准内容的功能分为两大类，其中，按标准化对象分类的标准包括产品标准、过程标准和服务标准，而按标准内容的功能分类的标准包括术语标准、符号标准、分类标准、试验标准、规范标准、规程标准和指南标准。目前，符号标准和试验标准在金融标准中应用较少，在此就不做介绍。由于一个标准具有多种分类属性，因而标准的归类并不唯一，如银行产品服务标准可能是一种数据待定的标准。

（三）标准内容框架的布局

一般来说，适用于范围广泛的通用标准对象的内容应编制成一个整体文件；适用于范围较窄的标准化对象的通用内容宜编制成若干部分文件的通用部分；适用于范围单一的标准化对象的具体内容仅适于编写成文件中的相关要素，而不宜编制成一个整体文件或若干部分文件的某个部分。

1. 编制为系列的标准

针对一个标准化领域，可考虑编制系列标准。在企业标准化工作中，按照业务条线分类，编制系列标准可能是一种比较适合的方式。企业内部的系列标准不能过多，也不能过于分散。为增加标准系列感，每个标准系列可预留一定数量的标准编号。

2. 编制为分部分的标准

编制分部分的标准主要基于以下因素：一是标准文件篇幅过长；二是标准

文件使用者的需求不同，如涉及生产方、供应方、采购方、检测机构、认证机构、立法机构、管理机构等；三是标准文件编制目的不同。例如，标准编制目的是保证可用性，便于接口、互换、兼容或相互配合，利于品种控制，保障健康、安全，保护环境或促进资源合理利用，以及促进相互理解和交流等。

部分是一个标准文件划分出的第一层次，划分的若干部分应共用同一个文件顺序号。考虑到部分不应进一步细分为分部分，因而部分的划分应与系列标准统筹考虑。文件分为部分后，每个部分可以单独编制、修订和发布，并与整体文件遵守同样的编制原则和规则。

3.系列和多部分标准的布局

在编制标准前需通盘考虑系列标准和各部分标准的安排，如是否将系列中的第一个标准或标准的第1部分预留给"总则""术语"等通用标准。

一般可按两种方式组织系列标准和多部分标准：一是将标准化对象分为若干个特殊方面，每个标准文件分别涉及其中一两个方面，且都能够单独使用。二是将标准化对象分为通用和特殊两个方面，通用方面作为系列标准的第一个文件或文件的第一部分，特殊方面（可修改或补充通用方面，不能单独使用）作为文件的其他各部分。

有效划分系列和多部分标准可按以下步骤实施：第一步，先建立标准体系，再确定标准体系中各规范性文件的问题和边界；第二步，明确标准化对象，确定管理属性和相关维度的要求，并形成总体的技术要求；第三步，统筹考虑系列标准与多部分标准；第四步，在一个标准文件中仅介绍一个技术问题，并尽量将该问题提炼为一个图表或一段文字说明。

（四）名称、范围与引言的编写方法

标准的名称、范围与引言往往是标准文件的开端部分，三者相互联系，互为补充。

1.名称应简明扼要

标准文件名称是对文件所涵盖主题的清晰、简明的描述。文件名称的表述应使标准文件容易跟其他文件相区分，不应涉及具体细节的内容，必要的补充说明可由范围给出。

文件名称所使用的元素主要有引导元素、主体元素和补充元素，其顺序遵从一般到特殊的原则。其中，引导元素为可选元素，表示文件所属的领域；主体元素为必备元素，表示标准文件所涉及的标准化对象；补充元素为可选元素，表示标准化对象的特殊方面，或者给出标准文件与其他文件，或分为若干部分的标准文件之间的区分信息。

若省略引导元素会导致主体元素所表示的标准化对象不明确，则文件名称中应保留引导元素。如果主体元素（或者同补充元素一起）能确切地表示文件所涉及的标准化对象，那么文件名称中应省略引导元素。尤其要注意的是，标准文件名称不必描述文件作为"标准"或"标准化指导性技术文件"的类别，不应包含"……标准""……国家标准""……行业标准"或"……标准化指导性技术文件"等词语。

2. 范围的编写方法

范围是标准文件的内容提要，首先要解决的问题是，标准要做什么。对不同类型的标准，应使用不同的动词。典型的情况包括：

——规定……的要求/特性/尺寸/指示；

——确立……的程序/体系/系统/总体原则；

——描述……的方法/路径；

——提供……的指导/指南/建议；

——给出……的信息/说明；

——界定……的术语/符号/界限。

如果一个标准文件涉及多个方面，则应分别予以说明。对于按照日常理解会包括某些技术内容，但实际上并未涉及的，应予以特别说明。在范围中，还要描述标准文件适用于做什么和不适用于做什么，如一项服务请求管理规程的标准可能仅适用于生产环境，并不适用于非生产环境。分为系列和多部分的标准文件，其范围只应界定各自单独文件的标准化对象和所覆盖的各个方面。

3. 引言的编写方法

引言主要用来说明标准编制的背景和应用建议。引言虽是标准文件的可选内容，但仍然较为重要。良好的引言能清楚说明所编制的标准当前面临的主要技术问题是什么、如何解决这个问题，以及应用标准带来的好处。这些内容与

ISO/IEC导则1中规定的新工作项目立项表中的内容是一致的。

GB/T 1.1—2020标准提出，引言是对标准文件技术内容的特殊信息或说明，用来说明标准文件在其典型的应用场景涉及的各个层次和各个方面，以及所规范的内容。该标准还提出应用标准文件应该配套或建议配套的管理、工程、研发等方面的要求，甚至必要的信息化方面的要求。尽管这些内容可能与标准指南中的有些内容类似，但视角并不一样，宣贯指南中往往提出的是针对标准的要求和建议，而引言侧重说理和解释。

对分为系列和多部分的标准文件，还应在引言中描述分为系列/部分的原因及各标准文件之间的关系。

若在标准编制过程中发现标准文件涉及专利，则需按照GB/T 1.1—2020标准的相关要求，专门在引言中进行说明。由于金融机构内部专利的拥有主体和标准的执行主体基本上是一致的，因此，企业内部标准不会受到本机构拥有的专利的限制，倘若涉及外部的专利，则需妥善处理其知识产权问题。

（五）标准内容的编写

标准内容要符合标准编制的相关要求，且清晰易懂。GB/T 1.1—2020标准对标准内容的表述作出了详尽的规定。以下几个方面的内容是需要重点关注的。

1. 正确使用标准条款的种类

GB/T 1.1—2020标准在2009年版本的基础上增加了一种新的条款类型，即"允许"。2020年版本中的情愿动词在2009年版本中称为助动词，仍采用"应、宜、可、能"四个字，但对条款的种类区分更清晰。

ISO/IEC对条款的区分更加详细，除了有陈述（statement）、要求（requirement）、建议（recommendation）、允许（permission）外，还有可能性（possibility）和能力（capability）及外部约束（external constraint）。可能性和能力在GB/T 1.1—2020标准的附录C中有提及，但在正文并没有展开阐述。GB/T 1.1—2020中9.5.4.2.2提及外部约束，若按ISO/IEC导则2对条款的划分来理解标准的写作，则更易掌握。

2. 充分利用图、表、注、例

标准文本中的图与表具有丰富的信息表达能力，较适合体现一个标准的核心内容。除了流程图和组织架构图，标准中的图不宜标注文字，一般来说，也不建议采用各类实物照片或接近实物的图形。这样，一方面可以规避可能存在的知识产权的纠纷，另一方面可以避免由于技术发展导致的设备外形改变，使标准看来是针对落后设备的风险。图中的每一个组分都应该使用标引序号标出，并专门在图中逐一解释。列出标引序号后再提出对整个图的要求，然后进行注释。对图中每个组件及其连接之处可给出图脚注，并提出针对某一点的特定要求。

标准的表是一个较为有用的工具。有两个通栏位于表的最后，第一栏可写对表的整体要求和整体的注释，第二栏可通过表脚注提出对表中每一栏的特定要求。

标准的注是用来解释说明标准文件条款的内容，在撰写时要注意不要使用表示要求、建议和允许的情愿动词。

标准的例是通过例子来对条款内容进行说明或说明条款的应用。例子可以框起来，以示与正文的区别。将标准的例放在一个单行单列的表格中，就是一种简便易行的处理方式。

3. 在标准文件中不应提及法律法规的内容

ISO在标准文件明确了标准文件与法律法规的关系，以及企业标准文件与规章制度的关系，GB/T 1.1—2020标准对此做了进一步的明确。

2019年，ISO对标准与法律法规的关系提出了如下要求。

ISO可交付成果可用于补充法律要求，并作为所有相关利益攸关方（可包括政府当局和行业参与者）的有用工具。

ISO可交付成果中不允许以下内容：包含明确要求或建议以遵守法律、法规或合同的声明。

ISO可交付成果允许以下内容：（1）与法律和监管要求相关的陈述，不包括明确要求或建议遵守法律、法规或合同；（2）用于提供信息目的的特定法律或法规内容的事实示例。

澄清所有ISO可交付成果：a）不允许包含明确要求或建议以遵守任何特定法律、法规或合同（例如对此类要求的规范性引用）或其中的一部分的陈述；b）允许与不违反a）项的法律和监管要求相关的陈述；c）允许以信息为目的的具体法律或法规内容的事实示例；d）a）项不得例外。

GB/T 1.1—2020标准有三处明确提及了如何在标准中处理涉及法律法规的事宜。一是该标准的5.5.3部分明确指出，标准文件中不应规定诸如索赔、担保、费用结算等合同要求，也不应规定诸如行政管理措施、法律责任、罚则等法律法规要求；二是该标准的9.5.4.4.3部分明确指出，起草标准文件时不应规范性引用法律、行政法规、规章和其他政策性文件，也不应要求普遍性符合法规或政策性文件的条款，如应符合国家有关法律法规的表述是不正确的；三是该标准9.5.4.4.2部分明确指出，如果确有必要，可资料性提及法律法规，或者可通过包含"必须"的陈述，指出由法律要求形成的对标准文件使用者的约束或义务（外部约束）。表述外部约束时提及的法律法规并非标准文件自身规定的条款，而属于资料性引用的文件，通常应与文件的条款分条表述。

4. 术语与定义应精雕细琢

除了应符合术语标准的相关要求外，术语和定义的撰写还应该把握一些基本原则。

撰写术语时，应遵循以下原则：一是单名单义。在创立新术语之前应先检查有无同义词，并在已有的几个同义词之间，选择符合相关要求的最适合的术语。二是顾名思义。术语应能准确表达定义的要旨。三是简明扼要。术语简明扼要有利于信息交流。四是便于构词。基本术语越简短，构词能力越强，对于组合成词组使用的基本术语更应如此。五是保持稳定性。对于使用频率较高、范围较广、已约定俗成的术语，除非必要，一般不宜轻易变更。六是合乎本族语言习惯。术语的用字遣词，务求不引起歧义，不要带有褒贬等感情色彩的意蕴。

撰写定义时，应在采用内涵定义的基础上遵循以下原则。一是定义应准确。在以属种关系为基础的概念体系中，定义要指出该概念在体系中的确切位置，反映符合本体系的本质特征，拟定义的概念一方面继承了上位概念的本质特征，另一方面又需借助区别特征同其他并列概念进行有效区分。系统撰写定义能保证各定义间的协调性。例如，在为具有共同上位概念的太阳系各行星撰写定义时，应选取相同的区别特征，如都选取跟太阳的距离或平均距离等，即按相同的模式行文，并按相同顺序逐一介绍。二是定义应适度。这就要求定义紧扣概念的外延，不可过宽或过窄。例如，在定义机动车时，若给出的定义是"机动车是以汽油为燃料、机械驱动的车辆"，则这个定义下得过窄，因为机动车不限于以汽油为燃料，该定义将柴油车和电车都排除在外了；若给出的定义是"机动车是机械驱动的交通工具"，则定义又下得过宽，把轮船和飞机都包括进去了。三是定义应简明。定义除指明上位概念外，只需写明区别特征。若在已给出交通工具定义的情况下，再定义"船舶是水路交通工具，依靠人力或机械驱动"，则"依靠人力或机械驱动"就是多余的。四是应正确使用否定定义。只有在概念本身具有否定性的情况下，才可使用否定定义。例如，"无性繁殖是不通过生殖细胞的结合而由亲体直接产生子代的繁殖方式"是正确使用了否定定义；而"菱形不是长方形"则不然，因为"菱形"不是具有否定性的概念。五是避免使用循环定义，即避免第一个概念用第二个概念下定义，而第二个概念又引用第一个概念，通过循环定义，无法正确理解概念的内容。例如，"艺术品是引发人类美感的制品"和"美感是人欣赏艺术品时产生的心理感受"，如此定义艺术品让人无法正确理解艺术品，也无法正确理解美感。六是遵从本族语言习惯。这对于采标的标准可能存在困难，但可通过增加注和示例进行说明。

5. 统筹布局标准的内容

按照GB/T 1.1—2020标准的要求，标准的前三章的内容是固定的，分别是范围、规范性引用文件、术语与定义，第四章可以是符号与缩略语，但符号与缩略语可以并入第三章。此后的内容，必要时在标准编制时统筹布局。

为确保标准内容的相对稳定，GB/T 1.1—2020标准给出了一些指导性意见。具体意见：一是可用总体原则来规定，也即为达到编制目标应依据的方向性的总框架或准则。总体原则不应采用要求性条款。二是可设置总体要求，用来规定涉及整体文件或随后多个要素均需要规定的要求。总体要求应使用要求性条款。总体要求提及的，后续内容不必再次提及。三是对于系统标准，可含有系统构成，用来确立构成系统的分系统，或进一步地组成单元。系统标准的核心技术要素将包含针对分系统或组成单元作出规定的内容。

随后的各章条，对产品、过程、服务、规范、指南、规程、实验等类别的标准，如能围绕着总体原则、总体要求、系统构成展开，则会具有较好的可读性，且易于维护。

为了使标准易于阅读和应用，要善用规范性和资料性附录。对一些内容相对完整，但一般读者并不一定要深入了解的规范性内容，应编制为规范性附录，其效力与标准文件的正文是一致的；对一些可以参考的方案、对相关内容和背景的解释，可以纳入资料性附录，以增加标准的可读性。

6. 为标准的扩展留足空间

有人认为，标准一旦确定就难以变更，因而跟不上技术的发展。这是对标准存在的误解。不过，若对标准的框架和内容处理不当，也确实会产生标准跟不上技术发展的问题。

为保证标准能跟上形势的发展，可遵循以下原则：一是对标准采取适用性修改方式。对标准进行适用性修改（Tailoring，剪裁与扩充），应明确剪裁与扩充的区别，以及与现有标准内容的关系。二是对涉及分类代码类的标准，可先给出编码的规则，并编制当前代码，后继的代码在指定网站发布。三是建立标准的快速更改机制，保证更改的全文都可快速发布和有效标识。四是对标准中类似于模板的内容，可采用数字化的手段进行处理和组织，可考虑建立相关的语义模型，通过软件实现对标准的修改。

八、企业标准"领跑者"文件的编制

企业标准"领跑者"制度是《中共中央　国务院关于开展质量提升行动的指导意见》（中发〔2017〕24号）文件（以下简称《指导意见》）提出的一项战略性举措，已形成了一种制度性措施，其目标是通过高水平标准引领，增加中高端产品和服务的有效供给，从而助力经济金融高质量发展。

（一）从指导思想把握标准的构建策略

为了贯彻落实党中央、国务院颁发的《指导意见》文件精神，国家市场监管总局、中国人民银行等八部委联合颁发了《市场监管总局等八部门关于实施企业标准"领跑者"制度的意见》（国市监标准〔2018〕84号，以下简称《企业标准"领跑者"制度的意见》）。该文件提出的企业标准"领跑者"的指导思想是，"全面贯彻落实党的十九大精神，以习近平新时代中国特色社会主义思想为指导，认真落实党中央、国务院决策部署，进一步深化标准化工作改革，坚持以推进供给侧结构性改革为主线，以创新为动力，以市场为主导，以企业产品和服务标准自我声明公开为基础，建立实施企业标准'领跑者'制度，发挥企业标准引领质量提升、促进消费升级和推动我国产业迈向全球价值链中高端的作用，更好地满足人民日益增长的美好生活需要"。

这一指导思想是我们做好企业标准"领跑者"工作的基础，只有对该指导思想有了全面和深入的理解，才能在编制相关标准时较好地把握标准化对象的特征。

一是企业标准"领跑者"是一项制度性安排。企业标准"领跑者"活动不是一次性的行动，也不是一项孤立的活动。因此，需按照体系化的管理思想，将标准"领跑者"活动纳入企业的治理和管理中，统筹协调，才能取得预期成效。

二是企业标准"领跑者"是提升供给侧改革的重要手段。企业标准"领跑者"不是仅制定标准，而是要在相应的产品服务中，充分体现出标准的优越性，确实能提供高质量的供给。若按照ISO 9000: 2015给出的相关概念，企业标准就是能更好地满足明确需求和潜在需求的产品服务。

三是企业标准"领跑者"以企业产品和服务标准自我声明公开为基础。《中华人民共和国标准化法》第二十七条规定"国家实行团体标准、企业标准自我声明公开和监督制度。企业应当公开其执行的强制性标准、推荐性标准、团体标准或者企业标准的编号和名称;企业执行自行制定企业标准的,还应公开产品、服务的功能指标和产品的性能指标"。从标准"领跑者"的视角看,如果执行的是国家标准、行业标准、地方标准和团体标准,即便执行了这些标准中要求的最高级别,也难以说是标准的"领跑者"。因此,企业标准"领跑者"执行的标准,应是功能(function)或性能(performance)指标高于外部标准的企业标准,真正做到"人无我有,人有我优"。

(二)从基本原则领会标准化对象的选择

《企业标准"领跑者"制度的意见》提出了企业标准"领跑者"要遵循的五项基本原则,这些原则是选择好标准化对象的重要依据。

1. 坚持需求导向

坚持需求导向原则要求"围绕国家产业转型和消费升级需求,引导企业瞄准国际标准提高水平,培育一批企业标准'领跑者'。发挥消费需求的引领带动作用,营造'生产看领跑、消费选领跑'的氛围"。

在供给侧改革中把握好需求导向,一是要围绕产业转型和消费升级的需求。就金融需求导向而言,从单纯的线下金融服务转到线上线下相结合的金融服务,从一个银行仅能为自身银行客户的账户服务到能够支持其他银行的客户的账户服务等,这些都符合金融业转型和金融消费升级的需求导向。二是要瞄准金融国际标准。就金融业而言,首先要分析研究金融国际标准的现状,再根据我国金融标准的实际情况,引入和转化金融国际标准,同时要努力将我国金融标准推向国际。三是加强对"生产看领跑、消费选领跑"的认识。就金融消费而言,在依法合规的前提下,能提供消费者和投资者青睐的金融产品和服务,就是消费选领跑的体现。然而,要得到消费者和投资者的青睐,首先应提供全面准确的产品服务说明,并关注客户可以感知的内容,也就是要实现企业标准领跑。

2. 坚持公开公平

坚持公开公平原则要求"放开搞活企业标准，引导企业自我声明公开执行的标准，畅通企业标准信息共享渠道，利用信息公开促进企业公平竞争，切实保障市场主体和消费者的知情权、参与权和监督权"。

公开公平是公正的基础。要做到公开公平，这就要求：一是金融企业要声明执行的标准。《中国人民银行金融消费者权益保护实施办法》（中国人民银行令〔2020〕第5号）第十六条规定"银行、支付机构应当依据金融产品或者服务的特性，及时、真实、准确、全面地向金融消费者披露下列重要内容"，其第六项明确"银行、支付机构对该金融产品或者服务所执行的强制性标准、推荐性标准、团体标准或者企业标准的编号和名称"。该规定与标准"领跑者"活动结合起来看，对相关产品或服务，有国家标准、行业标准、团体标准的，可以直接执行这些标准；没有标准的，首先应制定企业标准。银行产品或服务已在ISO 21586: 2020《银行产品或服务描述规范》中有完整的标准，而这个标准是依据GB/T 32319—2015《银行业产品说明书描述规范》而编制的，两者的技术性内容基本一致。二是要通过标准来体现竞争。企业标准"领跑者"活动是通过标准评估和一致性验证产生"领跑者"榜单，是通过标准来体现竞争，并以此取得市场优势地位。对提供的产品服务不符合标准的情况，由于相关标准对金融产品和服务的描述是清晰规范的，因而监管部门较容易认定。

3. 坚持创新驱动

坚持创新驱动原则要求"推动先进科技成果转化为标准，以标准优势巩固技术优势，不断提高标准的先进性、有效性和适用性，增强产品和服务竞争力，以标准领跑带动企业和产业领跑"。

按照这一原则，一是要梳理清楚先进科技成果的体现和如何转化为标准。科技成果的体现往往是成体系的，已形成对金融业务支撑的金融科技实际上是商业秘密、专利、著作权和标准的综合体现。因此，作为实施标准"领跑者"的企业，针对一项创新，首先要按照《反不正当竞争法》第九条第八款规定"本法所称的商业秘密，是指不为公众所知悉、具有商业价值并经权利人采取相应保密措施的技术信息、经营信息等商业信息"来界定是否为商业秘密；其次要按照"前所未闻、超越前人、有径可循、技术为本"的策略，判定科技成果的可专利性，对可专利的要尽快提出申请；最后要对稳定的文字作品和计算机软件及时申请著作权，但对还在频繁变更的软件申请著作权，可能起不到保护效果。

二是要充分利用标准的特长，使标准能够承载和体现技术优势。其中一个有效的方式是，考虑制定带有专利的标准，尤其是带有客户可感知的专利的企业标准，并向金融产品服务准备服务的领域率先应进行PCT专利申请。要建立标准的快速更新机制和文本与在线发布联动的机制，确保持续增强金融产品服务的竞争力。

4. 坚持企业主体

坚持企业主体原则要求"紧紧依靠企业提高产品和服务标准，确立企业标准对市场的'硬承诺'和对质量的'硬约束'。发挥富于创新的企业家精神和精益求精的工匠精神，在追求'领跑者'标准中创造更多优质供给"。

这一原则体现了四个方面的内容：一是明确标准是产品和服务标准，这些标准应该是客户可感知的，不可感知的内容应发挥支撑作用，但只能作为辅助内容。二是要求对市场和质量作出"硬承诺"，硬承诺的特点就是指标要明确，不能含糊，不能有多种解释。三是要求发挥创新精神，对金融机构来说，创新必须在依法合规的基础上进行，因此，应该通过标准"领跑者"逐步建立金融产品服务创新的方法论。四是要求精益求精，指标不仅要清楚，还要进行细化，标准要能涵盖相应的金融产品服务。

5. 坚持规范引导

坚持规范引导原则要求"持续推进简政放权，放管结合，优化服务，鼓励广泛开展标准水平的比对和评估活动。完善评估机制，推动行业自律，强化社会监督，引导更多企业争当标准'领跑者'"。

这一原则对如何进行标准"领跑者"进行评价给出了总体要求。一是企业"领跑者"的评价过程不能过于烦琐，不能让参与标准"领跑者"的企业陷入不断地报材料、跑流程的过程中，但也不能放任不管，企业自己说领跑，甚至通过商业手段运作自己领跑，就承认其领跑，要将标准领跑提高到落实新发展理念来认识，要优化服务，通过适宜的方法和手段，使参与标准"领跑者"活动的企业，能够方便及时地获得有关标准领跑评价的信息。二是对要持续改进评估机制，改进的重点，一方面是以标准"领跑者"推进行业自律，让标准的"领跑者"成为行业的标杆，领跑的标准成为行业最佳的产品；另一方面是要让社会和最终的消费者认可，使用脚投票、消费站队与标准领跑实现高度的重合，为标准"领跑者"带来良好的经济效益和社会效益。

（三）做好领跑者标准体系的建设

在理解标准"领跑者"的指导思想和基本原则的基础上，可以看出，标准"领跑者"相关文件应该通过一个体系来体现，一个单独的标准即便涵盖了标准"领跑者"评价的所有方面，也往往是所谓的"命题作文""按图索骥"，有可能难以实现标准"领跑者"活动的宗旨。

以网上银行服务"领跑者"为例，在活动之初，中国互联网金融协会就发布了《2020年企业标准排行榜和"领跑者"评估方案》，对如何做才能实现标准领跑给出了"标准规范性""服务安全性""客户体验""创新及前瞻性"和"实施保障"5项一级指标，各一级指标下分别设置1项、4项、4项、2项、3项二级指标，共14项二级指标。在这些指标中，明确了什么指标必须具备，并说明如果标准中没有就是0分。应该说，这个指标是对服务领跑"硬承诺"的一个良好体现。

为了便于参加"领跑者"活动，很多参与单位都将这些指标简单地列入了一个标准中。这样，看起来标准编制工作和评估工作都简单了，但可能难以全面和深入地落实企业"领跑者"活动的指导思想和总体原则。实际上，在"领跑者"的评价过程中，很多评价的内容只能由相关评估机构的人员查看相关材料或系统参数，而这些作为网上银行最终用户的客户或者感知不到，或者无法证实。

因此，良好地实践标准"领跑者"的思路，就是将标准"领跑者"涉及的相关技术和管理要求纳入整个企业的标准体系，乃至规范性文件的管理体系中。对同一类的技术和管理要求，在企业内执行同一规章制度标准规范的，应提供这个规章制度标准规范的内容。

未来可参照GB/T 13017—2018、GB/T 15496—2017等标准体系建设标准的要求，按照评估方案给出的方面，提供如下材料。

一是客户可感知要求和指标的服务标准，如网上银行服务；

二是支撑服务标准中指标的内部通用标准，如业务连续性、应急管理、配置管理、问题管理、安全管理、隐私管理、风险管理等；

三是本单位特有的技术，包括商业秘密的名称和专利，其中商业秘密的查看和评价是一个有待深入讨论的课题，而这里则可以直接在企业标准中体现，或作为企业标准的支撑；

四是在具体开发运行活动中执行的相关工作标准，按照GB/T 15496—2017，这些不一定是符合GB/T 1.1格式的文件，但应该对相关事宜作出规定，且确实经过一个在企业内认定的程序发布；

五是确保上述标准和其他技术文件落地、涉及职责划分的规章制度，并给出相关责任者的人员名单，或责任部门的部门负责人与联系人的名单。

在提供以上材料的基础上，标准领跑的评价机构与人员在确立了相关的自律和商业的评审流程后，就可以从最终客户的视角和相关支撑技术要求是否提出、是否落地进行有效的评价了。

参考文献

［1］ GB/T 1.1—2009 标准化工作导则　第1部分：标准的结构和编写

［2］ GB/T 1.1—2020 标准化工作导则　第1部分：标准化文件的结构和起草规则

［3］ GB/T 1.2—2020 标准化工作导则　第2部分：以ISO/IEC标准化文件为基础的标准化文件起草规则

［4］ GB/T 321—2005 优先数和优先数系

［5］ GB/T 9704—2012 党政机关公文格式

［6］ GB/T 10112—1999 术语工作　原则与方法

［7］ GB/T 10113—2003 分类与编码通用术语

［8］ GB/T 13016—2018 标准体系构建原则和要求

［9］ GB/T 13017—2018 企业标准体系表编制指南

［10］GB/T 15237.1—2000 术语工作　词汇　第1部分：理论与应用

［11］GB/T 15496—2017 企业标准体系　要求

［12］GB/T 15497—2017 企业标准体系　产品实现

［13］GB/T 15498—2017 企业标准体系　基础保障

［14］GB/T 18142—2017 信息技术　数据元素值表示　格式记法

［15］GB/T 19000—2008 质量管理体系　基础和术语

［16］GB/T 19000—2016 质量管理体系　基础和术语

［17］GB/T 19273—2017 企业标准化工作　评价与改进

［18］GB/T 19763—2005 优先数和优先数系的应用指南

［19］GB/T 19764—2005 优先数和优先数化整值系列的选用指南

［20］GB/T 20000.1—2014 标准化工作指南　第1部分：标准化和相关活动的通用术语

［21］GB/T 20000.3—2014 标准化工作指南　第3部分：引用文件

［22］GB/T 20000.6—2006 标准化工作指南　第6部分：标准化良好行为规范

［23］GB/T 20000.7—2006 标准化工作指南　第7部分：管理体系标准的论证和制定

［24］GB/T 20000.8—2014 标准化工作指南　第8部分：阶段代码系统的使用原则和指南

［25］GB/T 20000.10—2016 标准化工作指南　第10部分：国家标准的英文译本翻译通则

［26］GB/T 20000.11—2016 标准化工作指南　第11部分：国家标准的英文译本通用表述

［27］GB/T 20001.1—2001 标准编写规则　第1部分：术语

［28］GB/T 20001.2—2015 标准编写规则　第2部分：符号标准

［29］GB/T 20001.3—2015 标准编写规则　第3部分：分类标准

［30］GB/T 20001.4—2015 标准编写规则　第4部分：试验方法标准

［31］GB/T 20001.5—2017 标准编写规则　第5部分：规范标准

［32］GB/T 20001.6—2017 标准编写规则　第6部分：规程标准

［33］GB/T 20001.7—2017 标准编写规则　第7部分：指南标准

［34］GB/T 20001.10—2014 标准编写规则　第10部分：产品标准

［35］GB/T 20002.1—2008 标准中特定内容的起草　第1部分：儿童安全

［36］GB/T 20002.2—2008 标准中特定内容的起草 第2部分：老年人和残疾人的需求

［37］GB/T 20002.3—2014 标准中特定内容的起草 第3部分：产品标准中涉及环境的内容

［38］GB/T 20002.4—2015 标准中特定内容的起草 第4部分：标准中涉及安全的内容

［39］GB/T 20003.1—2014 标准制定的特殊程序 第1部分：涉及专利的标准

［40］GB/T 30226—2013 服务业标准体系编写指南

［41］GB/T 24421.2—2009 服务业组织标准化工作指南 第2部分：标准体系

［42］GB/T 35778—2017 企业标准化工作 指南

［43］ISO/IEC Directives, Part 2—Principles and rules for the structure and drafting of ISO and IEC documents

［44］ISO/IEC GUIDE 2: 2004 Standardization and related activities—General vocabulary

［45］ISO 4217: 2015 Codes for the representation of currencies

［46］ISO 20022（所有部分）Financial services—Universal financial industry message scheme

［47］ISO 21586: 2020 Reference data for financial services—Specification for the description of banking products or services (BPoS)

［48］ISO 31000: 2018 Risk management—Guidelines

［49］ISO Code of Conduct for the technical work

［50］《中华人民共和国标准化法》

［51］《国家标准化管理委员会关于印发〈2019年全国标准化工作要点〉的通知》（国标委发〔2019〕5号）

［52］《国务院关于加强和规范事中事后监管的指导意见》（国发〔2019〕18号）

［53］《国家标准化管理委员会关于印发〈2020年全国标准化工作要点〉的

通知》（国标委发〔2020〕8号）

［54］《中国人民银行金融消费者权益保护实施办法》（中国人民银行令〔2020〕第5号）

［55］《企业内部控制基本规范》

企业标准"领跑者"制度及金融企业实施情况[①]

一、企业标准"领跑者"概述

1. 企业标准"领跑者"的概念

企业标准"领跑者"制度是通过高水平引领，增加中高端产品和服务有效供给，支撑高质量发展的鼓励性政策，对深化标准化工作改革、推动经济新旧动能转换、供给侧结构性改革和培育一批具有创新能力的排头兵企业具有重要作用。党的十九大提出，要"支持传统产业优化升级，加快发展现代服务业，瞄准国际标准提高水平"。《中共中央 国务院关于开展质量提升行动的指导意见》明确提出，"实施企业标准'领跑者'制度"。

企业标准"领跑者"是指产品或服务的核心指标处于领先水平的企业。企业标准"领跑者"以企业产品和服务标准自我声明公开为基础，通过发挥市场的主导作用，调动标准化技术机构、行业协会、产业联盟、平台型企业等第三方评估机构开展企业标准水平评估，发布企业标准排行榜，确定标准"领跑者"，建立多方参与、持续升级、闭环反馈的动态调整机制。首先，要鼓励企业制定严于国家标准、行业标准的企业标准；其次，要有执行该标准的产品和服务，所涉及的产品应为量产的定型产品，所涉及的服务应为广泛提供的服务。

2. 企业标准"领跑者"的基本原则

企业标准"领跑者"的基本原则：一是坚持需求导向，企业标准"领跑者"

[①] 本文为中国互联网金融协会互联网金融标准研究院刘燕青、赵鹏辉撰写。

的开展应围绕国家产业转型和消费升级需求，发挥消费需求的引领带动作用；二是坚持公开公平，应该利用信息公开促进企业的公平竞争，切实保障市场主体和消费者的知情权、参与权和监督权；三是坚持创新驱动，应鼓励企业主动制定企业标准，积极参与企业标准"领跑者"活动，以标准领跑带动企业和产业的领跑；四是坚持企业主体，企业应按照企业标准进行严格管理，确定企业的产品或服务与企业标准指标一致，确立企业标准对市场的"硬承诺"和对质量的"硬约束"；五是坚持规范引导，企业标准"领跑者"评估机构，应总结评估过程中所遇到的困难和问题，以及评估后的指标整理，完善评估机制，推动行业自律，强化社会监督。

3. 企业标准"领跑者"的主要目标

企业标准"领跑者"的主要目标是围绕消费品、装备制造、新兴产业和服务等领域形成一批具有国际领先水平和市场竞争力的"领跑者"标准。

一是形成1000个以上的企业标准"领跑者"，重点围绕消费品领域中的健康安全、产品功能、用户体验等指标的提升，促进群众的消费，完成消费升级。

二是形成500个以上工业基础、智能制造、绿色制造等装备支持重点领域和新一代信息技术、生物等新型产业领域的企业标准"领跑者"，重点围绕重大装备安全、节能、环保、可靠性、效率、寿命等指标的提升，促进装备制造领域的升级和新兴产业培育能力的不断强化。

三是形成200个以上的生产性和生活性服务等服务领域的企业标准"领跑者"，重点围绕服务的舒适、安全、便捷、用户体验等指标提升，促进人民群众的消费力。

4. 企业标准"领跑者"的任务和分工

（1）企业标准"领跑者"的任务。企业标准"领跑者"的任务，一是全面实施企业产品和服务标准的自我声明公开；二是确定实施企业标准"领跑者"的重点领域；三是建立"领跑者"评估机制；四是发布企业标准排行榜；五是形成企业标准"领跑者"名单；六是建立企业标准"领跑者"动态调整机制。

（2）企业标准"领跑者"的分工。政府监管部门应确定并公布年度实施企业标准"领跑者"重点领域，推动有关部门和地区采信企业标准"领跑者"名单并给予适当的政策倾斜。

中国标准化研究院（以下简称中标院）作为工作机构，首先负责企业标准"领跑者"统一信息平台的建设和运行，以及公开征集评估方案、确认评估机构，其次是协助主管部门研究激励机制和政策，推动政府部门采信企业标准"领跑者"评估结果，最后汇总评估机构所形成的企业标准排行榜和"领跑者"名单，在统一平台进行发布，对评估机构和评估结果进行动态管理，并建立第三方评估机构、检测机构及企业等的黑名单制度。

专家委员会由中标院组织，首先支撑企业标准"领跑者"重点实施领域的研究和推荐，其次对评估机构的评估方案进行技术指导和评审，最后针对企业标准排行榜和"领跑者"评估实施过程中出现的技术争议及相关问题进行研判。

评估机构通过企业标准"领跑者"管理信息平台（https://www.qybzlp.com/）申报评估方案，中标院组织评审后，确定具体领域的评估机构和评估方案内容。评估机构首先负责编写"领跑者"评估方案、确定评估准则，其次负责实施"领跑者"评估，最后形成排行榜和"领跑者"，提交至中标院进行审核，审核通过后发放企业标准"领跑者"证书。

参与企业标准"领跑者"活动的工作步骤：一是在中标院所建设的企业标准信息公共服务平台（http://www.qybz.org.cn/）上注册账号；二是使用账号在平台上传相关领域的企业标准；三是配合评估机构进行一致性验证工作，并提交一致性证明材料；四是根据企业标准"领跑者"名单发布新闻确认是否进入"领跑者"榜单；五是参与相关监管部门和评估机构组织的企业标准"领跑者"推广和宣传工作。

二、企业标准"领跑者"的相关政策制度

（一）主要政策脉络

2016年8月，李克强总理在国务院常务会议上特别强调了要建立企业标准"领跑者"制度。同月，《装备制造业标准化和质量提升规划》提出："鼓励企业制定严于国家标准、行业标准的企业标准，建立完善先进的企业标准体系。加

强中小微企业标准化和质量管理能力建设，引导企业建立标准化制度体系，培育标准化和质量意识，促进大众创业、万众创新。鼓励企业参与行业标准、国家标准及国际标准的制修订工作，承担国际标准化组织专业技术委员会工作。推动企业依据标准组织生产和提供服务，引导企业开展对标达标活动。"

2016年9月，《消费品标准和质量提升规划（2016—2020年）》再次提出："推动企业标准自我声明。放开搞活企业标准，取消企业标准备案制度，引导企业自我声明公开执行的标准，公开产品质量承诺，提高消费品标准信息的透明度。鼓励第三方机构评估公开标准的水平，发布企业标准排行榜。建立企业标准'领跑者'制度，引导消费者更多选择标准'领跑者'产品，满足市场对高品质产品和高质量服务的消费需求。"

2017年3月，《贯彻实施〈深化标准化工作改革方案〉重点任务分工（2017—2018年）的通知》中进一步提出"建立实施企业标准'领跑者'制度"，"培育标准创新型企业"，"探索建立企业标准化需求直通车机制"。

2017年4月，李克强总理签批的《关于2017年深化经济体制改革重点工作的意见》中将建立健全的企业标准"领跑者"制度列入2017年经济体制改革重点任务。

2018年6月，国家市场监督管理总局、国家发展和改革委员会、科学技术部、中国人民银行等八部门联合印发《市场监管总局等八部门关于实施企业标准"领跑者"制度的意见》，提出了实施企业标准"领跑者"制度的指导思想、基本原则、主要目标、主要任务和政策措施等内容。

2019年5月，市场监管总局正式公布了《2019年度实施企业标准"领跑者"重点领域》，其中包括4个金融机具领域和2个金融服务领域。

2020年8月，市场监管总局正式公布了《2020年度实施企业标准"领跑者"重点领域》，除了包括2019年度的4个金融机具领域、2个金融服务领域外，还增加了3个金融信息服务领域及1个保险业领域。

（二）地方配套政策

企业标准"领跑者"活动开展以来，包括北京、河南、山西、陕西、广西等多个地区针对"领跑者"活动制定了相应的配套政策及现金奖励措施。

北京市发布了《关于印发北京市实施企业标准"领跑者"制度工作方案的通知》，明确"在政府质量奖评选等工作中采信企业标准'领跑者'评估结果，将'领跑者'企业信息纳入质量诚信体系建设"，"鼓励和支持金融机构给予企业标准'领跑者'信贷支持"，"优先推荐企业标准'领跑者'申报中国标准创新贡献奖、国家级标准化试点示范、北京市技术标准制修订补助资金及市级企业技术中心等"。

山西省发布了《山西省关于贯彻落实企业标准"领跑者"制度的实施办法》，规定"在山西省标准创新贡献奖和各级政府质量奖评选、品牌价值评价等工作中采信企业标准'领跑者'评估结果"，以及"鼓励政府采购在同等条件下优先选择企业标准'领跑者'符合相关标准的产品或服务"。山西省太原市万柏林区人民政府印发了《万柏林区推进品牌建设、质量提升、标准化改革奖励补助办法》的通知，规定"获得国家级、省级标准'领跑者'荣誉的企业，分别一次性补助10万元、5万元"。

广西壮族自治区发布了《自治区市场监督管理局等八部门印发关于实施企业标准"领跑者"制度的工作方案的通知》，规定"广西政府投资引导支持社会资本、金融机构、国有企业以市场化方式设立各类科创基金、产业投资基金投资企业标准'领跑者'"。

陕西省发布了《陕西省企业标准"领跑者"制度实施方案》，提出"在标准创新贡献奖、各级政府质量奖评选、品牌价值评价等工作中采信企业标准'领跑者'评估结果"，以及"鼓励各级政府采购在同等条件下优先选择企业标准'领跑者'符合相关标准的产品或服务"。

浙江省出台了《浙江省企业标准"领跑者"评价管理办法（试行）》，规定"获得浙江省企业标准'领跑者'称号的企业可以在相应的产品及其包装、服务场所或广告宣传中使用浙江省企业标准'领跑者'标识"，以及"鼓励各级政府采购在同等条件下优先选择企业标准'领跑者'符合相关标准的产品或服务"。

山东省济南市高新区管委会办公室印发了《济南高新区加快创新创业发展助力新旧动能转换若干政策（试行）》的通知，指出"对当年被确定为国家级企业标准'领跑者'的企业，给予最高100万元奖励"。

河南省郑州市人民政府印发了《郑州市质量提升若干政策》的通知，明确

"被评为国家企业标准'领跑者'并连续保持一年以上的企业，给予100万元的一次性奖励"。

三、企业标准"领跑者"实施情况

（一）重点领域的征集及发布

企业标准"领跑者"重点领域的征集流程可分为以下几个步骤：一是国家市场监督管理总局作为主管部门向各行业、单位下发征集年度重点领域的通知。二是由社会推荐、部委及地方推荐重点领域，中标院进行重点领域意见汇总，形成重点领域清单。三是中标院组织来自各行业协会、高校、科研机构、标准化机构、检测认证机构、咨询服务机构、企业等相关方组成专家委员会，对重点领域清单进行评审，形成重点领域建议清单，报送至主管部门进行审核；未通过评审的工作机构应在"领跑者"统一平台进行评审情况说明。四是由主管部门国家市场监督管理总局确定本年度重点领域清单。五是由中标院在"领跑者"统一平台上发布重点领域清单。

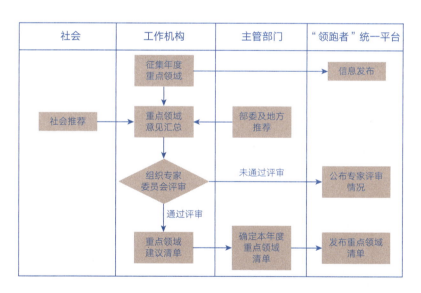

图5.8　重点领域征集流程

（二）评估机构的征集

一是在企业标准"领跑者"管理信息平台上填写相关信息并进行评估机构注册。中标院对申请机构的法人资质和诚信记录进行审核，审核成功后，以短信和邮件方式将平台账户和登录密码发送至其联系人手机和邮箱。

二是按照评估方案编制模板及平台给出的参考方案，编制申请评估领域的评估方案。将评估方案通过企业标准"领跑者"信息平台上的注册账户进行提交，中标院对评估方案进行审核，并组织专家审查。

三是评估机构按照中标院的初审意见修改评估方案初稿，再通过注册账户提交完善后的最终方案。

（三）评估机构的主要工作

一是针对所申请评估领域进行深入调研，制订评估方案。

二是根据评估方案编制评分细则，便于评估实施。

三是组织开展企业标准"领跑者"活动宣传培训及答疑等工作。

四是通过企业标准信息公共服务平台对参评机构自愿声明公开的企业标准文档进行下载，并依据标准文本格式进行初次筛查。

五是根据评估方案和评分细则对企业标准文档进行具体评估，并确定排行榜机构。

六是参考检测认证、行政处罚记录等情况开展一致性核验工作，确定"领跑者"榜单。

（四）评估方案的编制

一是评估机构对所评估领域进行调查，明确评估目的。

二是明确产品或服务范围，明确产品或服务的定义、适用范围、使用的国家或行业标准等。

三是选取核心指标，在已依法公开的企业产品或服务标准情况的基础上，提取大部分产品或服务共有的、消费者高度关注、消费升级急需的核心指标。

四是确定评估方法，其中评估方法选择综合计分法和单指标排行综合法两种方式。若选择综合计分法需给出指标与得分对应的细则，选择单指标排行综合法需给出单指标排行综合获得"领跑者"的方法。评估周期排行榜可根据产品和服务的更新换代情况，一年可多次发布，"领跑者"榜单一年只发布一次。

五是确定排行榜条件，方便确定排行榜及"领跑者"机构。

六是确定"领跑者"形成条件，原则上"领跑者"结果应在排行榜基础上获得。

七是企业标准"领跑者"确定并提交。

八是评估机构公布企业标准"领跑者"名单并发放证书。

以中国互联网金融协会（以下简称协会）的网上银行服务企业标准"领跑者"评估为例，评估方案编制工作按照以下步骤开展：一是协会通过研究中国互联网信息中心所发布的《中国互联网络发展状况统计报告》及监管部门近几年制定的金融政策，明确了网上银行服务的评估目的。二是协会明确了网上银行服务的定义、范围等内容，网上银行服务是指商业银行等金融机构通过互联网、移动通信网络、其他开放性公众网络或专用网络基础设施向其客户提供网上金融业务的服务；适用范围是由中国人民银行批准开立的商业银行；评估方案中的国家或行业标准包括GB/T 35273、JR/T 0068以及JR/T 0071等标准。三是确定评估指标，协会在调研相关监管规定、标准规范和行业实测水平的基础上，广泛征求商业银行意见，形成"标准规范为基础、定性定量相结合、服务安全和客户体验为关键、前瞻创新和实施保障为补充"的指标体系。四是为全面评估商业银行网上银行服务质量，评估方案采用综合计分法。五是根据评估分值并按照综合得分进行排名，选取综合排名前列的机构为排行榜机构。六是根据排行榜名单按照一定比例确定"领跑者"候选机构，对候选机构进行一致性审核，根据审核结果确定"领跑者"名单并报工作机构复核。七是配合中标院审核工作，在中标院公示"领跑者"名单后，向"领跑者"机构发放证书。

四、金融企业标准"领跑者"活动的实施情况

（一）企业标准"领跑者"活动的启动情况

2019年度企业标准"领跑者"活动于2019年6月正式启动。在启动会上，中国人民银行副行长、全国金融标准化技术委员会主任委员范一飞提出，在金融

领域开展企业标准"领跑者"活动是一项创新性工作，鼓励金融机构积极参与；今后还要不断总结经验，不断扩大标准领域，不断吸引更多企业参加，作为一项经常性的活动持续开展下去。国家市场监督管理总局标准创新管理司司长崔钢强调，建立实施企业标准"领跑者"制度，有利于发挥市场在标准化资源配置中的决定性作用，增加先进引领标准的供给，发挥标准引领作用。

2019年11月，"2019年度金融领域企业标准'领跑者'发布会"在京召开，会上中国人民银行科技司司长李伟提出，要大力实施金融领域企业标准"领跑者"制度；加大宣传力度，营造良好企业标准化氛围；探索活动新领域，完善活动评估机制，优化评估流程，发现更有竞争优势的"领跑者"；培育发展市场化的专业标准化服务机构，加快创新成果向技术标准转化，助力企业走高质量发展之路。

（二）企业标准"领跑者"活动的实施情况

2019年金融领域开展了包括销售点终端（POS）、自助终端（ATM）、条码支付受理终端、清分机4个金融机具领域和银行营业网点服务、网上银行服务两个金融服务领域的企业标准"领跑者"评估活动。活动开展期间，全国共1233家金融机构和金融机具企业积极响应，主动公开了2293项企业标准。网上银行服务领域参与机构有772家，公布标准数909项，其中，进入排行榜机构261家。随后，在排行榜基础上，评估机构综合考虑行业内发展水平、公开标准数量、消费者选择、网银系统独立性等因素，形成35家网上银行服务企业标准"领跑者"机构。

2020年金融领域开展了包括销售点终端（POS）、自助终端（ATM）、条码支付受理终端、清分机4个金融机具领域，银行营业网点服务、网上银行服务两个商业银行服务领域，移动金融客户端应用、金融分布式账本技术应用和商业银行应用程序机构服务3个金融信息服务领域，以及电子保单服务1个保险业领域的企业标准"领跑者"活动。其中，网上银行服务领域参与机构920余家，进入企业标准"领跑者"名单的机构32家；移动金融客户端应用参与机构200余家，进入企业标准"领跑者"名单的机构13家；金融分布式账本技术应用参与机构60余家，进入企业标准"领跑者"名单的机构9家。

附 录

金融领域企业标准"领跑者"蓝皮书

JINRONG LINGYU QIYE BIAOZHUN "LINGPAOZHE"
LANPISHU 2021

2021

中国互联网金融协会标准化工作简介

中国互联网金融协会（以下简称协会）是按照2015年7月18日经党中央、国务院同意，由人民银行等10部委联合发布的《关于促进互联网金融健康发展的指导意见》（银发〔2015〕221号）要求，由中国人民银行会同银监会、证监会、保监会等国家有关部委组织建立的国家级互联网金融行业自律组织。

协会高度重视标准在支撑行业规范健康可持续发展方面的重要作用，自筹建之初就将互联网金融标准化建设作为行业自律工作的重中之重。2016年12月16日，全国金融标准化技术委员会互联网金融标准工作组（编号CFSTC/WG7）成立，协会担任工作组组长单位。工作组是在金标委领导下从事互联网金融领域相关标准研究制定及维护工作的技术组织。2017年7月18日，互联网金融标准研究院揭牌成立，该研究院是协会领导下的专业研究机构，旨在凝聚政产学研多方力量，在国家标准委、金标委和相关监管部门指导下，共同研究开展互联网金融标准化工作。2018年2月，协会成立中互金认证有限公司，是国内首家从事互联网金融行业服务、应用和产品标准检测认证一体化的专业机构，致力于通过市场化的合格评定手段，依据相关的法律法规和行业标准对互联网金融行业的企业系统和产品进行符合性测评认证，从而保障互联网金融行业的资金及信息安全，促进行业服务的规范化。

协会坚持标准研制与标准宣贯同步部署、同步规划、同步推进，依托多元化贯标模式，确保标准能用、适用、管用。一是"标准+行业基础设施"模式。协会将标准内嵌于协会组织会员共同建设的信息披露、信用信息共享等行业基础设施，切实发挥降低行业风险的作用。二是"标准+行业自律"模式。协会为配合信息披露标准落地，发布实施《信息披露自律管理规范》，要求会员定期对自身信息披露开展情况进行自查自纠，协会不定期组织抽检。会员违反自律规则和其他有关规定的，视情节轻重，给予警示约谈、发警示函、强制培训、业内通报、公开谴责、暂停会员权利或取消会员资格等自律惩戒。三是"标准+监管采信"模式。由全国网贷风险专项整治办与协会联合发文，要求依据协会出台的标准，对商业银行资金存管业务与系统进行综合测评。四是"标准+检测认证"模式。协会专门成立中互金认证有限公司，探索通过技术手段检验和评定信息披露、资金存管等标准符合性，促进互联网金融标准有效落地实施。

协会自成立以来，坚持按照"顶层设计"和"急用先行"相结合的工作思路，突出标准支撑监管自律、服务行业发展的基本要求，配合互联网金融风险专项整治的安排部署，围绕互联网金融风险防控、普惠金融发展和金融消费者保护等重点任务，在标准研究制定等方面取得显著成效。协会牵头制定《互联网金融智能风险防控技术要求》《互联网金融身份识别技术要求》《互联网金融 个人网络消费信贷 信息披露》等NQI6项国家标准，目前此6项国家标准的研制工作正稳步推进。参与《云计算技术金融应用规范 技术架构》（JR/T 0166—2018）《云计算技术金融应用规范 安全技术要求》（JR/T 0167—2018）《云计算技术金融应用规范 容灾》（JR/T 0168—2018）《多方安全计算金融应用技术规范》（JR/T 0196—2020）4项已发布金融行业标准研制。发布《金融行业开源软件评测规范》《移动金融客户端应用软件测评指南》《供应链金融 监管仓业务规范》等10项团体标准。

协会承担互联网金融领域多项研究课题及项目。一是承担国标委标准化服务业试点工作，探索和完善互联网金融标准研制、宣贯、检测等全链条服务。二是承担并完成国家市场监督管理总局标准创新司《国内外金融服务领域生物特征识别标准比对研究》课题项目。三是承担并完成国标委《中国互联网金融标准"走出去"战略与实践研究》课题。四是承担并完成国标委"互联网金融风险防范标准体系研究"课题、国家科技部金融风险防控关键技术标准研究项目。

作为企业标准"领跑者"活动的第三方评估机构，协会承担了网上银行服务、移动金融客户端应用（银行业）、金融分布式账本技术应用3个领域企业标准"领跑者"活动的评估工作。遵循公开、公平、公正的原则，2020年，协会根据相关领域的企业标准评估方案分别对920家银行业金融机构的网上银行服务、206家银行业金融机构的移动金融客户端应用、63家金融机构和金融科技公司的金融分布式账本技术应用的企业标准进行评估，最终形成2020年网上银行服务领域企业标准"领跑者"32家、移动金融客户端应用（银行业）企业标准"领跑者"13家、金融分布式账本技术应用企业标准"领跑者"9家。

2021年网上银行服务企业标准"领跑者"评分细则

序号	一级指标	二级指标	分值	评分细则
1	标准规范性（10分）	标准文本规范性	10	对企业标准文本不满足规范性要求的情况扣分，总分10分，扣完为止。其中，企业标准引用的标准如标注日期，应为最新标准，若引用废止标准或引用年代及编号出现错误，不能参加"领跑者"候选。 （1）企业标准的封面、前言、标准名称、范围等必备要素应完整，每出现一处缺失扣0.5分，最多扣2分。 （2）企业标准的范围描述严谨准确，无歧义和误解，每出现一处错误扣0.5分，最多扣1分。 （3）企业标准中规范性引用文件部分列出的标准应在正文中被引用，每出现一处错误扣0.5分，最多扣2分。 （4）企业标准中所有图表均有编号及名称，且顺序准确，每出现一处错误扣0.5分，最多扣2分。 （5）企业标准正文中的术语、缩略语、符号、单位、字体等应符合GB/T 1.1相关要求，每出现一处不符合扣0.5分，最多扣3分。
2	服务安全性（33分）	基本安全要求	10	（1）企业标准文本对网上银行的安全技术、安全管理、业务运作安全、个人信息保护、密码应用等有所规范和描述，并对GB/T 35273—2020《信息安全技术　个人信息安全规范》、GB/T 39786—2021《信息安全技术　信息系统密码应用基本要求》、JR/T 0068—2020《网上银行系统信息安全通用规范》、JR/T 0071—2020《金融行业网络安全等级保护实施指引》第1~4部分（包括基础和术语、岗位能力要求和评价指引、培训指引）、JR/T 0171—2020《个人金融信息保护技术规范》有具体的引用和转化，按照描述内容的规范性和完整性评分，加1~10分。 （2）企业标准文本不包含该部分内容，0分。
		服务连续在线可信性	10	企业标准文本提出服务连续在线可信性要求，根据指标满足情况评分： （1）企业标准文本提出网上银行系统服务时间满足7×24小时不间断运行，加2分。 （2）企业标准文本提出配备7×24小时运维应急人员，加2分。 （3）企业标准文本包含网银系统可用率要求，若要求网银系统可用率≥99.99%，加4分；若要求99.96%≤网银系统可用率<99.99%，加2分；若要求99.90%≤网银系统可用率<99.96%，加1分。

序号	一级指标	二级指标	分值	评分细则
2	服务安全性（33分）	服务连续在线可信性	10	（4）企业标准文本包含系统恢复时间（RTO）要求，且要求系统恢复时间（RTO）≤30分钟，加2分。 （5）企业标准文本不包含上述内容，0分。
		增强身份认证要求	8	（1）企业标准文本包含增强身份认证技术要求内容，并对相应技术手段（如智能密码钥匙、文件证书、动态口令令牌、短信验证码、生物特征等）在本机构的应用提出具体要求，按照描述内容的规范性和完整性评分，加1~4分。 （2）企业标准文本对增强身份认证机制提出要求，并对根据不同场景和客户组合匹配不同认证手段、支持多因素认证、对设备标识的识别、对更换设备登录做加强身份校验、对操作设备及环境存在同机多账户判断等提出要求，按照描述内容的规范性和完整性评分，加1~4分。 （3）企业标准文本不包含上述内容，0分。
		风险控制能力	5	（1）企业标准文本对风险识别、风险分析、风险处置、风险管理等方面提出规范和要求，支持实时高效地监测和控制客户交易的欺诈风险，按照描述内容的先进性、规范性和完整性评分，加1~5分。 （2）企业标准文本不包含该部分内容，0分。
3	客户体验（35分）	服务功能	5	（1）企业标准文本对网上银行服务功能提出规范和要求，按照描述内容的规范性及完整性评分，加1~5分。 （2）企业标准文本不包含该部分内容，0分。
		服务性能	13	（1）企业标准文本对网上银行的易用性、舒适性、便捷性和易访问性提出规范和要求，按照描述内容的规范性和完整性评分，加1~4分。 （2）企业标准文本提出APP闪退率（一天中发生闪退的设备数/总体活跃设备数）≤0.05%，加3分；0.05%＜APP闪退率≤0.2%，加2分；0.2%＜APP闪退率≤0.45%，加1分；APP闪退率＞0.45%，0分。 （3）企业标准文本中对网银整体性能（指页面开始浏览到接收到最后一个数据包之间的时间差）提出要求，且该指标处于同类银行先进水平的，加1~3分。 （4）企业标准文本中对总下载字节数（整个浏览过程中IE内核的总下载量）提出要求，且该指标处于同类银行先进水平的，1~3分。 （5）企业标准文本不包含上述内容，0分。
		客服代表行为规范	4	（1）企业标准文本对客服代表行为提出规范和要求，并对GB/T 32315—2015《银行业客户服务中心基本要求》有具体的引用和转化，按照描述内容的规范性和完整性评分，加1~4分。 （2）企业标准文本不包含该部分内容，0分。

续表

序号	一级指标	二级指标	分值	评分细则
3	客户体验（35分）	服务响应	13	企业标准文本对客户服务响应提出要求，根据指标满足情况评分： （1）企业标准文本提出的电话客服平均响应时间（转接人工客服后到人工客服接通平均时间）≤15秒，加3分；15秒＜电话客服平均响应时间≤30秒，加2分；电话客服平均响应时间＞30秒，0分。 （2）企业标准文本提出的线上客服平均响应时间≤5秒，加3分；5秒＜线上客服平均响应时间≤15秒，加2分；15秒＜线上客服平均响应时间≤30秒，加1分；线上客服平均响应时间＞30秒，0分。 （3）企业标准文本提出的人工客服服务时间满足7×24小时，加2分。 （4）企业标准文本提出的电话客服接通率≥95%，加3分；90%≤电话客服接通率＜95%，加2分；88%≤电话客服接通率＜90%，加1分；电话客服接通率＜88%，0分。 （5）企业标准文本中对TCP时间（指客户端与服务端建立TCP的连接用时，也称三次握手时间）提出要求，且该指标处于同类银行先进水平的，加1分。 （6）企业标准文本中对整体速度（指页面的平均加载速度，整体速度=总下载字节数/整体性能）提出要求，且该指标处于同类银行先进水平的，加1分。 （7）企业标准文本不包含上述内容，0分。
4	创新及前瞻性（12分）	服务创新性	6	（1）企业标准文本对网上银行提供办理利率贷款定价基准转换业务提出要求，按照描述内容的规范性和完整性评分，加1~2分。 （2）企业标准文本中对贷款服务明确标识贷款年化利率的，加1分。 （3）根据公司服务创新情况，描述服务创新的方式及应用价值，根据应用价值情况评分： a）应用价值较高，社会认可度较高，加3分； b）应用价值一般，社会认可度一般，加1分； c）应用价值较低，社会认可度较低，不加分。 （4）企业标准文本不包含该部分内容，0分。
		技术前瞻性	6	（1）企业标准文本对网上银行服务的异地/同城双活接入等高可用架构提出规范和要求，按照描述内容的先进性、规范性和完整性评分，加1~2分。 （2）根据公司技术创新情况，描述技术创新的方式及应用价值，根据应用价值情况评分： a）应用价值较高，社会认可度较高，加4分； b）应用价值一般，社会认可度一般，加2分； c）应用价值较低，社会认可度较低，加1分。 （3）企业标准文本不包含上述内容，0分。

序号	一级指标	二级指标	分值	评分细则
5	实施保障（10分）	组织保障	4	（1）企业标准文本对网上银行服务相关的机构设置、职责分工等提出要求，按照描述内容的规范性和完整性评分，加1~4分。 （2）企业标准文本不包含上述内容，0分。
		管理制度	4	（1）企业标准文本对网上银行产品研发、测试投产、生产运营、业务管理、应急响应等全流程提出建立相关管理制度的要求，按照描述内容的规范性和完整性评分，加1~4分。 （2）企业标准文本不包含该部分内容，0分。
		企业标准宣传及实施机制	2	（1）企业标准文本对网上银行服务企业标准宣传、培训和实施机制提出要求，按照描述内容的规范性和完整性评分，加1~2分。 （2）企业标准文本不包含该部分内容，0分。

2021年移动金融客户端应用（银行业、非银行支付业）企业标准"领跑者"评分细则

序号	一级指标	二级指标	分值	评分细则
1	标准规范性（10分）	标准文本规范性	10	对企业标准文本不满足规范性要求的情况扣分，总分10分，扣完为止。其中，企业标准引用的标准如标注日期，应为最新标准，若引用废止标准或引用年代及编号出现错误，不能参加"领跑者"候选。 （1）企业标准的封面、前言、标准名称、范围等必备要素应完整，每出现一处缺失扣0.5分，最多扣2分。 （2）企业标准的范围描述严谨准确，无歧义和误解，每出现一处错误扣0.5分，最多扣1分。 （3）企业标准中规范性引用文件部分列出的标准应在正文中被引用，每出现一处错误扣0.5分，最多扣2分。 （4）企业标准中所有图表均有编号及名称，且顺序准确，每出现一处错误扣0.5分，最多扣2分。 （5）企业标准正文中的术语、缩略语、符号、单位、字体等应符合GB/T 1.1相关要求，每出现一处不符合扣0.5分，最多扣3分。
2	安全性（35分）	基本安全要求	20	（1）企业标准文本对移动金融客户端软件的开发、设计、运维、身份认证安全、逻辑安全、安全功能设计、密码算法以及密钥管理、数据安全、个人金融信息保护等有所规范和描述，并对JR/T 0092—2019《移动金融客户端应用软件安全管理规范》、JR/T 0171—2020《个人金融信息保护技术规范》、JR/T 0098.3—2012《中国金融移动支付检测规范第3部分：客户端软件》有具体的引用和转化，按照描述内容的规范性和完整性评分，以及根据中国人民银行印发的《关于发布金融行业标准 加强移动金融客户端应用软件安全管理的通知》（银发〔2019〕237号），已启动客户端软件实名备案工作。 （2）企业标准文本不包含上述内容，0分。
		身份认证信息	4	（1）企业标准文本对交易密码不可与用户身份信息相似（身份信息包含：身份证号、手机号等）有所要求，按照描述内容的规范性和完整性评分，加1~2分。 （2）企业标准文本对用户身份认证时使用两种或两种以上维度验证（验证维度包含无感身份认证、智能风控、设备认证以及传统身份认证等技术）提出要求，按照描述内容的规范性和完整性评分，加1~2分。 （3）企业标准文本不包含上述内容，0分。

序号	一级指标	二级指标	分值	评分细则
2	安全性（35分）	密码安全	4	（1）企业标准文本应按照GB/T 39786—2021《信息安全技术　信息系统密码应用基本要求》对客户端密码安全进行规范，重点从密码应用方案制订、密码算法选择、密码策略应用、密码安全性评估等多个维度提出要求的，加1~4分。 （2）企业标准文本不包含上述内容，0分。
		风险提示	2	企业标准文本对用户进行风险提示有所要求，根据指标满足情况评分： （1）对移动金融客户端软件进入后台进行提示，加1分。 （2）对移动金融客户端软件运行时网络环境安全风险进行提示，加1分。 （3）企业标准文本不包含上述内容，0分。
		缺陷解决率	5	企业标准文本对移动金融客户端软件的缺陷修复提出要求，根据指标满足情况评分： （1）企业标准文本中对缺陷进行分类定级，按照描述内容的规范性和完整性评分，加1~2分。 （2）企业标准文本中对每个级别的缺陷提出缺陷修复率，按照描述内容的规范性和完整性评分，加1~3分。 （3）企业标准文本不包含上述内容，0分。
3	技术先进性（35分）	兼容性	12	（1）企业标准文本对移动金融客户端软件兼容性有所规范，并对兼容终端的数量提出要求，根据兼容终端数量评分，企业标准提出的兼容终端数量≥1000，加5分；400≤兼容终端数量＜1000，加4分；100≤设备兼容性数量＜400，加2分；设备兼容性数量＜100，0分。 （2）企业标准文本移动金融客户端软件的系统兼容性提出要求，根据移动金融客户端软件支持的最低操作系统版本情况评分，移动金融客户端软件最低安全运行的操作系统版本≤安卓7.0以及iOS10，加3分；安卓7.0或iOS10＜移动金融客户端软件最低支持的操作系统版本≤安卓8.0以及iOS11，加2分；安卓8.0或iOS11＜移动金融客户端软件最低支持的操作系统版本≤安卓10.0以及iOS14，加1分。 （3）企业标准文本对移动金融客户端软件系统兼容HarmonyOS（鸿蒙系统）的，加2分。 （4）企业标准文本中对网络环境兼容性有所要求，网络环境兼容要求中包含IPv6的相关支持要求，加2分。 （5）企业标准文本不包含上述内容，不加分。

序号	一级指标	二级指标	分值	评分细则
3	技术先进性（35分）	性能	18	（1）企业标准文本包含移动金融客户端软件安装包文件大小优化要求，按照描述内容的规范性和完整性评分，加1~3分。 （2）企业标准文本对优化内容提出明确要求，优化内容应包含res资源文件优化、dex优化、lib优化，按照描述内容的规范性和完整性评分，加1~4分。 （3）企业标准文本包含移动金融客户端软件的后台服务器响应时间≤1秒要求，加2分。 （4）企业标准文本对移动金融客户端软件的后台服务器并发量提出要求，按照描述内容的规范性和完整性评分，加1~4分。 （5）企业标准文本对产品的CPU占有率提出要求，按照描述内容的规范性和完整性评分，加1~2分。 （6）企业标准文本对产品的内存占有率提出要求，按照描述内容的规范性和完整性评分，加1~3分。 （7）企业标准文本不包含上述内容，0分。
		移动金融客户端更新	2	（1）企业标准文本对移动金融客户端软件动态安装文件或补丁文件的管理有所要求，按照描述内容的规范性和完整性评分，加1~2分。 （2）企业标准文本不包含上述内容，0分。
		软件共存	3	（1）企业标准文本对移动金融客户端软件的共存性有所要求[如移动金融客户端软件在安装时与其他正在运行的移动金融客户端软件之间的共存性约束、与其他独立移动客户端软件（移动客户端杀毒软件等）共存能力]，按照描述内容的规范性和完整性评分，加1~3分。 （2）企业标准文本不包含上述内容，0分。
4	创新及前瞻性（20分）	服务创新	10	（1）企业标准文本对移动金融客户端无障碍使用提出要求，根据指标满足情况评分： a）移动金融客户端软件满足GB/T 37668—2019《信息技术 互联网内容无障碍可访问性技术要求与测试方法》中所有三级要求，加6分。 b）移动金融客户端软件满足GB/T 37668—2019《信息技术 互联网内容无障碍可访问性技术要求与测试方法》中所有二级要求，加4分。 c）移动金融客户端软件满足GB/T 37668—2019《信息技术 互联网内容无障碍可访问性技术要求与测试方法》中所有一级要求，加2分。 （2）根据移动客户端应用的服务创新情况，描述服务创新的方式及应用价值，根据应用价值情况评分： a）应用价值较高，社会认可度较高，加4分； b）应用价值一般，社会认可度一般，加2分； c）应用价值较低，社会认可度较低，不加分。 （3）企业标准文本不包含上述内容，0分。

序号	一级指标	二级指标	分值	评分细则
4	创新及前瞻性（20分）	技术前瞻	10	（1）企业标准文本在符合监管部门要求的框架下，对生物特征技术在移动金融客户端的应用提出规范和要求，对生物特征识别系统的错误接受率（错误接受的数目占测试集合中应被拒绝的测试数目的百分率）和错误拒绝率（错误拒绝的数目占测试集合中应被接受的测试数目的百分率）提出量化要求，根据指标满足情况评分： a）仅采用指纹特征识别系统，错误拒绝率≤3%的情况下，企业标准文本要求错误接受率≤0.001%，加4分；0.001%＜错误接受率≤0.01%，加2分；错误接受率＞0.01%，0分。 b）仅采用人脸特征识别系统，错误拒绝率≤5%的情况下，企业标准文本要求错误接受率≤0.01%，加4分；0.01%＜错误接受率≤0.1%，加2分；错误接受率＞0.1%，0分。 c）仅采用声纹特征识别系统，错误拒绝率≤3%，错误接受率≤0.5%，加4分。 d）同时采用指纹特征识别、人脸特征识别和声纹特征识别中的任意两种组合，相关性能指标处于同类银行先进水平，加6分。 （2）根据移动客户端应用的技术创新情况，描述技术创新的种类及应用价值，根据应用价值情况评分： a）应用价值较高，社会认可度较高，加4分； b）应用价值一般，社会认可度一般，加2分； c）应用价值较低，社会认可度较低，不加分。 （3）企业标准文本不包含上述内容，0分。

2021年移动金融客户端应用（保险业）企业标准"领跑者"评分细则

序号	一级指标	二级指标	分值	评分细则
1	标准规范性（10分）	标准文本规范性	10	对企业标准文本不满足规范性要求的情况扣分，总分10分，扣完为止。其中，企业标准引用的标准如标注日期，应为最新标准，若引用废止标准或引用年代及编号出现错误，不能参加"领跑者"候选。 （1）企业标准的封面、前言、标准名称、范围等必备要素应完整，每出现一处缺失扣0.5分，最多扣2分。 （2）企业标准的范围描述严谨准确，无歧义和误解，每出现一处错误扣0.5分，最多扣1分。 （3）企业标准中规范性引用文件部分列出的标准应在正文中被引用，每出现一处错误扣0.5分，最多扣2分。 （4）企业标准中所有图表均有编号及名称，且顺序准确，每出现一处错误扣0.5分，最多扣2分。 （5）企业标准正文中的术语、缩略语、符号、单位、字体等应符合GB/T 1.1相关要求，每出现一处不符合扣0.5分，最多扣3分。
2	安全性（35分）	基本安全要求	20	（1）企业标准文本对移动金融客户端软件应遵循JR/T 0092—2019《移动金融客户端应用软件安全管理规范》和JR/T 0171—2020《个人金融信息保护技术规范》、JR/T 0098.3—2012《中国金融移动支付检测规范第3部分：客户端软件》描述，客户端应用软件管理要求包括不限于：设计、开发、发布、维护及发布过程；客户端应用软件安全要求包括不限于：身份证认证安全、逻辑安全、安全功能设计、密码算法及秘钥管理、数据安全，按照描述内容的规范性和完整性评分，以及根据中国人民银行印发的《关于发布金融行业标准 加强移动金融客户端应用软件安全管理的通知》（银发〔2019〕237号），已启动客户端软件实名备案工作，加1~10分。 （2）企业标准文本对移动金融客户端软件应遵循《关于规范互联网保险销售行为可回溯管理的通知》的要求，加1~5分。 （3）企业标准文本对移动金融客户端软件应遵循《互联网保险业务监管办法》关于自营网络平台的相关规定的，加1~5分。 （3）企业标准文本不包含上述内容，0分。

序号	一级指标	二级指标	分值	评分细则
2	安全性（35分）	身份认证信息	4	（1）企业标准文本对交易密码不可与用户身份信息相似（身份信息包含：身份证号、手机号等）有所要求，按照描述内容的规范性和完整性评分，加1~2分。 （2）企业标准文本对用户身份认证时使用两种或两种以上维度验证（验证维度包含无感身份认证、智能风控、设备认证以及传统身份认证等技术）提出要求，按照描述内容的规范性和完整性评分，加1~2分。 （3）企业标准文本不包含上述内容，0分。
		密码安全	4	（1）企业标准文本应按照GB/T 39786—2021《信息安全技术　信息系统密码应用基本要求》对客户端的密码安全进行规范，重点从密码应用方案制定、密码算法选择、密码策略应用、密码安全性评估等多个维度提出要求的，加1~4分。 （2）企业标准文本不包含上述内容，0分。
		风险提示	2	企业标准文本对用户进行风险提示有所要求，根据指标满足情况评分： （1）对移动金融客户端软件进入后台进行提示，加1分。 （2）对移动金融客户端软件运行时网络环境安全风险进行提示，加1分。 （3）企业标准文本不包含上述内容，0分。
		缺陷解决率	5	企业标准文本对移动金融客户端软件的缺陷修复提出要求，根据指标满足情况评分： （1）企业标准文本中对缺陷进行分类定级，按照描述内容的规范性和完整性评分，加1~2分。 （2）企业标准文本中对每个级别的缺陷提出缺陷修复率，按照描述内容的规范性和完整性评分，加1~3分。 （3）企业标准文本不包含上述内容，0分。
3	技术先进性（35分）	兼容性	12	（1）企业标准文本对移动金融客户端软件兼容性有所规范，并对兼容终端的数量提出要求，根据兼容终端数量评分，企业标准提出的兼容终端数量≥1000，加5分；400≤兼容终端数量<1000，加4分；100≤设备兼容性数量<400，加2分；设备兼容性数量<100，0分。 （2）企业标准文本移动金融客户端软件的系统兼容性提出要求，根据移动金融客户端软件支持的最低操作系统版本情况评分，移动金融客户端软件最低安全运行的操作系统版本≤安卓7.0以及iOS10，加3分；安卓7.0或iOS10<移动金融客户端软件最低支持的操作系统版本≤安卓8.0以及iOS11，加2分；安卓8.0或iOS11<移动金融客户端软件最低支持的操作系统版本≤安卓10.0以及iOS14，加1分。 （3）企业标准文本对移动金融客户端软件系统兼容HarmonyOS（鸿蒙系统）的，加2分。 （4）企业标准文本中对网络环境兼容性有所要求，网络环境兼容要求中包含IPv6的相关支持要求，加2分。 （5）企业标准文本不包含上述内容，不加分。

序号	一级指标	二级指标	分值	评分细则
3	技术先进性（35分）	性能	18	（1）企业标准文本中对移动金融客户端系统的公司业务线上替代率提出要求的，若系统能支持公司80%以上业务种类的，加6分；支持60%~80%业务种类的，加4分；支持40%~60%业务种类的，加2分；支持40%以下业务种类的，不加分。 业务种类包括但不限于产品销售、业务团队管理、保单查询/管理、理赔、保全、电子保单、电子发票、电话/在线客服等，公司可根据业务开展情况，确定业务品种的颗粒度。 （2）企业标准文本包含移动金融客户端软件安装包文件大小优化要求，按照描述内容的规范性和完整性评分，加1~2分。 （3）企业标准文本对优化内容提出明确要求，优化内容应包含res资源文件优化、dex优化、lib优化，按照描述内容的规范性和完整性评分，加1~3分。 （4）企业标准文本包含移动金融客户端软件的后台服务器响应时间≤1秒要求，加1分。 （5）企业标准文本对移动金融客户端软件的后台服务器并发量提出要求，按照描述内容的规范性和完整性评分，加1~2分。 （6）企业标准文本对产品的CPU占有率提出要求，按照描述内容的规范性和完整性评分，加1~2分。 （7）企业标准文本对产品的内存占有率提出要求，按照描述内容的规范性和完整性评分，加1~2分。 （8）企业标准文本不包含上述内容，0分。
		移动金融客户端更新	2	（1）企业标准文本对移动金融客户端软件动态安装文件或补丁文件的管理有所要求，按照描述内容的规范性和完整性评分，加1~2分。 （2）企业标准文本不包含上述内容，0分。
		软件共存	3	（1）企业标准文本对移动金融客户端软件的共存性有所要求，如移动金融客户端软件在安装时与其他正在运行的移动金融客户端软件之间的共存性约束、与其他独立移动客户端软件（移动客户端杀毒软件等）共存能力，按照描述内容的规范性和完整性评分，加1~3分。 （2）企业标准文本不包含上述内容，0分。
4	创新及前瞻性（20分）	服务创新	10	（1）企业标准文本对移动金融客户端无障碍使用提出要求，根据指标满足情况评分： a）移动金融客户端软件满足GB/T 37668—2019《信息技术 互联网内容无障碍可访问性技术要求与测试方法》中所有三级要求，加6分。 b）移动金融客户端软件满足GB/T 37668—2019《信息技术 互联网内容无障碍可访问性技术要求与测试方法》中所有二级要求，加4分。

序号	一级指标	二级指标	分值	评分细则
4	创新及前瞻性（20分）	服务创新	10	c）移动金融客户端软件满足GB/T 37668—2019《信息技术　互联网内容无障碍可访问性技术要求与测试方法》中所有一级要求，加2分。 （2）根据公司服务创新情况，描述服务创新的方式及应用价值，根据应用价值情况评分： a）应用价值较高，社会认可度较高，加4分； b）应用价值一般，社会认可度一般，加2分； c）应用价值较低，社会认可度较低，不加分。 （3）企业标准文本不包含上述内容，0分
		技术前瞻	10	（1）企业标准文本在符合监管部门要求的框架下，对生物特征技术在移动金融客户端的应用提出规范和要求，对生物特征识别系统的错误接受率（错误接受的数目占测试集合中应被拒绝的测试数目的百分率）和错误拒绝率（错误拒绝的数目占测试集合中应被接受的测试数目的百分率）提出量化要求，根据指标满足情况评分： a）仅采用指纹特征识别系统，错误拒绝率≤3%的情况下，企业标准文本要求错误接受率≤0.001%，加4分；0.001%＜错误接受率≤0.01%，加2分；错误接受率＞0.01%，0分。 b）仅采用人脸特征识别系统，错误拒绝率≤5%的情况下，企业标准文本要求错误接受率≤0.01%，加4分；0.01%＜错误接受率≤0.1%，加2分；错误接受率＞0.1%，0分。 c）仅采用声纹特征识别系统，错误拒绝率≤3%，错误接受率≤0.5%，加4分。 d）同时采用指纹特征识别、人脸特征识别和声纹特征识别中的任意两种组合，相关性能指标处于同类银行先进水平，加6分。 （2）根据公司技术创新前瞻性，描述具体技术及其创新前瞻性，根据技术创新前瞻性评分： a）技术创新前瞻性较高，加4分； b）技术创新前瞻性一般，加2分； c）技术创新前瞻性较低，不加分。 （3）企业标准文本不包含上述内容，0分。

2020年网上银行企业标准排行榜和"领跑者"评估方案

1. 产品或服务品种的选择

依据市场监管总局发布的2020年企业标准"领跑者"重点领域和GB/T 4754《国民经济行业分类》中对应的产品类别，考虑市场和行业普遍认知及在企业标准信息公共服务平台中公开的产品品种，本方案选择的评估对象为网上银行服务。网上银行服务是指商业银行等金融机构通过互联网、移动通信网络、其他开放性公众网络或专用网络基础设施向其客户提供网上金融业务的服务。信息说明详见表1。

表1　网上银行服务信息说明

序号	重点领域	对应的GB/T 4754中的类别	评估的产品品种或服务类型	执行的相关标准
1	商业银行服务	J 金融业 66 货币金融服务 662 货币银行服务 6621 商业银行服务	网上银行服务	（1）GB/T 32315—2015《银行业客户服务中心基本要求》 （2）GB/T 35273《信息安全技术　个人信息安全规范》 （3）JR/T 0068—2020《网上银行系统信息安全通用规范》 （4）JR/T 0071—2012《金融行业信息系统信息安全等级保护实施指引》 （5）JR/T 0171—2020《个人金融信息保护技术规范》

适用范围：包括通过PC、手机、平板电脑等终端提供的网上银行服务

2. 建立评估指标体系

2.1　总体原则

企业标准"领跑者"的评估对象是企业标准，评估核心是企业标准安全性和

先进性，评估目的是取得安全性和先进性的同步提高。金融分布式账本技术应用企业标准"领跑者"是以"科学、公开、公正"为指导，以标准规范为基础，以金融分布式账本技术应用安全性、先进性等为核心技术指标的综合评估体系。

2.2　评估指标

2.2.1　指标说明

评估方案设置"标准规范性""服务安全性""客户体验""创新及前瞻性"和"实施保障"5项一级指标，各一级指标下分别设置1项、4项、4项、2项、3项二级指标，共14项二级指标，详见表2。

表2　评估指标说明

序号	指标名称	指标解释	考察要点
1	标准规范性（10分）	评估企业标准规范性，标准行文是否规范	企业标准必备要素是否完整；范围描述是否严谨准确；引用标准如标注日期，是否为最新标准；所有图表是否均有编号且顺序准确；正文中的术语、缩略语、符号、单位、字体等是否符合GB/T 1.1相关要求
2	服务安全性（35分）	企业标准对服务安全性指标的要求，指标要求与现行国家及行业标准的指标要求及行业内水平对比	企业标准是否具备国标/行标引用转化、服务连续在线可信性（如网银系统服务时间、网银系统可用率、数据丢失时间、系统恢复时间、可用性监控覆盖率等）、身份认证是否符合要求、风险控制能力等服务安全指标是否符合要求
3	客户体验（35分）	企业标准对客户体验指标的要求，指标要求与现行国家标准的指标要求及行业内水平对比	企业标准是否具备服务功能，服务性能（易用性、舒适性、便捷性、易访问性、APP闪退率等）、客服代表行为规范、客户服务响应（如电话客服平均响应时间、线上客服平均响应时间、电话客服接通率等）等客户体验指标是否符合要求
4	创新及前瞻性（10分）	评估企业标准是否包含服务创新性和技术前瞻性要求	企业标准是否具备服务创新性要求，生物特征识别、人工智能、云计算、大数据等技术前瞻性是否符合要求
5	实施保障（10分）	评估企业标准是否包含组织保障、管理制度、企业标准宣传实施等方面要求	企业标准是否具备组织保障（如机构设置、职责分工等），管理制度（如产品研发、测试投产、生产运营等全流程）、企业标准宣传及实施机制（如宣传、培训实施机制等）等是否符合要求

2.2.2 评分细则

评分细则见附件。

3. 企业标准排行榜的形成

协会依据《网上银行服务企业标准"领跑者"评估方案》确定的评估核心指标、评分细则和评估方法实施评估,对"企业标准信息公共服务平台"中公开的网上银行服务企业标准的相关信息和数据进行梳理,组织行业专家对银行的企业标准进行综合评价和打分,根据专家评分结果进行排名,形成网上银行服务企业标准排行榜。排行榜发榜形式采用"银行类别+星级"排行,具体方式如下:

(1)依据评分细则,对银行机构提供的企业标准进行打分评价,并按照综合得分进行排名;

(2)按照综合得分排名前15%(含)、15%(不含)~30%(含)的比例将银行机构划分为五星、四星;

(3)按照银行类型形成若干个排行榜,各排行榜内按照步骤(2)的星级进行排行。

4. 企业标准"领跑者"名单的形成

只有网上银行服务企业标准综合评分排行前15%的银行才有资格参加"领跑者"候选,候选银行需向协会提供附加材料。附加材料包括服务质量一致性承诺、第三方测试报告等材料。协会根据银行提供的附加材料情况,结合行业内发展水平、公开标准数量、消费者选择等因素,按照不超过15%的比例确定"领跑者"名单。

协会向工作机构提交企业标准排行榜和"领跑者"结果进行公示的申请,工作机构审查后,进行公示。公示无异议的,工作机构将在"企业标准'领跑者'统一信息平台"发布企业标准排行榜和"领跑者"评估结果,中国人民银行网站、协会网站、协会微信公众号、协会会员管理系统等渠道将同步发布相关信息,并开展相应媒体宣传。"领跑者"名单自发布之日起一年内有效。

附件

网上银行服务企业标准"领跑者"评分细则

序号	一级指标	二级指标	分值	评分细则
1	标准规范性（10分）	标准文本规范性	10	对企业标准文本不满足规范性要求的情况扣分，总分10分，扣完为止。其中，企业标准引用的标准如标注日期，应为最新标准，若引用废止标准或引用年代及编号出现错误，不能参加"领跑者"候选。 （1）企业标准的封面、前言、标准名称、范围等必备要素应完整，每出现一处缺失扣0.5分，最多扣2分。 （2）企业标准的范围描述严谨准确，无歧义和误解，每出现一处错误扣0.5分，最多扣1分。 （3）企业标准中规范性引用文件部分列出的标准应在正文中被引用，每出现一处错误扣0.5分，最多扣2分。 （4）企业标准中所有图表均有编号及名称，且顺序准确，每出现一处错误扣0.5分，最多扣2分。 （5）企业标准正文中的术语、缩略语、符号、单位、字体等应符合GB/T 1.1相关要求，每出现一处不符合扣0.5分，最多扣3分。
2	服务安全性（35分）	基本安全要求	10	（1）企业标准文本对网上银行的安全技术、安全管理、业务运作安全、个人信息保护等有所规范和描述，并对GB/T 35273《信息安全技术　个人信息安全规范》、JR/T 0068—2020《网上银行系统信息安全通用规范》、JR/T 0071—2012《金融行业信息系统信息安全等级保护实施指引》、JR/T 0171—2020《个人金融信息保护技术规范》有具体的引用和转化，按照描述内容的规范性和完整性评分，最高分10分。 （2）企业标准文本不包含该部分内容，0分。
		服务连续在线可信性	14	企业标准文本提出服务连续在线可信性要求，根据指标满足情况评分： （1）企业标准文本提出网上银行系统服务时间满足7×24小时不间断运行，加2分。 （2）企业标准文本提出配备7×24小时运维应急人员，加2分。 （3）企业标准文本包含网银系统可用率要求，若要求网银系统可用率≥99.99%，加4分；若要求99.96%≤网银系统可用率<99.99%，加2分；若要求99.90%≤网银系统可用率<99.96%，加1分。 （4）企业标准文本包含数据丢失时间（RPO）要求，且要求数据丢失（RPO）=0，加2分。 （5）企业标准文本包含系统恢复时间（RTO）要求，且要求系统恢复时间（RTO）≤30分钟，加2分。 （6）企业标准文本包含可用性监控覆盖率要求，若要求系统及应用可用性监控覆盖率≥99%，加2分。 （7）企业标准文本不包含上述内容，0分。

续表

序号	一级指标	二级指标	分值	评分细则
2	服务安全性（35分）	增强身份认证要求	6	（1）企业标准文本包含增强身份认证技术要求内容，并对相应技术手段（如智能密码钥匙、文件证书、动态口令令牌、短信验证码、生物特征等）在本机构的应用提出具体要求，按照描述内容的规范性和完整性评分，最高分3分。 （2）企业标准文本对增强身份认证机制提出要求，并对根据不同场景和客户组合匹配不同认证手段、支持多因素认证、支持对操作环境IP/LBS/经纬度识别、对设备标识的识别、对更换设备登录做加强身份校验、对操作设备及环境存在同机多账户判断等提出要求，按照描述内容的规范性和完整性评分，最高分3分。 （3）企业标准文本不包含上述内容，0分。
		风险控制能力	5	（1）企业标准文本对事前、事中及事后的风险防控提出规范和要求，支持实时高效地监测和控制客户交易的欺诈风险，按照描述内容的先进性、规范性和完整性评分，最高分5分。 （2）企业标准文本不包含该部分内容，0分。
3	客户体验（35分）	服务功能	10	（1）企业标准文本对网上银行服务功能提出规范和要求，按照描述内容的规范性及完整性评分，最高分10分。 （2）企业标准文本不包含该部分内容，0分。
		服务性能	0	（1）企业标准文本对网上银行的易用性、舒适性、便捷性和易访问性提出规范和要求，按照描述内容的规范性和完整性评分，最高分6分。 （2）企业标准文本提出APP闪退率（一天中发生闪退的设备数/总体活跃设备数）≤0.05%，加3分；0.05%＜APP闪退率≤0.2%，加2分；0.2%＜APP闪退率≤0.45%，加1分；APP闪退率＞0.45%，0分。 （3）企业标准文本不包含上述内容，0分。
		客服代表行为规范	5	（1）企业标准文本对客服代表行为提出规范和要求，并对GB/T 32315—2015《银行业客户服务中心基本要求》有具体的引用和转化，按照描述内容的规范性和完整性评分，最高分5分。 （2）企业标准文本不包含该部分内容，0分。
		客户服务响应	11	企业标准文本对客户服务响应提出要求，根据指标满足情况评分： （1）企业标准文本提出的电话客服平均响应时间（转接人工客服后到人工客服接通平均时间）≤15秒，加3分；15秒＜电话客服平均响应时间≤30秒，加2分；电话客服平均响应时间＞30秒，0分。 （2）企业标准文本提出的线上客服平均响应时间≤5秒，加3分；5秒＜线上客服平均响应时间≤15秒，加2分；15秒＜线上客服平均响应时间≤30秒，加1分；线上客服平均响应时间＞30秒，0分。 （3）企业标准文本提出的人工客服服务时间满足7×24小时，加2分。 （4）企业标准文本提出的电话客服接通≥95%，加3分；90%≤电话客服接通率＜95%，加2分；88%≤电话客服接通率＜90%，加1分；电话客服接通率＜88%，0分。 （5）企业标准文本不包含上述内容，0分。

序号	一级指标	二级指标	分值	评分细则
4	创新及前瞻性（10分）	服务创新性	5	（1）企业标准文本对网上银行提供办理利率贷款定价基准转换业务提出要求，按照描述内容的规范性和完整性评分，最高分2分。 （2）企业标准文本对针对疫情网上银行推出的创新性服务提出要求，包括爱心捐款绿色通道、抗疫专项贷款服务、疫情专属理财产品、线上抗疫物资销售等服务，按照服务的多样性、描述内容的规范性和完整性评分，最高分3分。 （3）企业标准文本不包含该部分内容，0分。
		技术前瞻性	5	（1）企业标准文本在符合监管部门要求的框架下，对云计算、大数据、人工智能等前沿技术应用提出规范和要求，按照描述内容的规范性和完整性评分，最高分3分。 （2）企业标准文本对网上银行服务的异地/同城双活接入等高可用架构提出规范和要求，按照描述内容的先进性、规范性和完整性评分，最高分2分。 （3）企业标准文本不包含上述内容，0分。
5	实施保障（10分）	组织保障	3	（1）企业标准文本对网上银行服务相关的机构设置、职责分工等提出要求，按照描述内容的规范性和完整性评分，最高分3分。 （2）企业标准文本不包含上述内容，0分。
		管理制度	3	（1）企业标准文本对网上银行产品研发、测试投产、生产运营、业务管理、应急响应等全流程提出建立相关管理制度的要求，按照描述内容的规范性和完整性评分，最高分3分。 （2）企业标准文本不包含该部分内容，0分。
		企业标准宣传及实施机制	4	（1）企业标准文本对网上银行服务企业标准宣传、培训和实施机制提出要求，按照描述内容的规范性和完整性评分，最高分4分。 （2）企业标准文本不包含该部分内容，0分。

2020年移动金融客户端
企业标准排行榜和"领跑者"评估方案

1. 产品或服务品种的选择

依据市场监管总局发布的2020年企业标准"领跑者"重点领域和GB/T 4754《国民经济行业分类》中对应的产品类别，考虑市场和行业普遍认知及在企业标准信息公共服务平台中公开的产品品种，本方案选择的评估对象为移动金融客户端应用。移动金融客户端应用是指在移动终端上为用户提供金融交易服务的应用软件。服务信息说明详见表1。

表1 移动金融客户端应用服务信息说明

序号	重点领域	对应的GB/T 4754中的类别	评估的产品品种或服务类型	执行的相关标准
1	金融信息服务	J 金融业 69 其他金融业 694 金融信息服务 6940 金融信息服务	移动金融客户端应用	（1）GB/T 37668—2019《信息技术 互联网内容无障碍可访问性技术要求与测试方法》 （2）JR/T 0092—2019《移动金融客户端应用软件安全管理规范》 （3）JR/T 0171—2020《个人金融信息保护技术规范》

适用范围：银行、保险、证券、基金、期货、非银行支付机构独立运行在iOS/Android系统上的客户端应用软件（不包括微信小程序等）

2. 建立评估指标体系

2.1 总体原则

企业标准"领跑者"的评估对象是企业标准，评估核心是企业标准安全性和先进性，评估目的是取得安全性和先进性的同步提高。金融分布式账本技术应用企业标准"领跑者"是以"科学、公开、公正"为指导，以标准规范为基础，以金融分布式账本技术应用安全性、先进性等为核心技术指标的综合评估体系。

2.2 评估指标

2.2.1 指标说明

评估方案设置"标准规范性""安全性""技术先进性"和"创新及前瞻性"4项一级指标，各一级指标下分别设置1项、5项、4项、2项二级指标，共12项二级指标，详见表2。

表2 评估指标说明

序号	指标名称	指标解释	考察要点
1	标准规范性（10分）	评估企业标准规范性，标准行文是否规范	企业标准必备要素是否完整；范围描述是否严谨准确；引用标准如标注日期，是否为最新标准；所有图表是否均有编号且顺序准确；正文中的术语、缩略语、符号、单位、字体等是否符合GB/T 1.1相关要求
2	安全性（35分）	评估企业标准对安全性指标的要求，指标要求与现行国家及行业标准的指标要求及行业内水平对比	企业标准是否具备国标/行标引用转化，基本安全要求、身份认证信息、密码算法、风险提示、缺陷解决率等指标是否符合要求
3	技术先进性（35分）	评估企业标准对技术指标的要求，指标要求与现行国家标准的指标要求及行业内水平对比	企业标准是否具备兼容性，性能（包括资源优化、响应时间、并发量、资源占用等）、应用更新、软件共存等技术性指标是否符合要求
4	创新及前瞻性（20分）	评估企业标准是否包含服务创新性和技术前瞻性要求	企业标准是否符合生物特征识别及无障碍服务等服务创新及技术前瞻性要求

2.2.2 评分细则

评分细则见附件。

3. 企业标准排行榜的形成

评估机构依据《移动金融客户端应用企业标准"领跑者"评估方案》确定

的评估核心指标、评分细则和评估方法实施评估，对"企业标准信息公共服务平台"中公开的移动金融客户端应用企业标准的相关信息和数据进行梳理，组织行业专家对参选机构的企业标准进行综合评价和打分，根据专家评分结果按照银行、证券、保险、期货、基金、支付机构等类别进行排名，形成移动金融客户端应用企业标准排行榜。排行榜发榜形式采用"金融机构类别+星级"排行，具体方式如下：

（1）依据评分细则，对各机构提供的企业标准进行打分评价，并按照综合得分进行排名；

（2）按照综合得分排名前15%（含）、15%（不含）~35%（含）的比例将各机构划分为五星、四星；

（3）按照金融机构类型形成若干个排行榜，各排行榜内按照步骤（2）的星级进行排行。

4. 企业标准"领跑者"名单的形成

只有移动金融客户端应用企业标准综合评分排行前15%的机构才有资格参加"领跑者"候选，候选机构需向评估机构提供附加材料。附加材料包括一致性承诺、第三方测试报告等材料。协会根据各机构提供的附加材料情况，结合行业内发展水平、公开标准数量、消费者选择等因素，按照不超过15%的比例确定"领跑者"名单。

评估机构向工作机构提交企业标准排行榜和"领跑者"结果进行公示的申请，工作机构审查后，进行公示。公示无异议的，工作机构将在"企业标准'领跑者'统一信息平台"发布企业标准排行榜和"领跑者"评估结果，中国人民银行网站、评估机构网站、评估机构微信公众号、协会会员管理系统等渠道将同步发布相关信息，并开展相应媒体宣传。"领跑者"名单自发布之日起一年内有效。

附件

移动金融客户端应用企业标准"领跑者"评分细则

序号	一级指标	二级指标	分值	评分细则
1	标准规范性（10分）	标准文本规范性	10	对企业标准文本不满足规范性要求的情况扣分，总分10分，扣完为止。其中，企业标准引用的标准如标注日期，应为最新标准，若引用废止标准或引用年代及编号出现错误，不能参加"领跑者"候选。 （1）企业标准的封面、前言、标准名称、范围等必备要素应完整，每出现一处缺失扣0.5分，最多扣2分。 （2）企业标准的范围描述严谨准确，无歧义和误解，每出现一处错误扣0.5分，最多扣1分。 （3）企业标准中规范性引用文件部分列出的标准应在正文中被引用，每出现一处错误扣0.5分，最多扣2分。 （4）企业标准中所有图表均有编号及名称，且顺序准确，每出现一处错误扣0.5分，最多扣2分。 （5）企业标准正文中的术语、缩略语、符号、单位、字体等应符合GB/T 1.1相关要求，每出现一处不符合扣0.5分，最多扣3分。
2	安全性（35分）	基本安全要求	20	（1）企业标准文本对移动金融客户端软件的开发、设计、运维、身份认证安全、逻辑安全、安全功能设计、密码算法以及密钥管理、数据安全、个人金融信息保护等有所规范和描述，并对JR/T 0092—2019《移动金融客户端应用软件安全管理规范》、JR/T 0171—2020《个人金融信息保护技术规范》有具体的引用和转化，按照描述内容的规范性和完整性评分，最高20分。 （2）企业标准文本不包含上述内容，0分。
		身份认证信息	4	（1）企业标准文本对交易密码不可与用户身份信息相似（身份信息包含：身份证号、手机号等）有所要求，按照描述内容的规范性和完整性评分，最高2分。 （2）企业标准文本对用户身份认证时使用两种或两种以上维度验证（验证维度包含无感身份认证、智能风控、设备认证以及传统身份认证等技术）提出要求，按照描述内容的规范性和完整性评分，最高2分。 （3）企业标准文本不包含上述内容，0分。
		密码算法	4	（1）企业标准文本对加解密密码算法应符合国家密码主管机构要求的国产商用密码算法提出要求，按照描述内容的规范性和完整性评分，最高4分。 （2）企业标准文本不包含上述内容，0分。
		风险提示	2	企业标准文本对用户进行风险提示有所要求，根据指标满足情况评分： （1）对移动金融客户端软件进入后台进行提示，加1分。 （2）对移动金融客户端软件运行时网络环境安全风险进行提示，加1分。 （3）企业标准文本不包含上述内容，0分。

序号	一级指标	二级指标	分值	评分细则
2	安全性（35分）	缺陷解决率	5	企业标准文本对移动金融客户端软件的缺陷修复提出要求，根据指标满足情况评分： （1）企业标准文本中对缺陷进行分类定级，按照描述内容的规范性和完整性评分，最高分2分。 （2）企业标准文本中对每个级别的缺陷提出缺陷修复率，按照描述内容的规范性和完整性评分，最高分3分。 （3）企业标准文本不包含上述内容，0分。
3	技术先进性（35分）	兼容性	12	（1）企业标准文本对移动金融客户端软件兼容性有所规范，并对兼容终端的数量提出要求，根据兼容终端数量评分，企业标准提出的兼容终端数量≥1000，加6分；400≤兼容终端数量＜1000，加4分；100≤设备兼容性数量＜400，加2分；设备兼容性数量＜100，0分。 （2）企业标准文本移动金融客户端软件的系统兼容性提出要求，根据移动金融客户端软件支持的最低操作系统版本情况评分，移动金融客户端软件最低安全运行的操作系统版本≤安卓6.0及iOS 9，加3分；安卓6.0或iOS 9＜移动金融客户端软件最低支持的操作系统版本≤安卓7.0及iOS 10，加2分；安卓7.0或iOS 10＜移动金融客户端软件最低支持的操作系统版本≤安卓8.0及iOS 11，加1分。 （3）企业标准文本中对网络环境兼容性有所要求，网络环境兼容要求中包含IPv6的相关支持要求，加3分。 （4）企业标准文本不包含上述内容，不加分。
		性能	18	（1）企业标准文本包含移动金融客户端软件安装包文件大小优化要求，按照描述内容的规范性和完整性评分，最高分2分。 （2）企业标准文本对优化内容提出明确要求，优化内容应包含res资源文件优化、dex优化、lib优化，按照描述内容的规范性和完整性评分，最高分3分。 （3）企业标准文本对移动金融客户端软件在不同设备上的冷启动时间有所要求，根据指标满足情况加分：企业标准要求的冷启动时间≤1秒，加4分；1秒＜冷启动时间≤1.5秒，加3分；1.5秒＜冷启动时间≤2秒，加2分；冷启动时间＞2秒，0分。 （4）企业标准文本包含移动金融客户端软件的后台服务器响应时间≤1秒要求，加2分。 （5）企业标准文本对移动金融客户端软件的后台服务器并发量提出要求，按照描述内容的规范性和完整性评分，最高分3分。 （6）企业标准文本对产品的CPU占有率提出要求，按照描述内容的规范性和完整性评分，最高分2分。 （7）企业标准文本对产品的内存占有率提出要求，按照描述内容的规范性和完整性评分，最高分2分。 （8）企业标准文本不包含上述内容，0分。

序号	一级指标	二级指标	分值	评分细则
3	技术先进性（35分）	移动金融客户端更新	2	（1）企业标准文本对移动金融客户端软件动态安装文件或补丁文件的管理有所要求，按照描述内容的规范性和完整性评分，最高分2分。 （2）企业标准文本不包含上述内容，0分。
		软件共存	3	（1）企业标准文本对移动金融客户端软件的共存性有所要求[如移动金融客户端软件在安装时与其他正在运行的移动金融客户端软件之间的共存性约束、与其他独立移动客户端软件（移动客户端杀毒软件等）共存能力]，按照描述内容的规范性和完整性评分，最高分3分。 （2）企业标准文本不包含上述内容，0分。
4	创新及前瞻性（20分）	服务创新	10	企业标准文本对移动金融客户端无障碍使用提出要求，根据指标满足情况评分： （1）移动金融客户端软件满足GB/T 37668—2019《信息技术 互联网内容无障碍可访问性技术要求与测试方法》中所有三级要求，加10分。 （2）移动金融客户端软件满足GB/T 37668—2019《信息技术 互联网内容无障碍可访问性技术要求与测试方法》中所有二级要求，加8分。 （3）移动金融客户端软件满足GB/T 37668—2019《信息技术 互联网内容无障碍可访问性技术要求与测试方法》中所有一级要求，加5分。 （4）企业标准文本不包含上述内容，0分。
		技术前瞻	10	企业标准文本在符合监管部门要求的框架下，对生物特征技术在移动金融客户端的应用提出规范和要求，对生物特征识别系统的错误接受率（错误接受的数目占测试集合中应被拒绝的测试数目的百分率）和错误拒绝率（错误拒绝的数目占测试集合中应被接受的测试数目的百分率）提出量化要求，根据指标满足情况评分： （1）在指纹特征识别系统错误拒绝率≤3%的情况下，企业标准文本要求错误接受率≤0.001%，加4分；0.001%＜错误接受率≤0.01%，加1分；错误接受率＞0.01%，0分。 （2）在人脸特征识别系统错误拒绝率≤5%的情况下，企业标准文本要求错误接受率≤0.01%，加4分；0.01%＜错误接受率≤0.1%，加1分；错误接受率＞0.1%，0分。 （3）企业标准文本要求声纹特征识别系统错误拒绝率≤3%，错误接受率≤0.5%，加2分。 （4）企业标准文本不包含上述内容，0分。

2020年金融分布式账本技术应用
企业标准排行榜和"领跑者"评估方案

1. 产品或服务品种的选择

依据市场监管总局发布的2020年企业标准"领跑者"重点领域和GB/T 4754《国民经济行业分类》中对应的产品类别，考虑市场和行业普遍认知及在企业标准信息公共服务平台中公开的产品品种，本方案选择的评估对象为金融分布式账本技术应用。金融分布式账本技术应用指金融领域提供多个站点、不同地理位置或者多个机构组成的网络里实现共同治理及分享的数据库服务。服务信息说明详见表1。

表1　金融分布式账本技术应用服务信息说明

序号	重点领域	对应的GB/T 4754中的类别	评估的产品品种或服务类型	执行的相关标准
1	金融信息服务	J 金融业 69 其他金融业 694 金融信息服务 6940 金融信息服务	金融分布式账本技术应用	（1）GB/T 22239—2019《信息安全技术网络安全等级保护基本要求》 （2）GB/T 35273《个人信息安全规范》 （3）JR/T 0184—2020《金融分布式账本技术安全规范》

适用范围：金融机构或为金融机构提供服务的科技公司开发建设或运行的分布式账本系统

2. 建立评估指标体系

2.1　总体原则

企业标准"领跑者"的评估对象是企业标准，评估核心是企业标准安全性和先进性，评估目的是取得安全性和先进性的同步提高。金融分布式账本技术应用企业标准"领跑者"是以"科学、公开、公正"为指导，以标准规范为基础，以金融分布式账本技术应用安全性、先进性等为核心技术指标的综合评估体系。

2.2　评估指标

2.2.1　指标说明

评估方案设置"标准规范性""标准安全性"和"标准技术先进性"，3项一级指标，各一级指标下分别设置1项、4项、4项二级指标，共9项二级指标，详见表2。

表2　评估指标说明

序号	指标名称	指标解释	考察要点
1	标准规范性（10分）	评估企业标准规范性，标准行文是否规范	企业标准必备要素是否完整；范围描述是否严谨准确；引用标准如标注日期，是否为最新标准；所有图表是否均有编号且顺序准确；正文中的术语、缩略语、符号、单位、字体等是否符合GB/T 1.1相关要求
2	标准安全性（30分）	企业标准对分布式账本安全性的要求	企业标准是否具备国标/行标引用转化；是否完整地具备分布式账本安全、访问控制安全、基础环境安全和监管运维安全等安全要求；是否具备检测方法和指标要求等
3	标准技术先进性（60分）	企业标准对分布式账本技术的先进性进行要求，评估指标超过行业内平均水平的程度	从企业标准的性能、扩展性、易用性和可靠性四个方面对标准先进性进行考察，要求标准的重要指标超过行业内的平均水平

2.2.2　评分细则

评分细则见附件。

3. 企业标准排行榜的形成

依据《金融分布式账本技术应用企业标准"领跑者"评估方案》确定的评估核心指标、评分细则和评估方法实施评估，对"企业标准信息公共服务平台"中公开的金融分布式账本技术应用企业标准的相关信息和数据进行梳理，组织行业专家对参与评估的企业标准进行综合评价和打分，根据专家评分结果进行排名，形成金融分布式账本技术应用企业标准排行榜。具体方式如下：

（1）依据评分细则，对机构提供的企业标准进行打分评价，并按照综合得分进行排名；

（2）按照综合得分排名形成企业标准排行榜。

4. 企业标准"领跑者"名单的形成

只有金融分布式账本技术应用企业标准综合评分排行前20%的企业才有资格参加"领跑者"候选，候选企业需向协会提供附加材料。附加材料包括企业资质、服务质量一致性承诺、第三方测试报告等材料。协会根据企业提供的附加材料情况，结合行业内发展水平、公开标准数量、业务合规性等因素，确定最终的"领跑者"名单。

协会向工作机构提交企业标准排行榜和"领跑者"结果进行公示的申请，工作机构审查后，进行公示。公示无异议的，工作机构将在"企业标准'领跑者'统一信息平台"发布企业标准排行榜和"领跑者"评估结果，中国人民银行网站、协会网站、协会微信公众号、协会会员管理系统等渠道将同步发布相关信息，并开展相应媒体宣传。"领跑者"名单自发布之日起一年内有效。

附件

金融分布式账本技术应用企业标准"领跑者"评分细则

序号	一级指标	二级指标	分值	评分细则
1	标准规范性（10分）	标准文本规范性	10	对企业标准文本不满足规范性要求的情况扣分，总分10分，扣完为止。其中，企业标准引用的标准如标注日期，应为最新标准，若引用废止标准或引用年代及编号出现错误，不能参加"领跑者"候选。 （1）企业标准的封面、前言、标准名称、范围等必备要素应完整，每出现一处缺失扣0.5分，最多扣2分。 （2）企业标准的范围描述严谨准确，无歧义和误解，每出现一处错误扣0.5分，最多扣1分。 （3）企业标准中规范性引用文件部分列出的标准应在正文中被引用，每出现一处错误扣0.5分，最多扣2分。 （4）企业标准中所有图表均有编号及名称，且顺序准确，每出现一处错误扣0.5分，最多扣2分。 （5）企业标准正文中的术语、缩略语、符号、单位、字体等应符合GB/T 1.1相关要求，每出现一处不符合扣0.5分，最多扣3分。
2	标准安全性（30分）	分布式账本基本安全	8	（1）企业标准文本对节点通信安全、账本数据安全、共识协议安全、智能合约安全有所要求和规范，并对JR/T 0184—2020《金融分布式账本技术安全规范》中的安全要求有具体的引用和转化，按照描述内容的规范性和完备性评分，最高分8分。 （2）企业标准文本不包含上述内容，0分。
		访问控制安全	8	（1）企业标准文本对身份管理安全、隐私保护、密码算法有所要求和规范，并对GB/T 35273《信息安全技术　个人信息安全规范》、JR/T 0184—2020《金融分布式账本技术安全规范》中的安全要求有具体的引用和转化，按照描述内容的规范性和完备性评分，最高分6分。 （2）企业标准文本中包含分布式账本使用国密算法要求的，按照描述内容的规范性和完备性评分，最高分2分。 （3）企业标准文本不包含上述内容，0分。
		监管运维	6	（1）企业标准文本对监管支撑安全、运维安全和治理机制安全有所要求和规范，并对JR/T 0184—2020《金融分布式账本技术安全规范》中的安全要求有具体的引用和转化，按照描述内容的规范性和完备性评分，最高分6分。 （2）企业标准文本不包含上述内容，0分。

续表

序号	一级指标	二级指标	分值	评分细则
2	标准安全性（30分）	基础环境	8	（1）企业标准文本对基础环境安全有所要求和规范，并对GB/T 22239—2019《信息安全技术网络安全等级保护基本要求》三级要求的具体引用和转化，按照描述内容的规范性和完整性评分，最高分2分。 （2）企业标准文本对基础硬件、基础软件有所要求和规范，并对JR/T 0184—2020《金融分布式账本技术安全规范》中的安全要求有具体的引用和转化，按照描述内容的规范性和完备性评分，最高分6分。 （3）企业标准文本不包含上述内容，0分。
3	标准技术先进性（60分）	性能	12	（1）企业标准文本包含分布式账本每秒能够处理的原生交易（空载状态下分布式账本支持的基本交易）数要求，根据指标满足情况评分：若每秒原生交易数≥10000，加3分；3000≤每秒原生交易数<10000，加1分；每秒原生交易数<3000，0分。 （2）企业标准文本包含分布式账本共识速度（分布式账本中全部节点达成一次共识所需要的平均时间）要求，根据指标满足情况评分：若共识速度≤100ms，加3分；100ms<共识速度≤500ms，加1分；共识速度>500ms，0分。 （3）企业标准文本包含分布式账本QPS（每秒能够处理的查询数）要求，根据指标满足情况评分：若QPS≥20000，加3分；10000≤QPS<20000，加1分；QPS<10000，0分。 （4）企业标准文本包含分布式账本存储消耗（系统空载一天全部节点消耗的硬盘存储空间）要求，根据指标满足情况评分：若存储消耗≤100MB/日，加3分；100MB/日<存储消耗≤200MB/日，加1分；存储消耗>200MB/日，0分。 （5）企业标准文本不包含上述内容，0分。
		扩展性	25	（1）企业标准文本包含分布式账本支持多种共识协议要求，根据指标满足情况评分：若预留共识协议扩展，加1分；若支持2种及其以上共识协议，加3分。 （2）企业标准文本包含分布式账本智能合约支持多种编程语言要求，根据指标满足情况评分：若支持两种智能合约编程语言，加1分；若支持大于两种语言，加3分。 （3）企业标准文本包含分布式账本节点扩展能力要求，根据指标满足情况评分：若支持节点扩展，加1分；若提出支持动态节点扩展，加3分。 （4）企业标准文本包含分布式账本支持第三方认证证书（CA）要求，根据指标满足情况评分：若支持一个CA，加1分；若支持两个及以上CA，加3分。

序号	一级指标	二级指标	分值	评分细则
3	标准技术先进性（60分）	扩展性	25	（5）企业标准文本包含分布式账本支持在不停止系统服务的情况下替换共识协议的要求，按照描述内容的规范性和完备性评分，最高分2分。 （6）企业标准文本包含分布式账本支持加密算法扩展要求，按照描述内容的规范性和完备性评分，最高分2分。 （7）企业标准文本包含分布式账本支持多链、侧链和跨链等链外协议要求，每支持一种加1分，最高分3分。 （8）企业标准文本包含分布式账本兼容两种及以上的数据库类型且每类数据库至少支持最新发布的3个版本要求，加1分。 （9）企业标准文本包含分布式账本操作系统支持3种及以上的操作系统或系统版本要求，加1分。 （10）企业标准文本包含分布式账本存储容量扩展要求，根据指标满足情况评分：若支持存储容量扩展，加1分；若支持存储容量动态扩展，加2分。 （11）企业标准文本包含分布式账本数据迁移功能要求，按照描述内容的规范性和完备性评分，最高分2分。 （12）企业标准文本不包含上述内容，0分。
		易用性	18	（1）企业标准文本包含分布式账本节点搭建时间要求，若节点搭建时间≤60min，加2分。 （2）企业标准文本包含分布式账本节点扩容时间要求，若节点扩容时间≤10min，加2分。 （3）企业标准文本包含分布式账本节点升级时间要求，若节点升级时间≤30min，加2分。 （4）企业标准文本包含分布式账本节点删除时间要求，若节点删除时间≤30min，加2分。 （5）企业标准文本包含分布式账本节点增加时间要求，若节点增加时间≤30min，加2分。 （6）企业标准文本包含分布式账本支持节点一键式部署要求，按照描述内容的规范性和完备性评分，最高分2分。 （7）企业标准文本包含分布式账本支持智能合约（以信息化方式传播、验证或执行合同的计算机协议，其在分布式账本上体现为可自动执行的计算机程序）自动化部署要求，按照描述内容的规范性和完备性评分，最高分2分。 （8）企业标准文本包含分布式账本可视化监控平台要求，根据监控指标（如最新区块、总交易数、运行中节点数量、共识节点数量、智能合约使用情况等)的数量评分，监控平台每增加一项监控指标，加1分，最高分4分。 （9）企业标准文本不包含上述内容，0分。

续表

序号	一级指标	二级指标	分值	评分细则
3	标准技术先进性（60分）	可靠性	5	（1）企业标准文本包含分布式账本系统可用性（一定时间范围内，系统正常运行时间的比率）要求，若要求系统可用性≥99.999%，加3分。 （2）企业标准文本包含节点宕机（共识节点由于停电、系统崩溃等意外突发事件造成服务停止）恢复时间要求，根据指标满足情况评分：若节点宕机恢复时间≤1小时，加2分；1小时＜节点宕机恢复时间≤4小时，加1分；节点宕机恢复时间＞4小时，加0分。 （3）企业标准文本不包含上述内容，0分。

2020年网上银行服务企业标准"领跑者"榜单

机构名称
中国工商银行股份有限公司
中国建设银行股份有限公司
交通银行股份有限公司
中国邮政储蓄银行股份有限公司
中国光大银行股份有限公司
招商银行股份有限公司
上海浦东发展银行股份有限公司
中国民生银行股份有限公司
平安银行股份有限公司
广发银行股份有限公司
渤海银行股份有限公司
浙商银行股份有限公司
北京银行股份有限公司
唐山银行股份有限公司
盛京银行股份有限公司
江苏银行股份有限公司
南京银行股份有限公司
杭州银行股份有限公司
广州银行股份有限公司
广东南粤银行股份有限公司
桂林银行股份有限公司
重庆银行股份有限公司
大连银行股份有限公司
上海农村商业银行股份有限公司
江苏江南农村商业银行股份有限公司

续表

机构名称
无锡农村商业银行股份有限公司
广东省农村信用社联合社
广东顺德农村商业银行股份有限公司
重庆农村商业银行股份有限公司
成都农村商业银行股份有限公司
湖南三湘银行股份有限公司
重庆富民银行股份有限公司

2020年移动金融客户端应用企业标准"领跑者"榜单

一、银行业

机构名称
中国工商银行股份有限公司
中国建设银行股份有限公司
中国光大银行股份有限公司
招商银行股份有限公司
中国民生银行股份有限公司
平安银行股份有限公司
浙商银行股份有限公司
保定银行股份有限公司
江苏银行股份有限公司
徽商银行股份有限公司
广东南粤银行股份有限公司
无锡锡商银行股份有限公司
成都农村商业银行股份有限公司

二、证券期货业

机构名称
平安证券股份有限公司
易方达基金管理有限公司
国盛证券有限责任公司
浙商证券股份有限公司
方正证券股份有限公司
山西证券股份有限公司
申万宏源证券有限公司

续表

机构名称
国联证券股份有限公司
恒泰证券股份有限公司
华闻期货有限公司

三、非银行支付业

机构名称
银联商务股份有限公司
支付宝（中国）网络技术有限公司
中国银联股份有限公司
深圳市腾讯计算机系统有限公司
南京苏宁易付宝网络科技有限公司
中移电子商务有限公司

2020年金融分布式账本技术应用企业标准"领跑者"榜单

机构名称
中国工商银行股份有限公司
中国农业银行股份有限公司
中国建设银行股份有限公司
中国光大银行股份有限公司
平安银行股份有限公司
深圳前海微众银行股份有限公司
蚂蚁区块链科技（上海）有限公司
苏宁金融科技（南京）有限公司
京东数科海益信息科技有限公司

2020年银行营业网点企业标准"领跑者"榜单

机构名称
中国工商银行股份有限公司
中国建设银行股份有限公司
中国邮政储蓄银行股份有限公司
交通银行股份有限公司
中国农业银行股份有限公司
浙商银行股份有限公司
中国光大银行股份有限公司
中国民生银行股份有限公司
广发银行股份有限公司
招商银行股份有限公司
恒丰银行股份有限公司
平安银行股份有限公司
天津银行股份有限公司
威海市商业银行股份有限公司
江苏银行股份有限公司
泸州银行股份有限公司
内蒙古银行股份有限公司
苏州银行股份有限公司
廊坊银行股份有限公司
潍坊银行股份有限公司
盛京银行股份有限公司
广东南粤银行股份有限公司
青岛农村商业银行股份有限公司
江苏宝应农村商业银行股份有限公司
陕西秦农农村商业银行股份有限公司

续表

机构名称
湖南湘阴农村商业银行股份有限公司
湖南辰溪农村商业银行股份有限公司
山东省农村信用社联合社
成都农村商业银行股份有限公司
江苏紫金农村商业银行股份有限公司
包头农村商业银行股份有限公司
常德农村商业银行股份有限公司
湖南津市农村商业银行股份有限公司
长沙农村商业银行股份有限公司
江苏海安农村商业银行股份有限公司
江苏如东农村商业银行股份有限公司
北京农村商业银行股份有限公司
江苏启东农村商业银行股份有限公司
广东顺德农村商业银行股份有限公司
湖南祁东农村商业银行股份有限公司
丹东农村商业银行股份有限公司

2020年自助终端企业标准"领跑者"榜单

机构名称
威海新北洋荣鑫科技股份有限公司
广州广电运通金融电子股份有限公司
恒银金融科技股份有限公司
深圳怡化电脑股份有限公司

2020年销售点终端（POS）企业标准"领跑者"榜单

机构名称
福建升腾资讯有限公司
艾体威尔电子技术（北京）有限公司
福建联迪商用设备有限公司
惠尔丰（中国）信息系统有限公司
福建新大陆支付技术有限公司
百富计算机技术（深圳）有限公司
深圳市新国都支付技术有限公司

2020年条码支付受理终端企业标准"领跑者"榜单

机构名称
惠尔丰（中国）信息系统有限公司
福建联迪商用设备有限公司
福建升腾资讯有限公司
北京意锐新创科技有限公司
福建新大陆支付技术有限公司
百富计算机技术（深圳）有限公司

2020年清分机企业标准"领跑者"榜单

一、纸币清分机

机构名称
广州广电运通金融电子股份有限公司
威海新北洋荣鑫科技股份有限公司
沈阳中钞信达金融设备有限公司
聚龙股份有限公司
维融科技股份有限公司
浙江越创电子科技有限公司

二、硬币清分机

机构名称
苏州少士电子科技有限责任公司
聚龙股份有限公司
河北汇金机电股份有限公司

2020年商业银行应用程序接口企业标准"领跑者"榜单

机构名称
中国工商银行股份有限公司
中国邮政储蓄银行股份有限公司
交通银行股份有限公司
中国建设银行股份有限公司
上海浦东发展银行股份有限公司
浙商银行股份有限公司
江苏银行股份有限公司
无锡锡商银行股份有限公司
上海票据交易所股份有限公司

2020年电子保单企业标准"领跑者"榜单

机构名称
中国人民财产保险股份有限公司
泰康养老保险股份有限公司
阳光财产保险股份有限公司
中国人民人寿保险股份有限公司
中国银行保险信息技术管理有限公司
中国人寿保险股份有限公司
中国平安人寿保险股份有限公司
安诚财产保险股份有限公司
北部湾财产保险股份有限公司
乐爱金财产保险（中国）有限公司
紫金财产保险股份有限公司

2019年网上银行服务企业标准"领跑者"榜单

机构名称
中国工商银行股份有限公司
中国银行股份有限公司
中国建设银行股份有限公司
交通银行股份有限公司
浙商银行股份有限公司
招商银行股份有限公司
中国光大银行股份有限公司
中信银行股份有限公司
中国民生银行股份有限公司
平安银行股份有限公司
渤海银行股份有限公司
广发银行股份有限公司
江苏银行股份有限公司
南京银行股份有限公司
盛京银行股份有限公司
桂林银行股份有限公司
广州银行股份有限公司
鞍山银行股份有限公司
重庆银行股份有限公司
大连银行股份有限公司
邯郸银行股份有限公司
中原银行股份有限公司
唐山银行股份有限公司
浙江网商银行股份有限公司
重庆富民银行股份有限公司

续表

机构名称
深圳前海微众银行股份有限公司
威海蓝海银行股份有限公司
四川新网银行股份有限公司
中信百信银行股份有限公司
成都农村商业银行股份有限公司
重庆农村商业银行股份有限公司
江苏江南农村商业银行股份有限公司
广东顺德农村商业银行股份有限公司
四川省农村信用社联合社
广东省农村信用社联合社

2019年银行营业网点企业标准"领跑者"榜单

机构名称
中国工商银行股份有限公司
中国农业银行股份有限公司
中国银行股份有限公司
中国建设银行股份有限公司
交通银行股份有限公司
中国邮政储蓄银行股份有限公司
招商银行股份有限公司
浙商银行股份有限公司
中国民生银行股份有限公司
广发银行股份有限公司
平安银行股份有限公司
中信银行股份有限公司
盛京银行股份有限公司
江苏银行股份有限公司
威海市商业银行股份有限公司
锦州银行股份有限公司
苏州银行股份有限公司
内蒙古银行股份有限公司
杭州银行股份有限公司
长安银行股份有限公司
大同银行股份有限公司
晋城银行股份有限公司
长沙银行股份有限公司
南京银行股份有限公司
莱商银行股份有限公司

机构名称
四川天府银行股份有限公司
德州银行股份有限公司
华融湘江银行股份有限公司
日照银行股份有限公司
广东南粤银行股份有限公司
衡水银行股份有限公司
鞍山银行股份有限公司
成都银行股份有限公司
重庆三峡银行股份有限公司
重庆银行股份有限公司
北京农村商业银行股份有限公司
江苏南通农村商业银行股份有限公司
江苏太仓农村商业银行股份有限公司
成都农村商业银行股份有限公司
内蒙古呼和浩特金谷农村商业银行股份有限公司
辽宁东港农村商业银行股份有限公司
陵川县太行村镇银行股份有限公司
江苏邗江民泰村镇银行股份有限公司
围场满族蒙古族自治县华商村镇银行股份有限公司
江苏东台稠州村镇银行股份有限公司
重庆九龙坡民泰村镇银行股份有限公司
成都青白江融兴村镇银行有限责任公司

2019年销售点终端（POS）企业标准"领跑者"榜单

机构名称
福建联迪商用设备有限公司
福建升腾资讯有限公司
福建新大陆支付技术有限公司
百富计算机技术（深圳）有限公司
惠尔丰（中国）信息系统有限公司
武汉天喻信息产业股份有限公司
艾体威尔电子技术（北京）有限公司

2019年自助终端企业标准"领跑者"榜单

机构名称
广州广电运通金融电子股份有限公司
中钞科堡现金处理技术（北京）有限公司
恒银金融科技股份有限公司
深圳怡化电脑股份有限公司

2019年条码支付受理终端企业标准"领跑者"榜单

机构名称
福建联迪商用设备有限公司
福建升腾资讯有限公司
福建新大陆支付技术有限公司
百富计算机技术（深圳）有限公司

2019年清分机企业标准"领跑者"榜单

一、纸币清分机

机构名称
沈阳中钞信达金融设备有限公司
聚龙股份有限公司
上海古鳌电子科技股份有限公司
四川诚成海量科技有限责任公司
深圳贝斯特机械电子有限公司
浙江越创电子科技有限公司

二、硬币清分机

机构名称
苏州少士电子科技有限责任公司
河北汇金机电股份有限公司
上海古鳌电子科技股份有限公司
聚龙股份有限公司

2020年网上银行服务企业标准排行榜

机构名称
中国工商银行股份有限公司
中国农业银行股份有限公司
中国银行股份有限公司
中国邮政储蓄银行股份有限公司
中国建设银行股份有限公司
交通银行股份有限公司
浙商银行股份有限公司
中国民生银行股份有限公司
上海浦东发展银行股份有限公司
中信银行股份有限公司
渤海银行股份有限公司
广发银行股份有限公司
平安银行股份有限公司
招商银行股份有限公司
中国光大银行股份有限公司
恒丰银行股份有限公司
江苏银行股份有限公司
天津银行股份有限公司
桂林银行股份有限公司
南京银行股份有限公司
盛京银行股份有限公司
大连银行股份有限公司
邯郸银行股份有限公司
重庆银行股份有限公司
唐山银行股份有限公司
北京银行股份有限公司
广州银行股份有限公司
广东南粤银行股份有限公司

续表

机构名称
杭州银行股份有限公司
泰安银行股份有限公司
宁波银行股份有限公司
华融湘江银行股份有限公司
重庆三峡银行股份有限公司
廊坊银行股份有限公司
阳泉市商业银行股份有限公司
广西北部湾银行股份有限公司
张家口银行股份有限公司
保定银行股份有限公司
中原银行股份有限公司
浙江泰隆商业银行股份有限公司
长沙银行股份有限公司
湖北银行股份有限公司
青岛银行股份有限公司
厦门国际银行股份有限公司
沧州银行股份有限公司
烟台银行股份有限公司
衡水银行股份有限公司
成都农村商业银行股份有限公司
重庆农村商业银行股份有限公司
广东顺德农村商业银行股份有限公司
广东省农村信用社联合社
江苏江南农村商业银行股份有限公司
上海农村商业银行股份有限公司
无锡农村商业银行股份有限公司
重庆富民银行股份有限公司
深圳前海微众银行股份有限公司
湖南三湘银行股份有限公司
威海蓝海银行股份有限公司
四川新网银行股份有限公司
武汉众邦银行股份有限公司

2020年移动金融客户端（银行业）企业标准排行榜

机构名称
中国工商银行股份有限公司
中国建设银行股份有限公司
中国农业银行股份有限公司
中国银行股份有限公司
交通银行股份有限公司
中国民生银行股份有限公司
中国光大银行股份有限公司
招商银行股份有限公司
平安银行股份有限公司
浙商银行股份有限公司
无锡锡商银行股份有限公司
广东南粤银行股份有限公司
徽商银行股份有限公司
保定银行股份有限公司
江苏银行股份有限公司
廊坊银行股份有限公司
锦州银行股份有限公司
成都农村商业银行股份有限公司
四川射洪农村商业银行股份有限公司

2020年金融分布式账本技术应用企业标准排行榜

机构名称
中国工商银行股份有限公司
中国建设银行股份有限公司
中国农业银行股份有限公司
中国银行股份有限公司
中国光大银行股份有限公司
平安银行股份有限公司
深圳前海微众银行股份有限公司
江苏苏宁银行股份有限公司
蚂蚁区块链科技（上海）有限公司
苏宁金融科技（南京）有限公司
银联商务股份有限公司
德方智链科技（深圳）有限公司
京东数科海益信息科技有限公司
财付通支付科技有限公司
江苏银行股份有限公司

2020年度金融领域企业标准"领跑者"先进个人名单

1. 国有大型商业银行

序号	企业名称	先进个人
1	中国工商银行	夏琼、范茹茹、耿春杰、章倍、郝芳
2	中国农业银行	黄悦、马闪闪
3	中国建设银行	刘潇宇、吴一凡、李林怡、孙凯、李冲
4	交通银行	陈鹏、叶文静、王露露
5	中国邮政储蓄银行	沈澍、王彤妤、赵鹏

2. 股份制商业银行

序号	企业名称	先进个人
6	浙商银行	徐菁、肖郑进、陈铭、丁斯加
7	中国光大银行	杨玉冰、苏晓华、徐华山、金媛媛
8	中国民生银行	宋宏、王广驰、刘芳丽
9	广发银行	杨颖奇、王作亦
10	招商银行	邱檑、刘怀志、周乘
11	恒丰银行	秦辉
12	平安银行	皮汉卿、蒋喆、周博、冯莳
13	上海浦东发展银行	刘佳、袁捷
14	渤海银行	吴珊

3. 城市商业银行

序号	企业名称	先进个人
15	天津银行	卢扬
16	威海市商业银行	卜凡慧
17	江苏银行	杨星原、汪宇辰、张长松
18	泸州银行	李艳霞
19	内蒙古银行	余文娟
20	苏州银行	刘强
21	廊坊银行	冯翠婷
22	潍坊银行	王娜
23	盛京银行	王哲、孙英品
24	广东南粤银行	刘婉纯、郑礼铠、钟康沛
25	桂林银行	阳雨林
26	南京银行	李沁
27	大连银行	徐皓
28	重庆银行	钟棣
29	唐山银行	孟祥娟
30	北京银行	郝春峥
31	广州银行	熊江琦
32	杭州银行	欧菊侠
33	徽商银行	谭健
34	保定银行	鲁佳琪

4. 农村商业银行

序号	企业名称	先进个人
35	青岛农村商业银行	任慧亭
36	江苏宝应农村商业银行	王辉
37	陕西秦农农村商业银行	范琳
38	湘阴农村商业银行	邵钊

续表

序号	企业名称	先进个人
39	湖南辰溪农村商业银行	米良
40	山东省农村信用社联合社	张雪
41	成都农村商业银行	郭颖、吕茂婷、许静
42	江苏紫金农村商业银行	邢刚
43	包头农村商业银行	陈超
44	湖南津市农村商业银行	彭芳芳
45	长沙农村商业银行	苏威
46	江苏海安农村商业银行	焦世红
47	江苏如东农村商业银行	邵晓丽
48	北京农村商业银行	赵海燕
49	江苏启东农村商业银行	樊夏燕
50	广东顺德农村商业银行	李亚玲、梁婷淯
51	湖南祁东农村商业银行	唐颖雯
52	丹东农村商业银行	高坤
53	重庆农村商业银行	杨峰
54	广东省农村信用社联合社	吴幸夏
55	江苏江南农村商业银行	洪幸
56	上海农村商业银行	姚昉
57	无锡农村商业银行	倪闻彤

5. 民营银行

序号	企业名称	先进个人
58	重庆富民银行	吴娟
59	湖南三湘银行	盛启文
60	深圳前海微众银行	李斌
61	无锡锡商银行	付晓东、张雪飞

6. 金融基础设施相关机构

序号	企业名称	先进个人
62	上海票据交易所	李雪哲

7. 计算机及货币专用设备企业

序号	企业名称	先进个人
63	威海新北洋荣鑫科技股份有限公司	王军阳、郭庆雪
64	广州广电运通金融电子股份有限公司	杨波、张伟
65	恒银金融科技股份有限公司	郭英华
66	深圳怡化电脑股份有限公司	刘典良
67	福建升腾资讯有限公司	王尧亮
68	艾体威尔电子技术（北京）有限公司	周晓航
69	福建联迪商用设备有限公司	黄志坚、吴冬周
70	惠尔丰（中国）信息系统有限公司	邬英花、钟汉翔
71	福建新大陆支付技术有限公司	庄永红、黄建新
72	百富计算机技术（深圳）有限公司	杨维、熊章
73	深圳市新国都支付技术有限公司	张岳雷
74	北京意锐新创科技有限公司	刘志勇
75	沈阳中钞信达金融设备有限公司	孙宇
76	聚龙股份有限公司	张阳、黄殿明
77	维融科技股份有限公司	王茂兴
78	浙江越创电子科技有限公司	朱越朗
79	苏州少士电子科技有限责任公司	袁建江
80	河北汇金集团股份有限公司	陈浩崇

8. 非银行支付机构

序号	企业名称	先进个人
81	银联商务股份有限公司	张文杰
82	支付宝（中国）网络技术有限公司	林冠辰

序号	企业名称	先进个人
83	中国银联股份有限公司	杨子
84	深圳市腾讯计算机系统有限公司	蒋增增
85	南京苏宁易付宝网络科技有限公司	吴少铎
86	中移电子商务有限公司	廖勤思
87	蚂蚁区块链科技（上海）有限公司	徐泉清
88	苏宁金融科技（南京）有限公司	林健
89	京东数科海益信息科技有限公司	王义

9. 证券期货业企业

序号	企业名称	先进个人
90	平安证券股份有限公司	刘欣
91	易方达基金管理有限公司	罗志灵
92	国盛证券有限责任公司	胡维松
93	浙商证券股份有限公司	吴王润
94	方正证券股份有限公司	张维
95	山西证券股份有限公司	陈焱
96	申万宏源证券有限公司	王伟博
97	国联证券股份有限公司	王轶
98	恒泰证券股份有限公司	田少杰
99	华闻期货有限公司	吴琴

10. 保险业企业

序号	企业名称	先进个人
100	中国人民财产保险股份有限公司	柯登科
101	泰康养老保险股份有限公司	石玲
102	阳光财产保险股份有限公司	王晓玮

序号	企业名称	先进个人
103	中国人民人寿保险股份有限公司	杨阳
104	中国银行保险信息技术管理有限公司	路艳玲
105	中国人寿保险股份有限公司	李超
106	中国平安人寿保险股份有限公司	刘艳娇
107	安诚财产保险股份有限公司	郑圣文
108	北部湾财产保险股份有限公司	卢朝
109	凯本财产保险（中国）有限公司 ［原名：乐爱金财产保险（中国）有限公司］	张卫华
110	紫金财产保险股份有限公司	洪晶